Realschule Bayern

Deutschbuch

Arbeitsheft

Lösungen

10

Cornelsen

Fit für die Prüfung

1 Themenanalyse

Seite 7

a A: eingliedrig; B: zweigliedrig
b A Schlüsselbegriffe: Schönheitsoperation, Gründe; Einschränkung: Jugendliche, Schönheit
  B Schlüsselbegriffe: Gründe, Schönheitsoperation, Konsequenzen; Einschränkung: Jugendliche, Schönheit

2 Materialauswertung und Stoffsammlung

a falsch: A, B; richtig: C, D
b Einleitung (als Zahlenmaterial), Hauptteil (für die Argumentation)
c Es gehören jeweils die grau markierten Begriffe (= psychologische Aspekte) bzw. die nicht markierten Begriffe
  (= soziale Aspekte) zusammen; unpassende Stichworte sind nicht genannt:
  geringes Selbstbewusstsein – Gleichsetzung von Schönheit und Erfolg – Prominente als Vorbilder –
  Unzufriedenheit mit dem eigenen Körper – Wandel des Schönheitsideals – Eindruck, dass Schönheitsoperationen
  nichts Ungewöhnliches sind

3 Argumentation

Seite 8

a Begründungen: besser geeignet: A; nicht geeignet ist B, da gewöhnliche Menschen nicht erwähnt werden –
  Beispiele: besser geeignet: B; nicht geeignet ist A, da gewöhnliche Menschen nicht erwähnt werden
b Beispiellösung für geeignete Satzverknüpfungen: Auch – dass – früher/damals – So/Kürzlich – sowie/und –
  Auch – um – Da/Weil – also/daher – wenn/dass

Einen pragmatischen Text untersuchen

1 Inhalt

Seite 9

a/b 1. Sinnabschnitt (Z.1–10): Das Aussehen des Roboters wird vorgestellt.
  2. Sinnabschnitt (Z.10–22): Wissenschaftler/-innen erklären den Nutzen des Roboters.
  3. Sinnabschnitt (Z.23–26): Erster Einsatz in einem Seniorenheim werden geschildert.
  4. Sinnabschnitt (Z.26–36): Aufgaben des Roboters im Umgang mit Senioren wird dargestellt.
  5. Sinnabschnitt (Z.37–55): Pepper führt mit Senioren Übungen zur Prävention von Stürzen durch.
  6. Sinnabschnitt (Z.56–75): Der Roboter soll Pflegekräfte bei ihrer Arbeit unterstützen.
c Zu Beginn der Reportage wird das Aussehen des Roboters Pepper beschrieben (vgl. Z.1–10). Im zweiten Sinnabschnitt
  (Z.10–22) erklären Wissenschaftler/-innen und Studierende der Universität Siegen den Nutzen des Roboters, zum Beispiel
  in einem Altersheim. Weiterhin wird Peppers erster Einsatz im Seniorenheim genau geschildert (vgl. Z.23–26). Auch
  verschiedene Übungen im Bereich der Prävention von Stürzen kann der Roboter mit den Senioren einüben, wie es im
  fünften Sinnabschnitt (Z.37–55) erklärt wird. Am Ende der Reportage (Z.56–75) wird verdeutlicht, dass Roboter
  Pflegekräfte in Zukunft nicht ersetzen werden, sondern lediglich der Unterstützung dienen sollen.

2 Sprachliche Besonderheiten

Seite 10

a Satzbau: Satzreihen, Aufzählungen; Wortwahl: Fachbegriffe, ausdrucksstarke Verben; Stilmittel: Ellipsen,
  Personifikationen
b A Alliteration: A, N; B Antithese: N; C Aufzählung: V

3 Textsorte

a pragmatische Textsorten: Nachricht, Reportage, Kommentar; Bericht, Glosse, Satire
  literarische Textsorten: Kurzgeschichte, Novelle, Roman
b Zoomtechnik: Reportage; Abwägen unterschiedlicher Meinungen: Kommentar; sachlicher Schreibstil: Bericht; nicht näher
  charakterisierte Figuren: Kurzgeschichte
c szenischer Einstieg: Z.1–2; sachliche Informationen: Z.2–3; Aussagen von Betroffenen: Z.24 ff.; subjektiv gefärbte
  Meinungsäußerungen: Z.29 ff.; Beleuchtung des Themas aus unterschiedlichen Perspektiven: Z.70 ff.

4 Autorenabsicht

Zu markierende Begriffe: möglichst genau berichten; gründlich recherchiert; sachlich; umfassend.

Einen literarischen Text bearbeiten

1 Inhalt
Seite 11

a Mögliche unbekannte Begriffe: empfindlich kalt (Z.3) = sehr kalt; Lumpen (Z.17) = Fetzen alter Kleidungsstücke; widerspenstig (Z.22) = sich etwas widersetzen
   Mögliche Schlüsselwörter: „Schuhe" (Z.1); „die anderen" (Z.6); „warm" (Z.12); „trinke" (Z.26); „dankbar" (Z.52)
b B fasst den Inhalt am treffendsten zusammen.
c In der Kurzgeschichte werden die Gedanken eines am Boden sitzenden, obdachlosen Menschen geschildert. Diese/-r bedauert, dass sie/er keine Schuhe hat. Sie/Er hätte gern Turnschuhe, denn ihre/seine Füße werden nur durch eine Zeitung notdürftig warmgehalten. Die Person beobachtet die Schuhe der vorübergehenden Menschen. Mit den Münzen, die sie/er durch das Betteln erhält, könnte sie/er sich einen kleinen Schnaps kaufen. Der Schnaps würde warmhalten, aber die Person weiß, dass man durch den Alkohol schneller erfriert. Die Passanten gehen an dem oder der Obdachlosen vorbei, doch sie/er schaut ihnen nicht mehr ins Gesicht, nur noch auf die Schuhe, die schnellen Schrittes nach Hause eilen.

2 Charakterisierung der Hauptfigur
Seite 12

a Nicht zu streichen sind: zerrissene Kleidung, trauriger Blick, ist allein.
b Die Wörter in der richtigen Reihenfolge: Straße, Arbeit, Münzen, Freunden.

3 Begründete Stellungnahme

Die Folgen von Obdachlosigkeit können erheblich sein [= Behauptung], denn Obdachlose müssen täglich ums Überleben kämpfen [= Begründung]. Das bedeutet, dass sie zum Beispiel kein Geld haben, um sich etwas zu essen kaufen zu können. Genauso wenig haben diese Menschen eine Möglichkeit, im Warmen zu schlafen. Insbesondere im Winter kommt es deshalb sehr häufig zu Erfrierungen und als Folge davon zum Tod [= Beispiel]. Dadurch erkennt man, dass die Folgen enorm sein können [= Rückführung].

4 Kreativer Schreibauftrag

A = Schilderung; B = Appell; C = Tagebucheintrag; D = innerer Monolog

Sprachlich sicher formulieren

1 Wortschatz: Wiederholungen
Seite 13

a Wiederholungen: wurde […] entnommen, wurde […] nominiert; Der vorliegende Romanauszug […], Der Jugendroman […], Der Jugendroman
b Der vorliegende Romanauszug stammt aus dem 2019 im cbj Verlag erschienenen Buch „One of us is lying" von Karen McManus. Das Werk der US-amerikanischen Autorin stand 130 Wochen lang auf der Bestsellerliste der New York Times. Eine Jury nominierte es im Jahr 2019 für den Deutschen Jugendliteraturpreis. Primär geht es um vier Jugendliche, die Geheimnisse haben und unter Verdacht stehen, ihren Mitschüler Simon umgebracht zu haben.
c ihren → ihrem; sie; ihre → ihren; die → der; ihrem → ihre; er; seiner; seines → seiner

2 Grammatik: Konjunktionen

a Konjunktionen: weil, dass, damit, obwohl, aber
b In die Lücken passen: da/weil – und – denn – da/weil – Obwohl.

Erörtern — Schriftlich argumentieren mit Informationsmaterial

Das Thema erschließen

Seite 14

1 Themabegriff: Einführung soziales Pflichtjahr; Schlüsselbegriffe: Gründe, Schwierigkeiten; zweigliedrig

2 Welche Gründe sprechen für die Einführung eines sozialen Pflichtjahres nach dem Schulabschluss? Welche Schwierigkeiten sind damit verbunden?

Das Material auswerten, Stoff sammeln und ordnen

Seite 16

1 a Behauptung: „Ist ein Pflichtdienst …"; Begründung: „Die Corona-Krise hat uns gezeigt, …"; zu streichen: Beispiel
b Die Einführung eines sozialen Pflichtjahres stärkt den gesellschaftlichen Zusammenhalt.

2 Oli95: [„als unterbezahlte Arbeitskraft!"] → Geringe Bezahlung
Thomi: [„ich würde es zur Berufsorientierung nutzen"] → Soziales Pflichtjahr als Berufsorientierung; [„entdecke ich noch Fähigkeiten und Talente an mir, die ich noch gar nicht kannte"] → Entdecken verborgener Talente [kann auch als Begründung dienen]
Marius007: [„hat er damals unglaublich viel gelernt und tolle Menschen kennengelernt"] → wertvoller Erfahrungsgewinn

Die Gliederung erstellen

Seite 17

1 a/b Lösung:

A) **Das soziale Pflichtjahr bedeutet, sich nach der Schule ein Jahr lang gemeinnützig zu engagieren.**	
B) Welche Gründe sprechen für die Einführung eines sozialen Pflichtjahres nach dem Schulabschluss? Welche Schwierigkeiten sind damit verbunden?	
I. Gründe für die Einführung eines sozialen Pflichtjahres	Mat. 4
1. **Wertvoller Erfahrungsgewinn**	**Mat. 4**
2. Berufsorientierung durch soziales Pflichtjahr	Mat. 2
3. **Bessere** Identifikation **mit dem Staat**	
4. **Stärkung des gesellschaftlichen Zusammenhalts**	Mat. 2
II. Schwierigkeiten, die damit verbunden sind	Mat. 4
1. Unterbezahlte Arbeitskräfte	
2. **Bevormundung der Bürger/-innen**	**Mat. 4**
3. **Fehlende Eignung**	Mat. 3
4. Verschärfung des Fachkräftemangels	eigene Idee
5. Mangel an Stellen	
C) **Das soziale Pflichtjahr wird zu weniger Berufsabbrechern führen.**	**Mat. 5**

Die Einleitung verfassen

Seite 18

1 A Ausgangspunkt: aktuelles Ereignis; B Ausgangspunkt: statistische Daten

2 Meine Schwester hat sich für ein Freiwilliges Soziales Jahr entschieden und ist begeistert. Sie fordert, dass alle Jugendlichen dazu verpflichtet werden sollen.

3 a–c fehlerhafte Passage: „und so den Zusammenhalt in der Gesellschaft stärkt."
Verschiedene Politiker/-innen setzen sich für die Einführung eines sozialen Pflichtjahres ein. Darunter versteht man ein für alle verpflichtendes Jahr, in dem man gemeinnützig arbeitet. Neben der Bundeswehr kann man sich im sozialen, ökologischen oder kulturellen Bereich engagieren (vgl. M1). Jedoch gibt es auch viel Kritik an dieser Forderung. [Überleitung] Deshalb stellt sich die Frage: Welche Gründe sprechen für die Einführung eines sozialen Pflichtjahres, welche Schwierigkeiten sind damit verbunden?

Argumentationen ausarbeiten

Seite 19

1 a Die Zuordnung lautet: 6 − 2 − 1 (M 4) − 5 − 4 − 3 (M 4).

b Darüber hinaus spricht für die Einführung eines sozialen Pflichtjahres, dass dieses der Berufsorientierung dienen kann (vgl. Mat. 4). Zum einen sind viele Schülerinnen und Schüler direkt nach dem Schulabschluss noch unschlüssig, welchen beruflichen Weg sie einschlagen wollen. Gerade in der heutigen Zeit, einer Welt der fast unbegrenzten Möglichkeiten, überfordert es junge Menschen oft, über ihre berufliche Zukunft zu entscheiden. Sie würden nun zusätzliche Zeit gewinnen, die sie gleichzeitig sinnvoll nutzen könnten. Zum anderen bietet das soziale Pflichtjahr den Jugendlichen die sichere Möglichkeit, in einem selbst gewählten Bereich den Berufsalltag auszuprobieren, wertvolle Erfahrungen zu sammeln und eventuell neue Fähigkeiten und Talente an sich zu entdecken (vgl. M4). Bestehen beispielsweise nach der Abschlussprüfung noch Zweifel, ob der Kindheitstraum, eine Ausbildung im erzieherischen Bereich, wirklich der richtige Weg ist, bietet das verpflichtende Jahr die unverbindliche Möglichkeit, seinen Wunschberuf intensiv kennenzulernen. Außerdem entdeckt man vielleicht beim Umgang mit den Kindern oder bei der Zusammenarbeit mit den Kollegen ganz neue Talente, die während der Schulzeit keine Beachtung fanden. Man kann also sagen, dass das soziale Pflichtjahr gerade bei der Berufsorientierung einige Vorteile bietet.

2 a/b Überleitungen und Verknüpfungen: weiterer; hierbei; [...] Institutionen ein, die; daher

So werden diese Jugendlichen beispielsweise bei Demonstrationen und weiteren Protestaktionen nicht mit blinder Zerstörungswut und Hass auf staatliche Institutionen durch die Straßen ziehen und Krankenwagen umstürzen. Wer ein solches Jahr absolviert hat, schätzt unsere Strukturen, die ein sicheres und geordnetes Leben garantieren. Dies ist letztendlich eine wichtige Voraussetzung für einen kritischen, aber friedlichen Austausch in unserer Gesellschaft. Ein weiteres Problem, auf das Material 3 anspielt, würde darin bestehen, dass viele Jugendliche nicht für eine Tätigkeit im sozialen Bereich geeignet sein dürften.

Überleitungen und Verknüpfungen: Folglich, Daher, vorprogrammiert, die

Seite 20

3 Zum Schluss kommt erschwerend hinzu, dass es nicht genügend freie Stellen gibt, falls die Jugendlichen zu einem solchen Dienst verpflichtet werden. So weist Material 5 darauf hin, dass derzeit nicht einmal alle Bewerber/-innen ein Freiwilliges Soziales Jahr ableisten können, da es zu wenige Angebote gibt. Ein Pflichtjahr würde diese Problematik drastisch verschärfen. Gerade im ökologischen Bereich, der besonders im Fokus der jungen Generation steht, sind beispielsweise die Angebote stark begrenzt. Einrichtungen, die sich für den Natur- und Umweltschutz engagieren, sind kleine Betriebe und beschäftigen oftmals nur wenige Mitarbeiter/-innen, sodass die Anstellungsmöglichkeiten stark begrenzt sind. Dies macht noch einmal deutlich, dass der Mangel an freien Stellen eine große Schwierigkeit darstellt.

Den Schluss verfassen

Seite 21

1 Anzukreuzen sind: B, D, E.

2 a Folgerung, Wunsch

b Wiederholungen, Ausdrucksfehler, Satzverknüpfung sinnvoll:
Die Argumentationen zeigen, dass verschiedene Schwierigkeiten nicht wegzudiskutieren sind. Andererseits gibt es auch starke Argumentationen. Sie sprechen für dieses Vorhaben. Besonders hervorzuheben sind die guten Auswirkungen auf die gesamte Gesellschaft. Ein handlungsfähiger Staat mit jungen, engagierten Kräften schafft Vertrauen und stärkt unsere Demokratie. Die Demokratie wird eh schon immer häufiger angefeindet. Ich wünsche mir, dass sich dieser Trend der Anfeindungen nicht weiter fortsetzt.

c/d Die Argumentationen führen deutlich vor Augen, dass verschiedene Schwierigkeiten, die mit der Einführung eines sozialen Pflichtjahres einhergehen, nicht abzustreiten sind. Andererseits gibt es auch triftige Gründe, die für dieses Vorhaben sprechen. Besonders hervorzuheben sind hierbei die positiven Auswirkungen auf die gesamte Gesellschaft. Ein handlungsfähiger Staat mit jungen, engagierten Kräften schafft Vertrauen und stärkt unsere Demokratie, die sich immer häufiger Anfeindungen ausgesetzt sieht.

Eine Erörterung mit Informationsmaterial schreiben

Das Thema erschließen

Seite 22

1 zutreffende Angaben: Onlinehandel in Deutschland, Gründe für, Menschen in Deutschland, negative Auswirkungen, zweigliedrige

2 Warum bestellen immer mehr Menschen online? Welche negativen Auswirkungen hat dieser Trend?

Das Material auswerten, Stoff sammeln und ordnen
Seite 23

1 a/b M1: Einleitung: Anstieg des Onlinehandels um ca. 15 % auf ca. 80 Milliarden Euro; der Einkauf über das Internet wird immer alltäglicher

M2: zunehmende Zahl an Onlinebestelllungen; günstigere Preise (Sonderrabatte)

M3: negative Auswirkungen, Ressourcenverschwendung, Umweltbelastung

M4: Gründe: bequemes und effizientes Einkaufen, Lieferung nach Hause

M5: → Hauptteil → negative Auswirkungen: Aussterben der Innenstädte aufgrund von Filialsterben

M6: Gründe → unabhängiges Einkaufen von Öffnungszeiten

c nh: A; f: D

d Behauptung: Vernichtung von nicht verkaufter Neuware; Beispiel: Am Standort Winsen in Niedersachsen vernichtet Amazon jede Woche mindestens eine Lkw-Ladung an Neuware; an acht Arbeitsplätzen wird dafür vorsortiert.

e Behauptung: „Diese werden auch am Wochenende und nachts ausgeliefert." Beispiele/Belege: „Wieso gibt es keine App, über die man Lebensmittel bestellen kann? [...] Wenn man zum Beispiel am Samstag Gäste hat und das Bier ist alle, man aber weiterfeiern will. Dann ist es vielleicht zur Tankstelle zu weit und dort außerdem zu teuer."

Begründung: „Da stationäre Supermärkte in Bayern aus rechtlichen Gründen nach 20 Uhr nicht mehr ausliefern dürfen"

f → Hauptteil → negative Auswirkungen → häufige Retouren

→ Mehrkosten → Belastung für Umwelt und Klima

→ Hauptteil: negative Auswirkungen → verschiedene Begründungen

2 a–c Mögliche Lösung:

I. Gründe für zunehmende Zahl an Onlinebestellungen	M	II. Negative Auswirkungen	M
größere Auswahl als im Fachgeschäft	M 2	komplizierter Umtausch	M 8
günstigere Preise	M 2	Vernichtung von Neuware	M 3
bequemes und effizientes Einkaufen	M 4	Aussterben der Innenstädte (Filialsterben)	M 5
kostenlose Lieferung nach Hause	M 4	Mehrkosten durch Retouren	M 7
keine Öffnungszeiten	M 6	Belastung von Umwelt und Klima durch Retouren	M 7
keine Geschäfte am Wohnort, mehr Produktinformationen/Kundenbewertungen		lange Lieferzeiten; schlechte Arbeitsbedingungen bei den Paketzustellern, Belastung der Umwelt durch Transport und Verpackung	

Die Gliederung erstellen
Seite 27

1 a/b Mögliche Lösung:

A) In diesem Jahr habe ich erstmals alle meine Weihnachtsgeschenke online gekauft.

B) Warum bestellen immer mehr Menschen online? Welche negativen Folgen hat das?

    I. Mögliche Gründe für die zunehmende Zahl an Onlinebestellungen

        1. Bequeme Möglichkeit des Einkaufens

        2. Größere Auswahl als im Fachgeschäft

        3. Günstigere Preise

        4. Lieferung nach Hause

        5. Von Öffnungszeiten unabhängiges Einkaufen

    II. Negative Auswirkungen

        1. Komplizierter Umtausch

        2. Lange Lieferzeiten

        3. Aussterben der Innenstädte

        4. Vernichtung von Neuware

        5. Viele Retouren

            a) Mehrkosten

            b) Belastung für Umwelt und Klima

C) In Zukunft muss die Paketzustellung klimafreundlicher gestaltet werden.

Die Einleitung verfassen
Seite 28

1 a Im Jahr 2020 stiegen die Umsätze der E-Commerce-Händler um ca. 15 % auf ca. 80 Milliarden Euro.

b statistische Daten

c Geeignet ist die Überleitung B; nicht geeignet sind:
A: Die Einleitung nimmt Argumente (Behauptungen) vorweg: bequem, schnell und oft auch kostengünstig.
C: Auf den zweiten Aspekt des Themas (negative Auswirkungen) wird kein Bezug genommen.

d Immer mehr Menschen erledigen ihre Einkäufe im Internet. Im Jahr 2020 stiegen die Umsätze des E-Commerce um ca.15 Prozent auf ca.80 Milliarden Euro. Dies zeigt, dass der Online-Einkauf immer alltäglicher wird, sodass fast 40 Prozent der Verbraucher/-innen angaben, wöchentlich im Internet einzukaufen. Auch Lebensmittel werden zunehmend von zu Hause aus bestellt (vgl. M1). Die Zahlen belegen, dass sich das Einkaufsverhalten der Deutschen zunehmend verändert, dass immer mehr Umsatz durch den Onlinehandel erzielt wird. Diese Entwicklung wird jedoch auch kritisch gesehen. Es stellt sich deshalb die Frage, warum immer mehr Menschen online bestellen und welche negativen Auswirkungen dieser Trend hat.

Argumentationen entwickeln

Seite 29

1 a **Behauptung:** „Ein Grund für die zunehmende Zahl an Onlinebestellungen dürfte sein, dass …"
Begründung: In den Online-Shops landen mit nur wenigen Mausklicks die gewünschten Produkte im Warenkorb: …"
Beispiel: So spart sich beispielsweise ein junges Paar, das …"
b Die eben beschriebenen Annehmlichkeiten tragen schließlich dazu bei, dass immer mehr Kundinnen und Kunden ihr Kaufverhalten ändern und im Internet bestellen.

Seite 30

2 Überleitungen und Verknüpfungen: dass, bereits, hingegen, weitere, So, beispielsweise, das, folglich

3 a Der Ausschnitt der Argumentation bezieht sich auf Gliederungspunkt **I. 5.** Dieser enthält ein **Beispiel** sowie eine Abrundung.
b Ein weiterer Aspekt, der die steigende Beliebtheit des Onlinehandels erklärt, ist, dass dieser an keine Ladenöffnungszeiten gebunden ist. So dürfen stationäre Supermärkte in Bayern aus rechtlichen Gründen nach 20:00 Uhr nicht einmal mehr ihre Waren ausliefern. An diese Bestimmungen ist der elektronische Handel nicht gebunden. Die gewünschten Einkäufe können so an jedem Tag und zu jeder Uhrzeit erledigt werden, auch an Sonn- und Feiertagen, die gerade für Berufstätige ein attraktives Zeitfenster darstellen dürften, um ihre Besorgungen stressfrei zu erledigen (vgl. M 6).

4 a/b richtige Nummerierung: A − 5; B − 2; C − 1; D − 4; E − 3

5 Die vielen Retouren stellen ein weiteres Problem des Onlinehandels dar, indem sie die Umwelt und das Klima belasten. Schon vor der Coronakrise nahmen die Retouren zu, nun ist ihre Zahl noch weiter angestiegen (vgl. M 7). Um dieser zusätzlichen Paketflut gerecht zu werden, sind in Deutschland Tausende Lieferwagen mit Verbrennungsmotor im Einsatz, die Kohlenstoffdioxid ausstoßen. Forschende haben herausgefunden, dass dieses Problem ganz umgangen werden könnte, indem die Kundinnen und Kunden zwar weiterhin bequem vom heimischen Sofa aus Artikel bestellen können, diese jedoch besser vor Ort in der nächstgelegenen Filiale abholen. Der Aufwärtstrend von Retouren dürfte jedoch aufgrund der zunehmenden Zahl an Bestellungen weiter steigen. Dies zeigt, dass unsere Umwelt allein unter den Retouren des Onlinehandels deutlich leidet.

Den Schluss schreiben

Seite 31

1 a **A** Forderung − **B** persönliche Meinung

2 Mögliche Überarbeitung:
Da nun die Gründe für die zunehmende Zahl an Onlinebestellungen sowie mögliche negative Auswirkungen dieses Trends erörtert wurden, möchte ich mich **jetzt** selbst zu der Thematik äußern. **Es ist offensichtlich**, dass der Onlinehandel gerade im Lebensmittelbereich noch weiter wachsen wird. **Denn** immer mehr Supermarktketten liefern bereits den **im Internet** bestellten Einkauf nach Hause. Gelingt es den **Läden,** ihren Service weiter zu verbessern, **weil** sie beispielsweise ihre Lieferzeiten verkürzen, wird der wöchentliche Einkauf statt im Supermarkt vor Ort bald am Frühstückstisch von zu Hause erledigt werden.

3 Die Argumentationen zeigen, dass es viele überzeugende Gründe für die zunehmende Zahl an Onlinebestellungen gibt. Andererseits sind, wie bereits erörtert, auch zahlreiche negative Auswirkungen mit diesem Trend verbunden. Wo und wie kaufe ich nun ein? Eine Lösung könnte in einem Kompromiss bestehen: Um Retouren zu vermeiden oder dem Aussterben der Innenstädte entgegenzuwirken, kauft man bewusst in den Bekleidungsgeschäften vor Ort ein. Technische Produkte werden gerade bei Rabattaktionen wie dem „Black Friday" schnell und bequem über das Internet bestellt.

„Lasst uns Schule der Zukunft sein!" – Eine kurze Rede halten

Einen appellativen Text untersuchen und gestalten

Seite 32

1
A Es geht um die Vorstellung und Werbung für das Projekt „Schule der Zukunft".
B Die Rede richtet sich an alle Mitschüler/-innen.
C Der Redner / Die Rednerin will die Zuhörer/-innen von dem Projekt überzeugen und sie motivieren, sich selbst Gedanken dazu zu machen.
D Sie sollen motiviert werden, ihre Ideen bei der SMV abzugeben und sich an dem Projekt aktiv zu beteiligen.

2 Lösung

Fachbegriff	Beispiel	Wirkung
Metaphern	„Lernfabrik" (Z. 8) „in einem veralteten, miefigen und öden Trott pauken" (Z. 11)	verdeutlichen, dass die/der Redende ein Schulsystem als monoton und veraltet erachtet, das Schülerinnen und Schüler als Produkte ansieht
rhetorische Fragen	„Ihr wisst, von wem ich spreche, oder?" (Z. 8) „Und deshalb wissen wir am besten, wie eine gute [...] Schule aussieht, oder?" (Z. 12 f.) „Was will der eigentlich von uns?" (Z. 19)	direktes Ansprechen des Publikums, um eine Bestätigung zu erhalten
bewusster Einsatz von Personalpromonen	„ihr" und „euch" v. a. am Anfang der Rede in Z. 2–4 „wir" und „uns" im zweiten Abschnitt	soll die Zuhörer/-innen gezielt ansprechen Wir-Gefühl erzeugen, sich angesprochen fühlen
Wiederholung von Wörtern	„Schule" und „Zukunft" (Z. 3, 5 f., 13, 21, 24 f.) „Bitte" (Z. 21 f.)	Die Wichtigkeit der Wörter wird betont und sie werden im Gedächtnis der Zuhörenden verankert. Jede/-r soll wissen, worum es geht. Eine Bitte wirkt moralisch verpflichtend. Man kann sie nicht abschlagen.
Ausrufesätze	v. a. im letzten Absatz (Z. 21–25) fünf Ausrufesätze Z. 10, 26	Der Redner / Die Rednerin will bewegen und die Zuhörenden zur aktiven Teilnahme bringen. Er/Sie appelliert. Die Ansicht bzw. der Dank wird so unterstrichen und hervorgehoben.
Parallelismus im Satzbau	Z. 2 f.: „ob ihr [...] zufrieden seid, ob ihr Wünsche habt"; Z. 7: „kennen die Schule wirklich, erleben sie"	wirkt eindringlich und betont die Aussagen
Umgangs- und Jugendsprache	„Logo" (Z. 9), „Laden" (Z. 10), „pauken" (Z. 11)	wendet sich so eindeutig an die Zielgruppe

Seite 33

3 Die Rede **beginnt** mit einer Anrede, an die sofort eine rhetorische Frage anschließt, zu der gleich mögliche Antworten vorgestellt werden. Das weckt das Interesse des Publikums und macht neugierig. Die Rede **endet** mit dem Aufruf, aktiv zu werden. Damit wird die Wichtigkeit des Anliegens unterstrichen. Der Redner / Die Rednerin bedankt sich auch für die Aufmerksamkeit bei den Zuhörerinnen und Zuhörern = Ausdruck der Höflichkeit.

4 a – Kartoffelprojekt zum nachhaltigen Anbau für Fünftklässler/-innen
  – Sammlung von Plastikdeckeln, um einer/einem Behinderten einen Rollstuhl mitzufinanzieren
  – fairer Handel als Thema im Sozialkundeunterricht und Planung eines fairen Kiosk-Verkaufs
  – Streitschlichter/-in für ein besseres Miteinander
  – Veranstaltungen der Umwelt-AG
b Der Beginn mit „Hi zusammen" wirkt sehr flapsig und wenig passend; das Anliegen wird anfangs zu wenig klar. Man muss wissen, worum es geht. Kein klarer Abschluss, es fehlt ein Appell an das Publikum; ein abschließender Dank an die Zuhörer/-innen sollte noch ergänzt werden.

c Hallo liebe Mitschülerinnen und Mitschüler,
ich spreche heute zu euch, weil ich euch Projekte vorstellen möchte, die ich selbst sehr spannend finde. Als meine Freundin mir davon erzählte, war ich sofort begeistert und ich bin mir sicher, euch wird es genauso ergehen. Die Schule im Nachbarort wird nämlich „Schule der Zukunft".
Würde es euch nicht gefallen, wenn auch wir diesen Titel tragen könnten? Dazu braucht es gar nicht viel. Ich möchte euch kurz vorstellen, welche Projekte dort laufen, und ihr werdet merken, dass wir das auch locker auf die Beine stellen könnten. Oder vielleicht fallen euch sogar weitere Aktionen ein?

Ein Projekt für Fünftklässler/-innen aus dem letzten Schuljahr beschäftigte sich mit dem Kartoffelanbau. Die Schüler/-innen lernten dabei den nachhaltigen Anbau in einem eigenen Kartoffelbeet kennen. Findet ihr nicht auch, dass das etwas für uns wäre? Außerdem sammelten die Schüler/-innen viele Kilos Plastikdeckel und bekamen dafür im Austausch einen Rollstuhl für ein behindertes Mädchen. Es gibt Firmen, die so etwas unterstützen. Eine tolle Aktion, oder? Das können wir doch auch hinbekommen! Im Fach Sozialkunde beschäftigten sich die Zehntklässler/-innen mit dem fairen Handel und planten dann einen fairen Kiosk, in dem es Snacks zu kaufen gibt, die den fairen Richtlinien entsprechen. Das hört sich gar nicht so kompliziert an und wir können bestimmt etwas in dieser Art organisieren. Was meint ihr?

Manches läuft bei uns auch schon, zum Beispiel der/die Streitschlichter/-in, die sich vorbildlich für ein besseres Miteinander an unserer Schule engagieren. Ganz zu schweigen von unserer innovativen Umwelt-AG, die von Frau Emsig, unserer kreativen Biologielehrerin, mit viel Herzblut geleitet wird. Wer von euch schon dabei ist, kann bestätigen, wie viele gute Ideen schon verwirklicht wurden und wie zukunftsorientiert die AG ist. Schaut doch dort einmal vorbei! Im Moment können noch Teilnehmer/-innen aufgenommen werden. So könnt ihr euch selbst davon überzeugen und euch beteiligen.

Unsere Schule braucht aber auch immer wieder neue Ideen. Neue Ideen für die Schulgemeinschaft, für die Umwelt, für unsere Zukunft! Dazu brauchen wir euch, denn ihr habt jede Menge Potenzial und frischer Wind ist immer gefragt! Beteiligt euch! Nur so kann man Zukunft mitgestalten!

Danke, dass ihr mir zugehört habt!

Literarische Kurzformen untersuchen
Seite 34

1 Mögliche Schlüsselwörter. Küchenuhr, alten Gesicht, halb drei, Paradies.

Die Einleitung verfassen
Seite 35

1 a Die **Kurzgeschichte „Die Küchenuhr"** wurde von **Wolfgang Borchert** verfasst und erschien **1947** in einer Prosasammlung.
b richtige Antwort: B

Den Inhalt der Kurzgeschichte zusammenfassen
Seite 36

1 Die richtige Reihenfolge lautet: 6 − 4 − 1 − 2 − 3 − 5.

2 a–c Mögliche Lösung:

Ein alter Mann geht mit einer kaputten Küchenuhr zu anderen Leuten, die auf einer Bank ⩊ sitzen. Er sieht sehr mitgenommen und alt aus, obwohl er noch recht jung ist.	I, A/I I (genauer)
Der alte Mann zeigt den anderen Menschen seine blau-weiße Küchenuhr und versucht mit diesen ins Gespräch zu kommen die aber wahrscheinlich aufgrund seinem eigenartigen Auftreten eher zurückhaltend sind.	W/I A Sz Gr
Daraufhin spricht er zu den anwesenden Leuten, aber wohl auch ein wenig zu der kaputten Küchenuhr. Er berichtete von der geborgenen Zeit daheim und dass sein Zuhause bei seiner Mutter das Paradies war. Diese bereitete ihm immer um halb zwei nachts, als er von der Arbeit gekommen ist, das Abendbrot. Genau zu dieser Zeit, als die Uhr stehengeblieben ist.	A Z Z, I
Anschließend erzählt er, dass nun aber alles, die Mutter, das Haus usw., vernichtet ist.	W, I, Sz
Durch die Küchenuhr aber erinnert er sich an das „Paradies" (Z. 93) dass er vor dem Bombenangriff gehabt hat.	R

9

Besonderheiten der sprachlichen Umsetzung analysieren
Seite 37

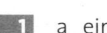**1** a einfache, kurze Sätze
     b Alltagssprache, einfach verständliche Sprache → Alltagsmenschen
     c Mögliche Lösung:

Ellipse	„Fast immer um halb drei" (Z. 55); „Nur: So spät wieder." (Z. 72); „Das richtige Paradies" (Z. 93); „Alles weg." (Z. 98)	Verschriftlichung der Gedanken der Hauptfigur. Die Lesenden können so den sprunghaften Gedankengängen der Figuren folgen.
Wörtliche Rede	„Jetzt, jetzt weiß ich, dass es das Paradies war. Das richtige Paradies." (Z. 92 f.)	Obwohl keine Anführungszeichen im Text gesetzt sind, kann man erkennen, dass Borchert den jungen Mann seine Gedanken auch laut aussprechen lässt. Dadurch werden die Lesenden ein Teil der Gesprächsrunde.
Fragesätze	„Sie haben wohl alles verloren?" (Z. 28)	Das Lesen der Fragen lässt die Lesenden gedanklich diese Fragen beantworten und versetzt sie mit in das Gespräch der Leute mit dem jungen Mann. Als Lesende/-r werden sie dadurch quasi ein Teil der Gesprächsrunde.

2 Etliche Male wiederholt Borchert in seiner Kurzgeschichte symbolhafte Begriffe wie die Küchenuhr (Überschrift, Z. 7, 11), die in der gesamten Kurzgeschichte als Erinnerungsstück an sein Leben vor dem Bombenangriff verwendet wird. Außerdem taucht der Begriff „Paradies" (Z. 93, 108) mehrfach im Text auf, der eine Verklärung der Zeit vor dem Krieg bewirkt und zum Ausdruck bringen soll. Erst der vollständige Verlust dieser „normalen Zustände" lässt im Nachhinein das eigene Leben davor paradiesisch erscheinen.
    Außerdem wiederholt der Autor häufig Wendungen wie „um halb drei" (Z. 81 f., 104 f.), „barfuß" (Z. 67 f.), „das Schönste" (Z. 102), „Witz" (Z. 51), die die Einfachheit der Sprache der Figuren ausdrücken, da keine Wechsel enthalten sind. Gleichzeitig prägen sich diese Wiederholungen stark bei den Lesenden ein, zumal sie z. T. sehr widersprüchlich zur äußerst bedrückenden Situation gewählt wurden. Dass die Uhrzeit als „das Schönste" bzw. als Witz bezeichnet wird, wird in Anbetracht der Situation durchkreuzt.

Die Textsorte nachweisen

1 B prägendes Erlebnis oder innerer Konflikt der Hauptfigur(en) → Z. 29
    C eher einfache, alltagsnahe Sprache → Z. 15 f.
    D nicht näher beschriebene Alltagsmenschen → Z. 1–5
    E zielstrebiger Handlungsverlauf → Z. 46 ff.
    F offenes Ende → Z. 107 f.

2 Der Text weist Merkmale einer Kurzgeschichte auf. Typisch für diese Textsorte ist der unmittelbare Beginn (vgl. Z. 1 ff.) sowie, dass man nichts über die Figuren erfährt (vgl. Z. 1–6). Darüber hinaus handelt es sich bei den Figuren um nicht näher beschrieben Alltagsmenschen (Z. 1–5), daher ist auch ihre Sprache eher einfach gehalten (vgl. Z. 15 f.). Außerdem wird ein Handlungsverlauf zielstrebig und ohne Umwege dargestellt (vgl. Z. 46 ff.) und das Ende bleibt offen (vgl. Z. 107 f.).

Die Absicht des Autors und Übertragung auf die eigene Lebenswirklichkeit
Seite 38

1 a Zu streichen sind: unterhalten; zu politischen Aktionen aufrufen; eine Epoche darstellen.
     b Die Kurzgeschichte möchte vermutlich anhand eines Beispiels einen Eindruck von der zeitgeschichtlichen Situation geben, indem der junge Mann als alt beschrieben wird (vgl. Z. 2–4), woran man erkennt, dass der Krieg ihn hat altern lassen. Er trägt eine kaputte Küchenuhr mit sich herum, weil er alles andere verloren hat (vgl. Z. 28 f.), was die Situation der Menschen in der Nachkriegszeit ganz besonders deutlich werden lässt.

2 a Anzukreuzen sind: A, B, C.
     b Zusätzlich vermittelt die Kurzgeschichte für uns Jugendliche sehr wohl die große Not in der Nachkriegszeit. In dieser Zeit haben viele Menschen fast ihr gesamtes Hab und Gut verloren, sodass nur noch einzelne Erinnerungsstücke übrig geblieben sind. „Das war unsere Küchenuhr [...]. Ja, ich habe sie noch gefunden. Sie ist übriggeblieben." (Z. 7–10) Mit diesen Worten veranschaulicht Borchert die Verluste, die viele Menschen durch den Krieg hatten. Dass damit nicht nur die materiellen Dinge gemeint sind, zeigt sich in einem weiteren Aspekt. Denn zusätzlich macht mir die Kurzgeschichte bewusst, dass auch ich vieles „ganz selbstverständlich" (Z. 81 f., 83 f.) empfinde, was meine Mutter für mich tut, obwohl es das nicht ist.

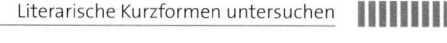

„Jetzt, jetzt weiß ich, dass es das Paradies war" (Z. 92 f.) bzw. „Und jetzt?" (Z. 90) zeigt außerdem, dass man den großen Wert dieser Unterstützung in der Familie leider immer erst im Rückblick wahrnimmt.

Kreativer Schreibauftrag: Einen Tagebucheintrag verfassen

Seite 39

1 Anzukreuzen ist: B.

2 a gemeinsam essen, in der Stube, Spaziergänge mit der Frau, gemeinsame Zeit

b Liebes Tagebuch,
Paradies! Ja genau das war das Paradies. Mit meiner Frau vor diesem unsäglichen Krieg in der Stube sitzen und ein warmes Essen genießen. Das wird es nicht mehr geben, dieses Paradies. Ich könnte heulen. Und eine Uhr oder sonst eine Erinnerung aus unserer Küche habe ich auch nicht mehr. Das Paradies muss in meinen Gedanken weiterleben. Ach, wäre sie doch nur noch da. Es muss ja nicht einmal die alte Wohnung sein, nur sie müsste zurückkommen. Dann könnten wir wieder ... ach, zumindest an der Spree spazieren gehen. Das war das Paradies. Weg, das kommt nicht mehr. Paradies.

3 Der arme Junge musste schon wieder bis spät in die Nacht arbeiten. Der Arme! Aber dass ich dann immer das Essen noch einmal warm machen muss ... naja, für ihn mache ich das gern. Aber er könnte ja wenigstens mal ein Wort des Danks sagen. Uhhh, ist der Boden heute wieder kalt. Hoffentlich ist das Essen richtig warm geworden. Sollte ich ihn kurz fragen? Lieber nicht. Ich kann heute die Augen kaum richtig offen halten. Morgen werde ich dafür versuchen, mittags ein bisschen Ruhe zu finden.

Den Schluss der fragengeleiteten Texterschließung formulieren

1 a Zu streichen sind: B, E.

b Die Kurzgeschichte zeigt für mich, dass man viele Annehmlichkeiten innerhalb der Familie als selbstverständlich erachtet. So ist es häufig ein Elternteil, der z. B. das Essen kocht oder die Wäsche macht. Da diese Dinge immer automatisch getan werden, vergisst man mit der Zeit, diese entsprechend zu würdigen. Man sollte sich also bei seinen Familienmitgliedern häufiger auch für diese Routinen bedanken.
Außerdem könnte man selbst versuchen, Annehmlichkeiten für die anderen zu schaffen, indem man sich z. B. gewohnheitsmäßig um bestimmte Dinge im Haushalt oder um die Gartenarbeit kümmert. Ich persönlich denke aber auch, dass man v. a. die Dankbarkeit für „normal gewordene" Dinge einfach häufiger zeigen muss.

Den Inhalt einer Parabel erschließen

Seite 40

2 a A blinde Einwohner des Dorfes, König, Elefant

B kleines Dorf in der Wüste

C Ein König kommt mit seinem Heer vorbei und reitet auf einem Elefanten.

D Alle sind blind und möchten wissen, was der Elefant für ein Ding ist, und wollen ihn untersuchen.

E Alle haben unterschiedliche Antworten auf die Frage, wie ein Elefant aussieht.

b Anzukreuzen ist B.

3 Mögliche Lösung:

Gesagtes (Bildteil)	Gemeintes (Sachteil)
Blindheit der Menschen	begrenzte Wahrnehmung, Engstirnigkeit
der Elefant	etwas Unbekanntes
verschiedene Körperteile des Elefanten	Teile von etwas Unbekanntem
Dorf	enge, wenig offene Gesellschaft
Wüste	abgeschiedene Welt

Die Absicht des Autors erkennen

Seite 41

1 Die Parabel führt den Lesenden vor Augen, dass man mit der eigenen Wahrnehmung immer nur einen Ausschnitt von einem Ganzen erfasst.
Die Parabel möchte die Lesenden lehren, vorschnelles Einschätzen und Beurteilen von neuen Situationen zu vermeiden. Die Parabel will deutlich machen, dass unterschiedliche Perspektiven und individuelle Vorerfahrungen eine wichtige Rolle dabei spielen, wie man etwas Unbekanntes sieht.
Der Text mahnt die Lesenden, sich ihrer Vorurteile bewusst zu werden und offen für Neues und die Einschätzungen anderer zu sein.

Mit Hilfe der Parabel einen Appell verfassen

1 Mögliche Lösung:

Liebe Mitschülerinnen und Mitschüler,

nachdem immer wieder unterschiedliche Aussagen zur neuen Pausenverkaufskarte von Herrn Forsch ab nächstem Monat die Runde in unserer Schule machen, möchte ich euch hiermit folgende Dinge mitgeben:

Ist es nicht sehr engstirnig, wenn man schon bevor etwas überhaupt bekannt ist, eine Meinung laut vertritt? Wäre es nicht sinnvoller, sich erst ein eigenes Bild zu machen, bevor man die teils bedenklichen Aussagen einiger weniger einfach nur wiederholt? Natürlich wird es unterschiedliche Perspektiven geben, die sich auf individuelle Vorerfahrungen stützen − Unbekanntes wird so übertragen. Aber gerade das vorschnelle Be- bzw. Verurteilen müssen wir alle bei neuen Situationen vermeiden und möglichst unvoreingenommen an die neuen Waren unseres Herrn Forsch gehen. Das gilt aber auch für alle anderen Lebensbereiche genauso!

Wenn ihr euch eurer Vorurteile bewusst werdet, dann könnt ihr offen für Neues werden. Nutzt die Einschätzungen der anderen einfach nur als Teil eurer eigenen Erfahrungen.

Gebt der neuen Karte, den neuen Ideen und den Veränderungen eine Chance! Wenn es sich dann als schwierig herausstellt, kann man immer noch neuerliche Veränderungen vornehmen, oder?

Euer / Eure ...

Auszüge aus Romanen erschließen

Den Inhalt erschließen und zusammenfassen

Seite 43

1 a Der Ausschnitt wird aus der Perspektive des Jungen erzählt („Am liebsten ging er zusammen mit mir segeln", Z.1).
   b Es wurde die personale Erzählperspektive gewählt. Was der Junge sieht (z.B. Z.14−17) und erlebt (Z.27ff.), erzählt er in der Ich-Form.

2 bewegungslose Blätter an den Linden, Einladung zu einem Segelausflug, Abfahrt mit Motorkraft, dann gemütliches Dahintreiben von Vater und Sohn auf dem Wasser
Versagen des Bordmotors und misslingender Versuch des Vaters, den Motor wieder zu starten
Sammlung aller Kräfte, beim Ziehen an der Reißleine Stoß ins Gesicht des Sohns und Sturz des blutenden Jungen ins Wasser
Sprung des Vaters in die Schlei, mühsamer Versuch, den in einer Schwimmweste dahintreibenden Sohn zu retten
Rettung von Sohn und Vater sowie des Boots durch andere Segler
Spott im Segelclub, zu Hause **Stillschweigen über den Vorfall, Aufgabe des Segelns durch den Vater**

3 Da wieder einmal Windstille herrscht, lädt der Vater seinen jüngsten Sohn zum Segeln auf der Schlei ein. Mitten auf dem breiten Fluss stellt der Vater den Motor ab. Als er ihn nach einer Weile wieder starten will, springt er nicht an. Der Professor zieht ~~nach~~ ratloser Fehlersuche heftig an der Reißleine und stößt dabei seinen Sohn, der hinter ihm steht, ins Wasser. Benommen und aus der Nase blutend sieht dieser, wie der Vater in den Fluss springt und langsam und unbeholfen auf ihn zuschwimmt. Bevor er ihn erreicht, wird der Junge schon von einem zu Hilfe eilenden Paar aus dem Wasser gezogen. Auch der Vater und das Boot werden gerettet. Zu Hause verrät der Sohn auf Bitten des Vaters den Unfall nicht. Der Professor, inzwischen zum Gelächter des Segelclubs geworden, gibt aufgrund dieses Unglücks das Segeln auf.

Eine Figur charakterisieren

Seite 44

1 B Der Vater beschäftigt sich gern mit seinem Sohn.
   C Der Vater ist technisch unbegabt und versucht das zu vertuschen.
   D Angst und Mut siegen über des Vaters Unsportlichkeit.
   E Der Vater hat große Mühe beim Schwimmen.
   F Der Vater liebt seinen Sohn sehr und ist enorm erleichtert, dass er so schnell gerettet wurde.
   G Der Vater geniert sich vor der Familie und will Vorwürfe vermeiden.

2 Der Vater des Ich-Erzählers ist ein „übergewichtiger" Mann (Z.39), der es ruhig mag, denn er bricht nur bei Windstille mit dem Boot auf (vgl. Z.5−7). Er nimmt lieber den Außenbordmotor zu Hilfe, als die Segel zu setzen. Vielleicht ist er aber auch ein wenig ängstlich. Auf alle Fälle ist er unsportlich („ins Wasser plumpste [...], ein erbärmlicher Sprung", Z.39ff.) und kann nicht gut schwimmen (vgl. Z.44f., Z.50). Er beweist deshalb großen Mut, wenn er trotz seiner Unsportlichkeit und fehlenden Kondition ins Wasser springt. Der Professor liebt seinen Sohn sehr und ist erleichtert, dass ihm nichts geschehen ist („Hielt mich so fest, dass ich husten musste", Z.52). Dennoch geniert er sich das Missgeschick vor seiner Familie zuzugeben, und bittet den Sohn um Stillschweigen („Ich wäre dir sehr dankbar, wenn du das nicht gleich heute Abend erzählst", Z.69ff.). Dass er das Segeln nach dem Unfall ganz aufgibt (vgl. Z.30f.), beweist einerseits die Einsicht in sein Unvermögen, andererseits auch mangelnde Willensstärke, Schwierigkeiten durchzustehen.

Sprachliche Besonderheiten beachten

Seite 45

1 a/b A besonders prägnante Sätze: kurzer Satz wie ein Hilferuf (Z. 37); Aneinanderreihung von Haupt- und Nebensätzen ohne Punkt, die das turbulente Geschehen dramatisieren (Z. 38–43)

B anschauliche Adjektive: „ungeschickt, leicht schräg" (Z. 27 f.), „zügig" (Z. 32), „verschwommen" (Z. 36), „Laut" (Z. 37), „übergewichtiger" (Z. 39), „erbärmlicher" (Z. 40 f.), „verzweifeltes" (Z. 45), „kräftigen" (Z. 48) → Personen werden lebhaft charakterisiert

C Wiederholungen: „riss er an der Leine [...], riss an der Motorleine" (Z. 27 f.) → verdeutlicht die Unbeholfenheit des Vaters

Einen Perspektivenwechsel bearbeiten (kreativer Schreibauftrag)

1 a/b **inhaltliche Fehler:** „und zog noch einmal kräftig an der Reißleine" (Z. 2 f.); „rasch vom Boot, während ich laut um Hilfe rief" (Z. 5); „schwamm elendig langsam auf ihn zu" (Z. 6)

sprachliche Fehler: beim Aufklappen (Z. 2); „Reißleine" (Z. 3); schließlich (Z. 7)

Eine begründete Stellungnahme erarbeiten

1 a (Themabegriff, Schlüsselbegriffe) Wozu sollten Jugendliche und ihre Eltern ihre Freizeit gelegentlich gemeinsam gestalten?

b A, B, C, F

c Jugendliche sind in ihrer Freizeit gerne mit Freunden unterwegs, manche verbringen einen Teil ihrer Zeit aber auch mit ihren Eltern. Die Erwachsenen sind zumeist berufstätig, die Jugendlichen besuchen die Schule oder sind in der Berufsausbildung. Somit bleibt unter der Woche für die Familie wenig Zeit füreinander. Wenn sich aber Eltern und Kinder bewusst Tage für Freizeitunternehmungen freihalten, festigt sich der Zusammenhalt zwischen den Familienmitgliedern. In den Stunden, die man miteinander verbringt, lernt man die Sorgen des anderen kennen, erfährt, womit er oder sie sich beschäftigt, und hat Spaß miteinander. Ich spiele zum Beispiel gerne mit meiner Mutter Tennis, obwohl ich eigentlich im Handballverein bin. Sie gibt sich dann ganz gelöst und spricht in den Erholungspausen mit mir wie mit einer Partnerin über das, was sie gerade beschäftigt – beruflich und privat. Ich dagegen erzähle von meinen Freundinnen, vom Training oder von der Schule, und wir lachen zusammen über Dinge, die uns freuen.

Aber auch andere Gründe sprechen dafür, die Freizeit mit den Eltern zu verbringen. Der Freund meines älteren Bruders hilft seinem Vater häufig bei der Betreuung von dessen Bienenstöcken, einem Hobby des Vaters. Auf diese Art und Weise erfährt der Jugendliche etwas über die Bienenzucht, aber auch über Zusammenhänge innerhalb der Natur. Man kann also dadurch, dass man Freizeit mit ihnen verbringt, vom Wissen der Eltern profitieren.

Wenn Eltern und Kinder ihre Freizeit gemeinsam gestalten, können also beide voneinander profitieren, denn sie lernen sich besser kennen, bauen ein Vertrauensverhältnis auf und lernen voneinander.

Den Inhalt erschließen und zusammenfassen

Seite 47

1 Zeit: um 1930; Ort: Schulgebäude; Hauptfiguren: Oskar Matzerath, seine Mutter, Lehrerin Spollenhauer

2 Der Romanauszug ist meistens in der Ich-Erzählform aus der Sicht von Oskar erzählt.
Textbelege: Z. 21–27, 28 ff. Mehrfach wechselt jedoch die Perspektive, und zwar in den Zeilen 74, 98, 128, 132. Hier findet sich die auktoriale Erzählperspektive.

3 Der Romanausschnitt stammt aus dem berühmten Roman „Die Blechtrommel" von Günter Grass und erschien 1959. Günter Grass, der 1999 den Nobelpreis für Literatur erhielt, starb im April 2015 mit 87 Jahren. Der Textauszug beschreibt den ersten Schultag von Oskar, der sich mit seiner Trommel und der Fähigkeit, Glas zu zersingen, hervortut.

Seite 48

4 a Z. 62–76: Zersingen der Glasfenster im Klassenzimmer durch Oskar

Z. 77–105: Schläge der Lehrkraft mit dem Rohrstock auf Oskars Pult und Trommel

Z. 105–114: Zerstörung der Brillengläser der Lehrerin durch einen furchtbaren Schrei

Z. 114–120: Kriechen und Rennen der Kinder zu ihren Müttern

Z. 121–126: Flucht von Oskar und seiner Mutter aus dem Schulgebäude

Z. 127–134: fotografische Aufnahme von Oskar als Schulkind am ersten Schultag

b Zunächst wird das Aussehen der Lehrkraft beschrieben, welche die erste Klasse unterrichten soll. Sie heißt Fräulein Spollenhauer und sieht sehr männlich und bieder gekleidet aus. Nach Aufforderung der Lehrerin singen die Kinder ein Lied. Da der Gesang der Kinder sehr chaotisch ist, trommelt Oskar den Takt. Dies führt jedoch dazu, dass Fräulein Spollenhauer versucht, Oskar die Trommel wegzunehmen. Dieser aber wehrt sich und bringt die Fenster des Klassenzimmers durch seine Schreie zum Zerspringen. Als die Lehrkraft daraufhin mit dem Rohrstock auf Oskar und die Trommel einschlägt, lässt er auch noch deren Brillengläser zerbrechen. Am Ende wird erzählt, wie Oskar im ausbrechenden Chaos seine Mutter bei der Hand nimmt und mit ihr die Schule verlässt. Dabei fotografiert ihn ein Fotograf noch auf der Treppe als Schulkind am ersten Schultag.

5 das autoritäre Verhalten der Lehrkraft und damit das Schulsystem – die Erziehung durch Schläge

Die Sprache und ihre Wirkung untersuchen

1 a lange Satzgefüge, eine Reihe nebengeordneter Nebensätze, Fragesätze

b Der Satzbau unterstreicht das Chaos, das durch das Verhalten der Lehrerin und die Reaktion der Kinder, vor allem von Oskar, entsteht.

2 Z. 4–6: „knappsteifen, Halsfalten ziehenden, am Kehlkopf schließenden [...] Hemdkragen"

Z. 102–104: „eine ganze herrliche, schönfenstrige, lichtfangende, lichtbrechend, gotische Kathedrale"

3

Zeile	Zitat	Sprachliches Mittel	Wirkung
Z. 19 f.	„den Putz an den Wänden lockernd"	Übertreibung	Gebrüll verdeutlichen; wirkt ironisch
Z. 85 f.	„dass die Tinte im Fässchen einen violetten Sprung machte"	Personifizierung	Härte des Schlags unterstreichen; wirkt witzig
Z. 105	„Ich formte [...] einen Doppelschrei"	Neologismus	Aufmerksamkeit auf das Wort und die damit verbundene Handlung lenken; wirkt auffällig
Z. 123 f.	„Hallende Korridore. Steintreppen für Riesenkinder."	Ellipse	Textinhalt aus Sicht des kleinwüchsigen Kindes darstellen; wirkt anschaulich

Seite 49

4 **Hinweis:** Nutze die Ergebnisse aus den Aufgaben 1–3.

Einen Brief verfassen (kreativer Schreibauftrag) und eine begründete Stellungnahme schreiben

1 Liebe Anette,

wie geht es dir? Schon lange habe ich nichts von dir gehört, wahrscheinlich hast du auch viel mit deiner neuen Klasse zu tun. Ich muss dir unbedingt von meinem letzten Erlebnis mit den Erstklässlern berichten – oder vielmehr mit einem von ihnen. Oskar war mir schon als auffällig dargestellt worden; er ist sehr klein und hat immer eine Trommel dabei. Am ersten Schultag wollte ich diese im Schrank verwahren, nachdem er schon eine Weile frech darauf rumgetrommelt hatte.

Da schreit dieser Fratz so entsetzlich, dass die Klassenfenster und schließlich auch noch meine Brillengläser zerspringen! Es war ein heilloses Durcheinander: ich halb blind und erschrocken, die Mütter ängstlich und die Kinder entsetzt und voller Furcht. Schließlich verschwand das Ungeheuer mit seiner Mutter und ich werde dafür sorgen, dass es nicht mehr in der Schule erscheint.

Ich war eine Woche krankgeschrieben, so hat mich dieses Geschehen mitgenommen.

Ich hoffe, du wirst nicht von so einem Kind heimgesucht und kannst in Ruhe deiner Pensionierung entgegensehen.

Liebe Grüße

Deine Therese

2 Es ist erstaunlich, welche Aktivitäten der Protest von Greta Thunberg gegen die Zerstörung der Umwelt ausgelöst hat. Viele Menschen wurden dadurch aus ihrer Lethargie herausgeholt oder zumindest dazu gezwungen, dieses Thema ernst zu nehmen. Wie wirken sich aber die Proteste auf die Jugendlichen selbst aus?

Ein großer Teil der Jugendlichen, die in die Schule gehen oder in der Ausbildung sind, fühlt sich durch die Proteste bestätigt und wendet sich nun gezielt an die Öffentlichkeit, um etwas für die Umwelt zu bewirken. Viele beteiligen sich an den „Fridays for Future", gehen freitags nicht in den Unterricht, sondern verkünden ihre Botschaften mit Plakaten, Musik und Sprechchören an öffentlichen Plätzen. So stellten sich in der Zeit vor der Coronakrise jeden Freitag Jugendliche in Würzburg auf den Marktplatz, selbst wenn sie Sanktionen in Kauf nehmen mussten. Die meisten meinen es ernst mit ihrem Protest und engagieren sich auch in Umwelt- und Naturschutzverbänden.

Aber auch junge Menschen, die ihre Meinung nicht öffentlich verkünden, richten ihr Leben neu aus. Manche verzichten zum Beispiel bewusst auf ein Auto oder Motorrad. Mein Cousin, der 15 km von seinem Ausbildungsplatz entfernt wohnt, besorgte sich extra ein stabiles Rad, um jeden Tag und bei jedem Wetter zum Arbeitsplatz fahren zu können. Es wäre schön, wenn Erwachsene die Sorgen und Ängste sowie die Protestaktionen der Jugendlichen ernst nehmen würden. Noch besser wäre es, wenn sie sich zu sinnvollen Schritten aufraffen könnten, um die Umwelt – und unser aller Zukunft – zu retten.

Den Schluss verfassen

1 A „wirklich so brutal" (streng); „von Anfang an getrietzt" (misshandelt); „die altertümliche Sprache" (eigenwillige); Begründung für den erhaltenen Nobelpreis nicht schlüssig

B unklar, wogegen sich Oskar wehrt und welche Missstände gemeint sind

Schluss B ist besser, da er sich am Text orientiert und eine Begründung für die Wertung enthält.

2 In dem Romanausschnitt sind Eindrücke aus dem Schulalltag vor vielen Jahrzehnten dargestellt. Meinen Urgroßeltern wären sie sicher noch bekannt gewesen. Mit seiner Trommel und der Glas zersingenden Stimme wehrt sich Oskar gegen Missstände, die Grass in seinem Roman kritisiert. Mir hat der Ausschnitt gefallen, weil man sich die Situation trotz Oskars unrealistischem Verhalten gut vorstellen kann.

Satirische Texte

Was ist Satire?

Seite 50

1 Beispiele für sinnvolle Markierungen: „Sie sagt: ‚Nein!'" − „beißt, lacht, pfeift und trommelt [...] gegen alles, was stockt und träge ist" − „Der Satiriker [...] will die Welt gut haben" − „rennt [...] gegen das Schlechte an" − „Laster bekämpfe" − „hebe den Vorhang auf, der schonend über die Fäulnis gebreitet war" − „sage: ‚Seht!'" − „Die Satire muss übertreiben" − „ist [...] ungerecht" − „bläst die Wahrheit auf, damit sie deutlicher wird" − „Boshaft kann er sein" − „ehrlich soll er sein" − „blutreinigend" − „Was darf die Satire?" − „Alles."

2 Anzukreuzen sind: B, C, E, G.

Seite 51

3 Übertreibung

4 a A Ironie: „Hebräisch lässt sich verhältnismäßig leicht erlernen" (die Ironie ist allerdings erst zu erkennen, wenn man den ganzen Text gelesen hat!) − B Vergleich: „fast so leicht wie Chinesisch" − C Übertreibung (Hyperbel): „Schon nach drei oder vier Jahren [...] wie spät es ist" − D Pointe: „aber womöglich auf Englisch"
b Beispiellösung: Kishons Text wirkt witzig, stimmt aber bei längerem Überlegen auch nachdenklich: Wie sollen sich Einwanderer zurechtfinden, wenn es ihnen die Sprache so schwer macht?

5 Die Sprache der Satire bewirkt, dass die Leserin / der Leser aufmerksam wird. Er soll sich eigene Gedanken machen und die Wahrheit herausfinden. Oft soll er auch unterhalten werden.

6 Beispiellösung:
(Inhalt) Es gibt viele verschiedene Formen der Satire. Alle Satiren setzen sich spöttisch mit politischen und gesellschaftlichen Themen auseinander oder zeigen menschliche Schwächen und Scheinheiligkeit auf. Auch weisen sie auf Widersprüche hin und gehen oft ins Absurde. *(Sprache)* Die Sprache der Satire ist sehr abwechslungsreich. Verwendet werden vor allem Ironie und starke Übertreibung, aber auch Vergleiche oder Metaphern, Wortspiele, Untertreibung, Sarkasmus, Gegenüberstellung von Gegensätzen, Rollen- und Perspektivenwechsel, unpassende Wörter aus anderen Lebensbereichen, Wortneuschöpfungen usw. Oft enden satirische Texte mit einer Pointe. *(Absicht)* Damit wecken Satiren Aufmerksamkeit, üben Kritik und regen zum Nachdenken an. Sie wollen die Welt verbessern und oft auch die Lesenden unterhalten.

Eine Satire untersuchen

Seite 53

1 Zutreffend: A Kleingärtner/-innen − B Spießbürger/-innen − C Scheinheiligkeit, Selbstbetrug − D Umweltverschmutzung, Egoismus.

2 Mögliche Zitate, die die Aussagen des Ich-Erzählers entlarven: A „dieses neue Chemiewerk" (Z. 20), „dieses neue Betonwerk" (Z. 34) − B „gehst da weg von den Rosen, malefiz noch mal!" (Z. 8) − C „fast. Also überhaupt nichts, nur bei Nordwind, also, allerhöchstens einmal bei Nordwind, net." (Z. 22 f.)

3 a A Ausrufe (z. B.: „Ja, des is ja, gehst da weg von den Rosen, malefiz noch mal! Heinz-Rüdiger gehst net gleich weg da, is doch gefährlich!", Z. 9) − D Wiederholungen (z. B.: „Ja, also nein, nein, nein", Z. 48; „was mir hier wollen, des is Ruhe. Ruhe, net. Ruhe, des is's − a Ruh!", Z. 57 f.) − E Leseranrede (z. B.: „Einen Engerling sehen Sie bei uns nicht", Z. 25 ff.; „wissen Sie, was mir hier wollen", Z. 57) − F Floskeln (z. B.: „Ich muss schon sagen", Z. 2; „des is natürlich so eine Sache jetzt, ich weiß auch net", Z. 12, 18; „Ja, wo komm mir denn da hin?", Z. 54 f.) − G Füllwörter (z. B.: „Äh", Z. 2; „gell", Z. 3; „net", Z. 8) − H Dialekt (z. B.: „ham", Z. 4; „alleweil a bisserl", Z. 29; „ausgeschamt", Z. 44; „fei net", Z. 52) − K Interjektionen (Ausrufewörter) (z. B.: „O ja, o mein Gott", Z. 31) − L grammatisch unkorrekter Satzbau (sehr häufig, z. B.: „Sie, hören S' auf!", Z. 51)
b Dadurch erzielte Wirkungen: Unmittelbarkeit der Szene (so, als würde man sie live vor Ort miterleben) − Lebensnähe (Authentizität) der Figur − Alltäglichkeit der Situation − Leser/-in wird einbezogen − Figur entlarvt sich selbst.

4 Anzukreuzen sind: B und C.

Gedichte als Ausdruck ihrer Zeit — politische Lyrik

Seite 54

2 Mögliche Lösung: Der Song macht Mut, um Freiheit zu kämpfen, verdeutlicht aber auch, wo sie überall fehlt.

3 Das Veröffentlichungsdatum zeigt, dass der Songtext über zwei Jahre vor dem Mauerfall zwischen der BRD und der DDR entstanden ist. Wie auch Westernhagens Aussage in einem Interview belegt, ist das Lied zunächst nicht im Zusammenhang mit der Wiedervereinigung Deutschlands entstanden.
Dennoch ist nachvollziehbar, dass der Titel „Freiheit" gerade für die Bürger/-innen der DDR von besonderer Bedeutung war, nachdem sie über Jahrzehnte hinweg unter dem politischen System der sozialistischen DDR-Diktatur auf viele Freiheiten verzichten mussten. So wurde der Titel „Freiheit", ohne dass dies von Westernhagen gewünscht war, unbeabsichtigt zu einer „Hymne" der Wiedervereinigung im Jahr 1989.

4 Beispiellösung: Friede, Rückhalt, Ehrlichkeit, Individuum, Heiterkeit, Einheit, Immer, Toleranz

Seite 55

2 Mögliche Lösung:

Doch kommt ein Krieg. Zu lange war schon Frieden.	Antithese (Gegenüberstellung von gegensätzlichen Begriffen)
Dann ist der Spaß vorbei. Trompeten kreischen.	Metapher/Personifikation
Dir tief ins Herz. Und alle Nächte brennen.	Metapher, Besonderheit „Dir, Du, Dir"
Du frierst in Zeiten. Dir ist heiß. Du hungerst.	Antithese, Klimax (Z.4–5), Sinneseindrücke
Ertrinkst. Zerknallst. Verblutest. Äcker röcheln.	unvollständige Sätze/Ellipsen, Personifikation
Kirchtürme stürzen. Fernen sind in Flammen.	Personifikation/Metapher, Alliteration
Die Winde zucken. Große Städte krachen.	Metaphern/Personifikationen
Am Horizont steht der Kanonendonner.	Metapher/Neologismus

Rings aus den Hügeln steigt ein weißer Dampf.
Und dir zu Häupten platzen die Granaten.

3 Im Titel und in Vers 1 des Gedichts wird eine Bedrohungssituation durch den Krieg beschrieben.
Es gibt sich kein lyrisches Ich durch Personalpronomen direkt zu erkennen, jedoch wird mit den Pronomen „du" und „dir" ein Gegenüber direkt angesprochen, was besonders eindringlich wirkt.
Ab Vers 2 findet der Frieden sein Ende und der Krieg beginnt.
In den Versen 4 und 5 zeigt sich das Leid bis zum Tod, besonders durch Sinneswahrnehmungen und Gefühle.
Dies verändert sich ab Vers 6: Nun konzentriert sich die Darstellung auf das Kriegsgeschehen, das man sehen, hören und fühlen kann. Die Stimmung wirkt verzweifelt, ein Entkommen scheint unmöglich zu sein.

4 Mögliche Lösung:

Sprachliche Besonderheit	Textbeleg (mit Vers)	Wirkung/Deutung
Wortwahl: ausdrucksstarke Verben	„kreischen" (V.2), „krachen" (V.7)	**Sinneseindrücke, akustische Wahrnehmung des Kriegs**
Satzbau: Ellipsen	**„Ertrinkst. Zerknallst. Verblutest." (V.5)**	betont den Reihungsstil, reduziert das Geschehen auf das, was im Krieg geschieht; wirkt auf die Lesenden eindringlich, einhämmernd
Stilmittel: Personifikation und zugleich Metapher	„Trompeten kreischen." (V.2), „Winde zucken" (V.7), „Äcker röcheln." (V.5),	**verdeutlichen den Kriegsbeginn und die schockierenden Erfahrungen im Krieg; die Bilder stehen vermutlich für die Menschen im Kampf mit den Kriegsbedingungen und — getroffen von Kanonen — für ihren Kampf mit dem Tod;**
Neologismus	„Kanonendonner" (V.8)	
Klimax	„Du frierst. [...] Äcker röcheln." (V.4–5)	**Steigerung vom Frieren bis hin zum Ringen mit dem Tod auf dem Feld**

5 Das Gedicht von Alfred Lichtenstein lässt sich eindeutig der Stilepoche des Expressionismus zuordnen. Dies erkennt man bereits am Titel **„Doch kommt ein Krieg"** und der Entstehungszeit **1914.** Neben dem Inhalt, der um den Krieg kreist, spricht **auch der verwendete Reihungsstil für diese Stilepoche. Außerdem werden die typischen Stilmittel verwendet, um das Elend des Kriegs zu verdeutlichen.**

Gedichte aus ihrer Zeit — der Expressionismus

Seite 56

1 Mögliche Lösung: Man verbindet mit dem Titel positive Gedanken und erwartet ein heiteres Gedicht über das Thema einer als schön erlebten Jugend.

3 Mögliche Empfindungen beim ersten Lesen: Schockierende Details und makabre, irritierende Zusammenhänge zu Ratten lösen Ekel und Angst vor dem Verfall aus.

4 Anzukreuzen sind: 1 und 3.

5 Anzukreuzen ist: 2. Die Szene des Gedichts spielt sich vermutlich auf einem Seziertisch ab, wo das tote Mädchen, das davor im Schilf gefunden wurde, auf seine Todesursache hin genauer untersucht wird.

6 Vers 1 bis 2; Vers 3 bis 9; Vers 10 bis 12

7 Das Mädchen wird ohne Mitgefühl emotionslos aufgeschnitten und abwertend wie ein Gegenstand behandelt, dessen Inneres man bis ins Detail betrachtet.

Die Ratten werden durch die Beschreibung ihrer Lebensverhältnisse personifiziert und vom lyrischen Ich mitfühlend und beschönigend dargestellt.

8 Mögliche Lösung:

Positiver Ausdruck in Form einer Metapher	Positiv erwarteter Bedeutungszusammenhang	Negativer Zusammenhang im Gedicht
schöne Jugend	Schönheit eines jungen Mädchens	**Ratten**
Mund eines Mädchens	**lädt zum Küssen ein**	angeknabbert
Laube	**idyllischer Ort im Garten**	Ort in einer Leiche
Nest	Nest für Vögel	**Behausung für Ratten**
kleines Schwesterchen	**junger Mensch**	tote Ratte

9 Mögliche Lösung:

Zitat	Stilmittel
„kleines Schwesterchen" (Z. 6)	Personifikation — **Beschönigung der Ratten (auch durch die Verkleinerungsform „-chen"), Erzeugung von Mitgefühl durch die Vermenschlichung der Ratten**
„Ach, wie die kleinen Schnauzen quietschten!" (Z. 12)	Exklamation (Ausruf) — **Mitgefühl gehört den Ratten, nicht dem toten Mädchen**
„Ratten" (Z. 5)	Symbol für den Tod — **Auslösen von Ekel und Mitleid**
„schön und schnell kam auch ihr Tod" (Z. 10)	Antithese (Gegenüberstellung gegensätzlicher Begriffe) — **brutale Ironie (Ratten und Mädchen enden qualvoll)**

10 Das Gedicht „Schöne Jugend" ist dem Expressionismus zuzuordnen. Dies erkennt man an der Thematik Tod und Verfall. Eindeutig wird hier ein Tabu gebrochen, da das Gedicht ein totes Mädchen beschreibt und nur den Ratten, nicht aber dem toten Mädchen Mitgefühl entgegenbringt. Stilistisch werden hier Symbole und Personifikationen eingesetzt.

Pragmatische Texte erschließen

Den Inhalt erschließen und zusammenfassen

Seite 59

1 a Zu streichende Begriffe: Holz, Friedhof, klirrend kalte Dezembernacht, Hunde nicht mitbringen.

b Weitere Begriffe, die markiert werden müssen: fünfeckigen Kasten; Schlaf; jeden Abend zu ergattern; Stadt Ulm; Notfallinstrument in letzter Instanz; „kleines Zuhause"; Luft eisig; fünfeckige Holzkiste; Hannah Böck und Norman Kurock; von der Caritas; betreuen das Pilotprojekt; schauen, wer darin liegt; per App fortlaufend Informationen; Jeden Morgen um neun verschließen; um sechs wieder geöffnet; im Notfall helfen; Sechs engagierte Designer; Hardware- und Softwarentwickler; 2018; Ulm; obdachlose Menschen vor dem Kältetod bewahren; Hightechkiste aus massivem Holz; Kritik der Ulmer; an Särge erinnern; weder Toilette noch Waschbecken; Kastenform; für Menschen jeder Statur und Größe; Stauraum; Hund; nur fünf Grad wärmer als draußen; Nester sollen nur vor dem Erfrieren schützen; Ziel ist es [...] anderen Städten aufzustellen; Benni; richtige Wohnung; ein Bett; einen Job; Leben in die Hand zu nehmen.

Seite 60

2 A Die Ulmer Nester werden von der Stadt und engagierten Unternehmern <u>jungen Familien</u> zur Verfügung gestellt. →
Obdachlosen

B Manche Obdachlose gehen nicht gern in Notunterkünfte, weil sie sich dort an strenge Regeln halten müssen und sie
außerdem nur dann einen Schlafplatz erhalten, <u>wenn sie die Kosten übernehmen können.</u> → wenn sie beim Arbeits- oder
Sozialamt registriert sind.

C Ob die Notunterkunft belegt ist, wissen die Betreuer/-innen der Caritas, <u>weil die Hundebesitzer ihnen das am Morgen
mitteilen.</u> → weil eine App sie darüber informiert.

D Die Nester wurden bewusst wie Kisten gestaltet und haben daher auch einige offensichtliche Nachteile, <u>die noch ausge-
bessert werden müssen. Schließlich sollen sich die Obdachlosen hier richtig wohlfühlen.</u> → [...] Nachteile. Schließlich
sollen sie den Obdachlosen nicht als Ersatz für eine richtige Wohnung dienen.

3 1 Beschreibung der nächtlichen Umgebung Bennis (Z.1–5)
2 Vorstellung der Person Benni (Z.5–16)
3 Hintergrund der Entstehung der Ulmer Nester (Z.17–25)
4 Allgemeine Lebensumstände Obdachloser (Z.26–39)
5 Konkrete Lebenssituation Bennis (Z.40–58)
6 Betreuung des Pilotprojekts durch die Ulmer Caritas (Z.59–79)
7 Überlegungen der Ideengeber für das Projekt (Z.79–97 und Z.109–115)
8 Kritikpunkte an den Notunterkünften (Z.98–107)
9 Persönliche Perspektive des Obdachlosen Benni (Z.108–119)

Die Textsorte beschreiben und belegen

1 szenischer Einstieg durch Zoomtechnik (1) – subjektiv gefärbter Erlebnisbericht (1/2/5/9) – schildernde Elemente (1/5/9) –
Hintergrundinformationen zum Thema (4) – Zahlen zur objektiven Darstellung des Themas (4) – Ironie –
Vorspann als Hinführung zum Thema – Wiederaufgreifen der Eingangsszene (Zooming-out) (9) –
Ausblick in die Zukunft (8/9) – anschauliche Darstellung des Inhalts (1/3/5/9) – objektiver Berichtstil –
Meinung des Verfassers / der Verfasserin (2/4/9) – Vorspann zur kurzen Information – Recherche vor Ort (2/4/7/9) –
Betroffene(r) kommt zu Wort – unterschiedliche Perspektiven – Interviews mit Augenzeugen / Aussagen von Experten –
erlebnisbetonter Stil – Foto zur Veranschaulichung des Inhalts

Die Absichten des Autors / der Autorin ergründen und die Wirkung des Textes erkennen
Seite 61

1 Persönlich zu Wort kommen der Obdachlose Benni, einer der Erfinder der Ulmer Schlafkoje Patrick Kaczmarek und ein
Sozialarbeiter der Caritas namens Norman Kurock.

2 Die Autorin möchte in ihrer Reportage möglichst **genau veranschaulichen,** wie sich das Leben von Obdachlosen durch
dieses Projekt verändern kann. Deshalb verwendet sie auch immer wieder wörtliche Rede und lässt verschiedene Personen
zu Wort kommen, zum Beispiel in der Zeile 113 **den Obdachlosen Benni.** So kann sie verschiedene Sichtweisen vermitteln
und man merkt, dass sie **vor Ort war.** Die Lesenden fühlen sich so **umfassend** informiert. Was der Obdachlose Benni sagt
oder denkt, wird durch die Journalistin oft **indirekt** wiedergegeben. Dass er die Schlafkapsel „mein kleines Zuhause" nennt,
erfährt man nicht durch wörtliche Rede, sondern die Autorin zitiert die Aussage des Mannes. So vermeidet sie, dass der Text zu
emotional wird.

3 Die Wörter in der richtigen Reihenfolge lauten: gutheißt, Vorteile, Kritik, überwiegen, positiven, Übergangs(-lösung), kalte,
Wohnung, Job, Verständnis, strenge Vorschriften

Die Sprache analysieren
Seite 62

1 A Z.11f.: Satzgefüge → Erklärung für das Verhalten
B Z.17: anschauliche Adjektive → den Lesenden vermitteln, welche äußeren Umstände vorherrschten
C Z.45: Ellipse → Gedanken des Obdachlosen nachvollziehbar machen
D Z.118f.: Redewendung → Veranschaulichung des erforderlichen Schritts

2 Für die schildernden Elemente wählte die Autorin Verben aus, die auflockern und die Szene veranschaulichen. So „beäugt"
(Z.41) Benni den Kasten aus Holz erst, bevor er sich hineinlegt. Mit dem Wort „ergattern" **in Zeile 47** verdeutlicht sie, dass es
nicht einfach ist, solch eine Schlafkoje zu bekommen.

(Verbesserung Abschnitt 2) Als besondere sprachliche Mittel sind einige Aufzählungen auffallend. So beschreibt die Autorin von
Zeile 85 bis 88 die Schlafkoje genauer, indem sie wichtige Merkmale aneinanderreiht. So kann sich jeder vorstellen, was das Besondere an der Erfindung ist, nämlich „eine Hightechkiste aus massivem Holz, mit Sensoren, einer App und einem Wärmetauscher".
Durch die Nennung von eigentlich selbstverständlichen Dingen wie „eine richtige Wohnung, ein Bett, einen Job" in Zeile 116.
wird klar, dass das für den Obdachlosen bisher Wünsche waren, an deren Erfüllung er nicht zu denken wagte.

(*Verbesserung Abschnitt 3*) Mit der Redewendung „sein Leben in die Hand nehmen", die die Autorin am Ende des Textes in Zeile 118 f. benutzt, kann sie gut ausdrücken, dass Benni das bisher nicht getan hat. Man verbindet mit der Formulierung ein tatkräftiges Zupacken, das nötig ist, um alles im Griff zu haben.

Begründet Stellung nehmen

1 zur Verfügung stehendes Geld einteilen — Rechnungen rechtzeitig bezahlen — Rücklagen für Notfälle bilden — zum Beispiel eine Autoreparatur — Miete bezahlen

2 Bedeutung des Arbeitsplatzes schätzen — Fortbildungen nutzen und Fleiß zeigen — damit regelmäßiges Einkommen gesichert — Rechnungen und Miete können bezahlt werden — keine Kündigung der Wohnung wegen Mietrückständen

Den kreativen Schreibauftrag bearbeiten
Seite 63

1 war im Gefängnis; Geldstrafe fällig; war pleite; konnte Miete nicht bezahlen; seither obdachlos; schämt sich vor seinen Eltern, seinem Bruder und seiner Oma; katholisch erzogen; liest viel über das Christentum; sitzt abends am Busbahnhof und trinkt Bier; ist misstrauisch; hat Albträume; rissige Lippen und tränende Augen; zwei große Taschen mit Habseligkeiten; will Wohnung, Bett und Job; plant, sein Leben in die Hand zu nehmen

2 Obdachlose gibt es auch in unserer Stadt. Im Rahmen eines Schülerzeitungsprojekts wurde folgendes Interview mit Benni, einem Obdachlosen, geführt.

Den Schluss schreiben

1 A Was kann man dagegen tun, dass Menschen auf der Straße leben müssen?
B Wer trägt die Schuld an Obdachlosigkeit?
C Was kann Benni machen, damit er doch noch an eine Wohnung und einen Job kommt?
F Findest du es richtig, dass in Notunterkünften strenge Regeln herrschen?
H Hast du eigene Erfahrungen mit Obdachlosen? Wenn ja, welche?

2 Mögliche Lösung:
Es ist für mich völlig unverständlich, dass in einem reichen Land wie Deutschland Leute auf der Straße leben müssen. Wenn man in Nürnberg durch die Stadt geht, kann man immer wieder beobachten, dass Obdachlose irgendwo Unterschlupf suchen. Oft sind sie durch Arbeitslosigkeit, eine Scheidung, Krankheit oder durch den Alkohol in diese Situation gekommen. Der Staat sollte genügend Sozialarbeiter/-innen bezahlen, die sich darum bemühen, diesen Menschen wieder eine Perspektive zu geben.

Einen Kommentar analysieren
Seite 64

1 Die Nachricht informiert über die Müllsammelaktion von zwei jungen Naturschützerinnen aus Gröbenzell, die vor allem am Rand einer Staatsstraße in der Nähe ihres Heimatortes sehr viel Müll gefunden haben.

Den Text erschließen
Seite 65

1 a Textstellen, in denen auf die Nachricht Bezug genommen wird:
„Zwei engagierte Mädchen alleine können schon viel leisten, das hat die Aktion der Gröbenzellerinnen gezeigt."; „Alleine werden die beiden aber nicht all den Müll einsammeln können [...] — Nicht nur in Gröbenzell, [...]"; „[...] wie Chiara und Lina richtig festgestellt haben [...]"
b Gesamtproblematik des Textes: Mikroplastik
c Es gibt Schätzungen, dass im Boden bereits mehr **Mikroplastik steckt** als in **den Gewässern**.

2 richtig: 1, 4; falsch: 2, 5; nicht enthalten: 3, 6

3 Überschrift: „Ein Problem, das jeden angeht"; „Die Abfälle sehen nicht nur hässlich aus. Sie sind auch ein ernstes Umweltproblem." (Z. 2); „Es ist ein unterschätztes Problem." (Z. 6); „Zwei engagierte Mädchen alleine können schon viel leisten [...]." (Z. 9); „Alleine werden die beiden aber nicht all den Müll einsammeln können [...]." (Z. 9 f.); „Aufgerufen zum Müllsammeln wären alle. [...] Und nicht nur [...], sondern auch [...] könnten mittun." (Z. 11–15); „Ein schöner Effekt kann sein, dass [...]."; (Z. 19 f.); „[...] wie Chiara und Lina richtig festgestellt haben [...]" (Z. 23 f.)

Die Einleitung schreiben

1 Der Kommentar **„Ein Problem, das jeden angeht"** von Ingrid Hügenell erschien **am 4.1.2021.** In ihm geht es um **die Gefahr von Mikroplastik im Boden durch achtlos weggeworfenen Müll und um Gegenmaßnahmen, die jede/-r Einzelne ergreifen kann.**

Den Inhalt strukturiert zusammenfassen

Seite 66

1 a Mögliche Lösung:

Bausteine des Kommentars	Konkrete Angaben zum Inhalt	Zeile(n)
Anlass des Kommentars	**Müll am Straßenrand und auf Wiesen und Feldern**	1
Behauptung/Festellung	**[Abfälle] sind [...] ein ernstes Umweltproblem**	**2**
Begründung mit Beispielen	Beeinträchtigung der Ernte – Krankmachen von Kühen und Pferden –	2–5
	Eindringen von Kunststoffteilchen in den Boden durch Beackerung	
persönliche Stellungnahme	[Mikroplastik im Boden ...] ist ein unterschätztes Problem	**6**
Bezug auf aktuelle Nachricht	Müllsammelaktion von zwei engagierten Gröbenzellerinnen	8 f.
Ursachen der Problematik	Müll aus Autofenstern, nach Picknick oder Feiern	**9 f.**
Behauptung/Forderung	**Alle könnten die Landschaft vom Müll befreien:**	11 f.
Beispiel	**Spaziergänger/-innen, Vereine, Kommunen.**	**13–18**
Prognose	Aktive Umweltschützer/-innen nehmen Müll wieder mit.	18 f.
Mahnung bzw. Appell	**Jede/-r soll auf ordentliche Entsorgung oder Recycling achten.**	21 ff.
Fazit	Abfall in Mülltonne → nicht viel Aufwand, aber großer Effekt	**23**

b Einleitend (Z. 1) stimmt Ingrid Hügenell auf den Anlass ihres Kommentars ein, nämlich das Vorhandensein von Müll am Straßenrand und auf Feldern und Wiesen. Daran anschließend (Z. 2) stellt sie fest, dass Abfälle ein ernstes Umweltproblem sind. Anhand von Beispielen gibt sie im Folgenden (Z. 2–5) eine Begründung: Die Ernte werde beeinträchtigt, Kühe und Pferde würden krank und durch die Beackerung würden Kunststoffteilchen in den Boden eindringen. In einer persönlichen Stellungnahme (Z. 6) weist die Autorin schließlich eindringlich darauf hin, dass Mikroplastik im Boden ein unterschätztes Problem darstellt. Im zweiten Absatz bezieht sich Ingrid Hügenell auf die aktuelle Nachricht, nämlich die Müllsammelaktion zweier engagierter Gröbenzellerinnen (Z. 8 f.), und geht den Ursachen der Problematik nach. Sie sieht diese im achtlosen Entsorgen von Müll aus dem Autofenster und dem Liegenlassen von Abfällen nach Picknicks oder Feiern (Z. 9 f.). Anschließend stellt sie die Behauptung auf, dass jede/-r die Landschaft vom Müll befreien könne (Z. 11 f.), und führt dazu Beispiele an wie Spaziergänger/-innen, Vereine oder Kommunen (Z. 13–18). Mit einer Prognose eröffnet die Autorin den dritten Absatz: Umweltschützer/-innen, die sich aktiv an solchen Aktionen beteiligen, nähmen ihren Müll wieder mit (Z. 18 f.). Eine Mahnung bzw. einen Appell schließt sie an, denn ihrer Meinung nach kann jede/-r auf ordentliche Entsorgung und Recycling achten (Z. 21 f.). Zuletzt (Z. 23) zieht Ingrid Hügenell das Fazit, dass das Entsorgen von Abfall in der Mülltonne nicht viel Aufwand ist, aber einen großen Effekt hat.

Die Sprache analysieren

Seite 67

1 a/b Bei der Wortwahl des Kommentars fallen zahlreiche ~~Fremdwörter~~ Fachausdrücke auf, z. B. „Mikroplastik" (Z. 6) Mit der Verwendung dieser Begriffe unterstreicht die Autorin ihre fachlichen Kenntnisse in ~~der Müllentsorgung~~ Umwelttechnik/Umweltschutz. Anschauliche ~~Adjektive~~ Verben wie „beeinträchtigen" (Z. 3) oder „krank machen" ~~(Z. 6)~~ (Z. 3) vermitteln einen Eindruck von der ~~Hässlichkeit~~ Gefährlichkeit der Plastikreste im Boden. Mit wertenden Ausdrücken wie „unterschätztes Problem" (Z. 6) oder „engagierte Mädchen" (Z. 8) ~~unterstellt Ingrid Hügenell den Lesenden etwas überheblich mangelnde Kenntnisse oder Einsatzbereitschaft~~ versucht sie ihre Leser/-innen zu motivieren / sie zu einem Urteil aufzufordern / zum Nachdenken anzuregen.

2 Im Bereich des Satzbaus fällt auf, dass die Autorin im gesamten Text ausschließlich Aussagesätze verwendet, also weder **Frage-** noch **Ausrufe**sätze zu finden sind. Im ersten und zweiten Absatz sind diese häufig sehr **kurz**, wie z. B. in den Zeilen 1 f. oder 10 f.: **„Die Abfälle sehen [...] hässlich aus."** oder: **„Aufgerufen zum Müllsammeln wären alle."** Sie belegen die Meinung der Autorin ganz knapp und präzise. Sie stellt nichts in Frage und verzichtet auf vielleicht zu emotionale **Umgangssprache / Stilmittel**. Im dritten Absatz dagegen verwendet Ingrid Hügenell keine kurzen Aussagesätze mehr, sondern nur noch lange **Satzgefüge**, so z. B. in den Zeilen 18 f.: **„Ein schöner Effekt [...] kann sein, dass alle, die mitmachen, es sich [...] überlegen, ob [...] oder [...]."** Damit möchte die Autorin wohl zum Ausdruck bringen, wie groß der Handlungsbedarf zur Bewältigung des Müllproblems ist.

3 a A Wiederholung → Betonung der Problematik, Darstellung der Menge der Abfälle, ständige Zunahme des Mülls
  B Ironie → Hinweis auf das Gegenteil, nämlich die volle Absicht der Müllentsorgung aus dem Autofenster
  C Anapher → Betonung, dass es überall und für jede/-n Möglichkeiten gibt, sich am Müllsammeln zu beteiligen
 b Bewusst benutzt die Autorin verschiedene Stilmittel, um ihre Aussagen zu bekräftigen und die Leser/-innen zum Nachdenken zu bringen. Mit der Wiederholung in Zeile 1 „Müll [...] Müll [...]" betont sie die Problematik, indem sie die Menge der Abfälle darstellt und auf die ständige Zunahme des Mülls verweist. In den Zeilen 9 f. spricht sie ironisch von den Menschen, die ihren Müll „verlieren": Damit weist sie genau auf das Gegenteil hin, dass diese Menschen nämlich mit voller Absicht ihren Müll aus dem Autofenster „entsorgen" oder nach dem Picknick oder einer Feier einfach liegen lassen. Fachausdrücke wie „Einmalhandschuhe" (Z. 11) oder „Müllgreifer" (Z. 16) benennen konkret die Werkzeuge zum Müllsammeln und fordern damit indirekt zum Aktivwerden auf. Dass es überall und für jede/-n Möglichkeiten gibt, sich am Müllsammeln zu

beteiligen, macht die Anapher in den Zeilen 13 f. deutlich: „Nicht nur in Gröbenzell [...], [...] nicht nur Naturschützer [...].“ Einen ähnlichen Effekt bewirkt Ingrid Hügenell durch die Aufzählung in den Zeilen 14 f.: „Naturschützer, [...] kirchliche Gruppen, Sport- oder Burschenvereine".

Textsortenmerkmale erkennen und ihre Wirkung beschreiben
Seite 68

1 a Der Text ist bereits durch die Angabe **„Kommentar"** über dem Beitrag als eine solche Textsorte gekennzeichnet. Ein weiterer Beleg ist **der Titel „Ein Problem, das jeden angeht"**, denn aus der Überschrift geht hervor, dass der Text eine **persönliche Meinungsäußerung** der Autorin Ingrid Hügenell ist. Die konkrete **Nennung der Verfasserin** folgt in der Unterzeile. Außerdem ist der Kommentar durch **grafische Elemente** deutlich von anderen Beiträgen abgesetzt: Der Text weist **einen Rahmen** auf und ist **farbig** hinterlegt.

b Dazu kommen für einen Kommentar typische inhaltliche und strukturelle Besonderheiten. Schon die kurz formulierte Überschrift „Ein Problem, das jeden angeht" stellt die Meinung der Autorin Ingrid Hügenell herausfordernd dar. Der Aufbau des Artikels, der in der Inhaltszusammenfassung deutlich wurde, ist ein weiterer Beleg. Die Autorin bezieht sich auf eine aktuelle Nachricht (vgl. Z. 8 f.), sie argumentiert und nimmt eindeutig Stellung (vgl. z. B.: „Es ist ein unterschätztes Problem", Z. 6; „Alle könnten die Landschaft vom Müll befreien", Z. 11 f.). Durch die Mahnung bzw. den Appell am Schluss (vgl. Z. 21 f.) regt sie die Leserschaft an, das eigene Verhalten zu überdenken. Jede/-r Einzelne soll selbst aktiv zum Umweltschutz beitragen, indem sie/er ihren/seinen Abfall daheim in die Mülltonne steckt, damit der Müll ordentlich entsorgt oder recycelt werden kann.

Mögliche Absichten der Autorin erkennen

1 a nicht zutreffende Aussagen: die Bauern ermahnen, Wiesen und Äcker nicht zu tief zu beackern — beweisen, dass ordentliche Entsorgung viel Aufwand bedeutet

b Beispiellösung: Gleich zu Beginn ihres Kommentars will Ingrid Hügenell den Lesenden bewusst machen, welch großes Problem Mikroplastik im Boden darstellt. In Zeile 2 weist sie daher darauf hin, dass Abfälle ein „ernstes Umweltproblem" sind. Gleichzeitig warnt sie davor, das Problem zu unterschätzen (Z. 6). Besonders wichtig ist es der Autorin, alle aufzufordern, ihren Müll auch während der Autofahrt, bei Feiern oder Picknicks richtig zu entsorgen (Z. 10). Darüber hinaus ruft sie dazu auf, sich an Müllsammelaktionen zu beteiligen (Z. 10 f.), um das Umweltbewusstsein zu schärfen.

Eine begründete Stellungnahme verfassen

1 a Mögliche Lösung:

Aufstellen von Mülleimern	Verzicht auf Mülleimer
− keine Gefährdung von Tieren durch Müll − kein Verteilen des Mülls in der Landschaft → weniger Mikroplastik − kostengünstige Entsorgung, kein Einsammeln von losem Müll	− Verstärkung des Verantwortungsgefühls für die Natur − Einleiten eines Umdenkprozesses − Verzicht auf Einwegverpackungen und Wegwerfartikel − Verwendung von Mehrwegbehältern und Pfandflaschen − generell kein Deponieren von Abfall an Ausflugszielen − Vorbild Tokio

b Pro: Meiner persönlichen Meinung nach sollten auf öffentlichen Flächen grundsätzlich immer Mülleimer aufgestellt werden. An Bushaltestellen, in der Fußgängerzone, in Parks, auf Rastplätzen, schönen Aussichtspunkten oder an Wanderwegen sind diese Behältnisse für alle wichtig: für das Entsorgen von Bonbonpapierchen, Taschentüchern oder Zigarettenstummeln. Diese vermeintlich „kleinen" Abfälle würden sonst oft einfach auf dem Weg oder im Gebüsch landen. Viele Leute machen gern im Freien Picknick oder feiern — und damit verbunden ist meist natürlich eine Menge Verpackungsmaterial wie Brotzeittüten, Pizzakartons, Saftverpackungen, Bierflaschen oder Servietten. Man braucht nur an Orte zu schauen, wo es die Möglichkeit zum Grillen gibt. Ohne Abfalleimer oder -container wäre die ganze Umgebung dieser Plätze übersät mit Müll! Wenn die mitgebrachten Essens- und Getränkebehälter ihren Zweck erfüllt haben, wird nach Entsorgungsmöglichkeiten gesucht. Sind keine Abfalleimer vorhanden, besteht die Gefahr, dass die Abfälle einfach „wild" am Straßenrand, unter den Büschen oder Bänken gelagert werden. Ist dort schon Müll vorhanden, sinkt die Hemmschwelle, die eigenen Abfälle dazuzulegen. Dies ist nicht nur ein optisches Problem — durch die Abfälle werden auch Tiere gefährdet. Schockierend sind z. B. Fotos von Kleintieren, die mit einer Konservendose um den Hals elend verenden, weil sie kein Futter mehr zu sich nehmen können. Der Wind verteilt vor allem den Plastikmüll, der für das Vorhandensein des Mikroplastiks im Boden verantwortlich ist. Dagegen erfordert es geringe Disziplin, die Abfälle in die Mülleimer zu stecken. Des Weiteren ist es für die Entsorgungsbetriebe auch einfacher und damit kostengünstiger, die Müllbehälter zu leeren, als mühsam die verstreuten Abfälle einzusammeln. Es spricht also vieles für die auf öffentlichen Flächen aufgestellten Mülleimer!

Kontra: Meiner persönlichen Meinung nach sollte auf das Aufstellen von Mülleimern auf öffentlichen Flächen verzichtet werden. Ohne Möglichkeiten zur Müllentsorgung würde das Verantwortungsgefühl der Menschen verstärkt und ein Umdenkprozess angestoßen werden: Jede/-r Einzelne wäre für ihren/seinen Müll verantwortlich. Die leere Kaugummiverpackung könnte dann nicht im Mülleimer entsorgt werden, sondern müsste mit nach Hause genommen und dort ordentlich entsorgt werden. Das Aufstellen von Mülleimern garantiert nicht, dass der Abfall darin auch

gesammelt wird. Erfahrungsgemäß ziehen Mülleimer mehr Müll an, denn wenn die Leute es gewohnt sind, ihren Müll in öffentlichen Mülleimern zu entsorgen, tun sie das auch, wenn die Mülleimer voll sind. Dann wird der Abfall häufig einfach daneben deponiert — man braucht bloß einen Blick auf eine Bushaltestelle zu werfen! Die Folge ist, dass die Entsorgungskosten steigen, weil der Müll von den Reinigungskräften zusätzlich auch noch eingesammelt werden muss. Gäbe es auch an Rastplätzen oder Ausflugszielen keine Mülleimer, würden sich sicher viele überlegen, ob sie wirklich Einwegverpackungen und andere Wegwerfartikel mitnehmen, statt auf Pfandflaschen oder Mehrwegbehälter zurückgreifen. Das Mitnehmen von Mülltüten, in denen die Picknickreste gesammelt werden, würde zur Gewohnheit werden. Abfalleimer würden dadurch überflüssig. Zusätzlich ist zu überlegen, dass der neben den Mülleimern liegende Abfall durch den Wind über weite Flächen verteilt wird und Tiere gefährden kann. Umweltbewusst ist es also, generell nirgendwo Abfall zu deponieren oder generell weniger zu produzieren. Warum sollte es bei uns in Deutschland nicht möglich sein, auf Abfalleimer im öffentlichen Raum zu verzichten? Die 38-Millionen-Stadt Tokio gilt als eine der saubersten Städte der Welt — und hat keinen einzigen Mülleimer!

Kreativer Schreibauftrag: Einen Appell verfassen

Seite 69

1 a Z.10–14: „Aufgerufen zum Müllsammeln wären alle. Jeder kann beim Spaziergang eine Tüte und Einmalhandschuhe mitnehmen und einpacken, was so rumliegt. Oder alle miteinander […]. Nicht nur […], auch […].“; Z. 20 f.: „[…] es irgendwann ganz selbstverständlich wird, dass man nichts achtlos wegwirft.“

b/c *(Überschrift)* Stopp dem Mikroplastik! / Weg mit dem Müll — ab in die Tonne!
(provokative Fragen) Willst du Kühe und Pferde krank machen? Willst du auch daran schuld sein, dass Mikroplastik immer weiter verteilt wird? Nein? Dann ändere etwas!
(Fakten) Müll in der Landschaft ist ein ernstes Umweltproblem. / Plastikreste im Heu können Kühe und Pferde krank machen. / Es gibt Schätzungen, dass im Boden bereits mehr Mikroplastik steckt als in den Gewässern.
(Gründe für die Vermüllung der Landschaft)
— Unachtsame Menschen werfen den Müll aus Autofenster.
— Müll wird einfach nach dem Picknick oder Feiern liegen gelassen.
(Überleitung) Du kannst das ändern!
(Maßnahmen/Aufforderungen)
— Alle sind zum Müllsammeln aufgerufen.
— Jede/-r sollte beim Spaziergang eine Tüte und Einmalhandschuhe mitnehmen und Herumliegendes einpacken.
— Bei gemeinsamen Müllsammelaktionen kann die Landschaft vom Müll befreit und das Umweltbewusstsein geschärft werden.
— Jede/-r muss auf ordentliche Entsorgung und Recyceln achten.
— Freundinnen und Freunde können auf das Müllproblem angesprochen werden.
(Schluss) Am allerbesten ist es, wenn jede/-r ihren/seinen Abfall in die eigene Mülltonne steckt. / sichtbarer Erfolg: jeden Tag fünf Teile Müll aufsammeln / Es muss selbstverständlich werden, dass man nichts achtlos wegwirft.

Den Schluss schreiben

1 Beispiellösung: In meinem Appell habe ich bereits eindringlich auf die Notwendigkeit hingewiesen, dass jede/-r ihren/seinen Müll richtig entsorgt und niemals achtlos wegwirft. Für die Zukunft würde ich mir wünschen, dass sich alle Menschen der Müllproblematik bewusst werden und sie eingedämmt werden kann. Jede/-r Einzelne sollte sich der Umwelt zuliebe dazu verpflichtet fühlen und nicht aus Angst vor eventuellen empfindlichen Geldstrafen für „wilde Müllentsorgung". Nur wenn wir alle zusammen helfen, müssen auch die Kühe und Pferde nicht mehr leiden, die durch Plastikreste im Heu wegen unserer Nachlässigkeit und Gleichgültigkeit krank werden.

Eine Glosse kriteriengeleitet erschließen

Den Text erschließen

Seite 71

1 a/b Mögliche Schlüsselwörter: „Türenschlagen, Hupen, lautes Geschrei, stampfende Musik" — „Grundschule, ein Kindergarten und ein Hort" — „Kinder" — „im ‚Elterntaxi' transportiert" — „verstopfen […] kleine Straße" — „versperren ungeniert die Ausfahrten" — „pflügen die Gehwege auf" — „statt den Verstand oder den Rückwärtsgang […] wird gehupt" — „heulen die Motoren" — „Gefährte donnern" — „anderer Leute Kinder gefährden […] spielt keine Rolle" — „Dreihundert Meter weiter […] freie, breite Straße" — „ungestört aus dem Auto laden" — „Wer weiß, welche Gefahren" — „doch […] direkt vors Schultor" — „Anschaffung eines Kindes" — „Vorwand brauchen, sich so ein Riesenauto zuzulegen" — „Geländepanzer" — „Samt […], was Kinder noch so alles dringend brauchen" — „Riesenauto passt weder in die 50er-Jahre-Garage noch auf die Auffahrt" — „Probleme beim Rangieren und Einparken" — „Transport eines Kindes rechtfertigt jedes Fehlverhalten" — „Kontroversen zum Thema SUV" — „Kenner" — beim Autofahren austoben — wer anderen den SUV nicht gönnt […] vom Neid zerfressen „SUV-Kritiker" — „Klimasünde, als Preisschild auf Rädern" — „Imponiergehabe und Selbstbezogenheit" — „wir […] Enkelin" — „Garage tiefer legen und vergrößern".

c Der Text kritisiert humorvoll übertrieben, dass viele Eltern einen SUV kaufen und damit täglich ihre Kinder zur Schule fahren.

2 A SUV (Z.35) → Sport Utility Vehicle; B Trockenwadi (Z.43) → Trockental im Wüstengebiet; C Kontroverse (Z.68 f.) → Meinungsverschiedenheit; D Korrelation (Z.75) → wechselseitige Beziehung; E mokieren (Z.79) → sich lustig machen; F Kokon (Z.86) → Gespinst, in das sich Insekten selbst bzw. ihre Eier einspinnen; G korrumpieren (Z.88) → verführen

Die Einleitung schreiben

Seite 72

1 Die Glosse „Kinderpanzer" von **Gabriele Frydrych** erschien am **18.11.2018.** Der Text **kritisiert humorvoll übertrieben, dass sich viele Eltern einen SUV kaufen und damit täglich ihre Kinder zur Schule fahren, wobei sie sich rücksichtslos im Straßenverkehr verhalten.**

Den Inhalt strukturiert zusammenfassen

1 a Mögliche Lösung:

Z.1–17	Schilderung des morgendlichen Lärms und Verkehrschaos im Umfeld der Schule, da viele Kinder/ Schüler/-innen mit dem Auto gebracht werden
Z.18–23	Gefährdung anderer Verkehrsteilnehmer/-innen bei der Abfahrt
Z.24–36	Vorstellung eines ruhigen Ortes/Platzes in der Nähe der Schule, an dem Kinder ungestört aussteigen könnten; aber: keine Beachtung, da Angst vor möglichen Gefahren auf dem kurzen Schulweg
Z.37–51	Feststellung: Kinder werden als Grund für den Kauf eines für die Stadt unnötigen SUVs vorgeschoben, da man wegen ihnen ein solches Auto mit großem Stauraum/Kofferraum benötigt.
Z.52–68	Am Beispiel der Nachbarinnen und Nachbarn wird gezeigt, dass SUV-Fahrer/-innen Probleme haben, das große Auto zu lenken/wenden und einen Stellplatz dafür zu finden → rücksichtsloses Verhalten.
Z.69–88	verschiedene Meinungen von SUV-Befürworterinnen und Befürwortern sowie SUV-Kritikerinnen und -Kritikern (z.B.: teuer, umweltschädlich, unnötig) → Beschimpfungen
Z.89–94	Pointe: Autorin ist Großmutter geworden und will sich deshalb einen SUV kaufen

2 Zuerst (Z.1–17) schildert die Autorin den morgendlichen Lärm und das Verkehrschaos im Umfeld der Schule, da viele Kinder mit dem Auto dorthin gebracht werden. Dabei gefährden die rücksichtslos fahrenden Eltern bei der Abfahrt auch andere Verkehrsteilnehmer/-innen, wie in den Zeilen 18–23 beschrieben wird. Als Nächstes (Z.24–36) stellt Gabriele Frydrych einen ruhigen Ort in der Nähe der Schule vor, an dem die Schüler/-innen ungestört aussteigen könnten. Allerdings findet dieser keinerlei Beachtung, da die Eltern Angst davor haben, dass ihren Kindern auf diesem kurzen Schulweg etwas zustoßen könnte. Daran anschließend (Z.37–51) macht die Autorin die Feststellung, dass Kinder als Grund für den Kauf eines für Stadtfahrten unnötigen SUVs vorgeschoben werden, da man ihretwegen ein solches Auto mit großem Stauraum benötigt. Am Beispiel der Nachbarinnen und Nachbarn wird in den Zeilen 52–68 gezeigt, dass SUV-Fahrer/-innen Probleme haben, dieses große Auto zu lenken bzw. zu wenden und dafür einen Stellplatz zu finden. Da dies nicht so einfach ist, verhalten sich die SUV-Besitzer/-innen im Straßenverkehr oftmals rücksichtslos. Im Folgenden (Z.69–88) stellt die Kolumnistin verschiedene Meinungen von SUV-Befürworterinnen und -Befürwortern und SUV-Kritikerinnen und -Kritikern gegenüber. Einerseits sollte jede/-r das Auto fahren dürfen, das sie/er will, andererseits sind SUVs teuer, klimaschädlich und für die meisten Menschen unnötig. Die Glosse endet (Z.89–94) überraschend damit, dass sich Gabriele Frydrych selbst einen SUV kaufen will, da sie Großmutter geworden ist.

Sprachliche Besonderheiten und ihre Wirkung beschreiben

Seite 73

1 a/b A Die Autorin verwendet umgangssprachliche Ausdrücke, etwa: „unterm" (Z.2), „rum" (Z.27) → Wirkung: wirkt durch die Alltagssprache wirklichkeitsnah
B Des Weiteren nutzt die Autorin Fremdwörter, z.B.: „ungeniert" (Z.12), „Trophäen" (Z.47) → Wirkung: zeigen das gehobene Niveau der Autorin
C Außerdem finden sich Begriffe für die Überbehütung der Kinder: „Elterntaxi" (Z.7), „Generation Rücksitz" (Z.9 f.) → Wirkung: zeigen, dass die Autorin dieser elterlichen Überbehütung gegenüber kritisch eingestellt ist

2 Im Bereich des Satzbaus fallen den Lesenden gleich zu Beginn zahlreiche einfache Hauptsätze/Aussagesätze auf, z.B.: „Ich falle erschrocken aus dem Bett. Dabei hat nur die Schule wieder angefangen" (Z.2–4) oder: „Dreihundert Meter weiter […], dreihundert Meter zu Fuß gehen" (Z.23–30). Dadurch wird die allmorgendliche Situation vor der Schule bzw. der Ort, an dem die Schüler/-innen ungestört aussteigen könnten, eindringlich geschildert. Auffällig ist auch der ironisch, übertriebene Fragesatz „Wer weiß, welche Gefahren auf diesem endlosen Marathon lauern?" in den Zeilen 30 f. Hier macht sich die Autorin genauso wie mit den daran anschließenden Ellipsen, die völlig übertriebene Gefahren aufzählen („Frustrierte Rentnerinnen mit Heckenscheren […], Wölfe und Bären", Z.32–35), über die überfürsorglichen Eltern lustig, die ihre Kindern selbst den kürzesten Schulweg nicht allein laufen lassen. Andere Ellipsen wie „Falls ihnen niemand im Weg steht" (Z.19 f.) und „Dann lieber

doch mit dem SUV direkt vors Schultor fahren" (Z. 35 f.) wirken umgangssprachlich und geben prägnant die sarkastische Meinung der Autorin wieder. Im Gegensatz hierzu stehen Satzgefüge („Statt den Verstand oder den Rückwärtsgang zu benutzen, wird gehupt, bis auch der letzte Anwohner wach ist", Z. 12–15; „Ich habe den Verdacht, dass manche Leute sich nur deshalb vermehren, weil sie einen Vorwand brauchen, sich so ein Riesenauto zuzulegen", Z. 39–41), die das gehobene Sprachniveau der Kolumnistin zeigen und ihre komplexen Gedankengänge darlegen.

3   a   Zeilen 6 f.: Kinder sind vollkommen gesund und könnten Schulweg selbstständig meistern
        Zeile 17: Eltern, die sich im Straßenverkehr rücksichtsvoll verhalten, werden als Versager/-innen bezeichnet
        Zeilen 44 f.: SUVs werden in der Stadt nicht benötigt, da es hier kein extremes Gelände gibt

b/c   Beispiellösung:

„ruht ein großer Friedhof" (Z. 26)	Personifikation	verdeutlicht, dass es an diesem unbelebten, verlassenen Ort äußerst still ist
„Samt Kindersitz, Kinderwagen [...], alles dringend brauchen" (Z. 47–50)	Aufzählung	macht bewusst, wie viele Gegenstände Eltern mitnehmen, wenn sie mit ihren Kindern unterwegs sind, weswegen sie ein Auto mit viel Stauraum benötigen
„wie Trophäen" (Z. 46 f.)	Vergleich	veranschaulicht, dass Eltern ihre Kinder stolz und behutsam umherfahren
„Hier stehen [...]. Hier könnte [...]." (Z. 26–29)	Anapher	macht auf den Platz aufmerksam, an dem die Kinder ungestört aussteigen könnten
„pflügen die Gehwege auf" (Z. 12 f.)	Metapher	legt dar, dass mit den SUVs sogar auf den Gehsteigen gefahren und angehalten wird, wodurch diese zerstört werden
„Riesenauto" (Z. 41)	Hyperbel	stellt auf übertriebene Art und Weise die enorme Größe der SUVs dar

d **Metapher:** „donnern die Straße entlang" (Z. 20); **Hyperbel:** „Ich falle erschrocken aus dem Bett" (Z. 2 f.), „wird gehupt, bis auch der letzte Anwohner wach ist" (Z. 14 f.); **Aufzählung:** „Türenschlagen, Hupen, lautes Geschrei, stampfende Musik" (Z. 1 f.); **Personifikation:** „heulen die Motoren auf" (Z. 19)

e In der Glosse „Kinderpanzer" fallen zahlreiche Stilmittel auf. Mit der Ironie „So gut wie keins der armen Kinder kann laufen" (Z. 6–7) macht sich die Kolumnistin darüber lustig, dass völlig gesunde Kinder, die selbstständig den Schulweg meistern könnten, mit dem Auto zur Schule gefahren werden. Um der Leserschaft die enorme Lautstärke zu schildern, die aufgrund dessen morgens und nachmittags im Umkreis der Schule herrscht, hat Gabriele Frydrych verschiedene Stilmittel eingesetzt, etwa die Aufzählung „Türenschlagen, Hupen, lautes Geschrei, stampfende Musik" (Z. 1 f.) oder die Personifikation „heulen die Motoren auf" (Z. 19). Die Hyperbeln „Ich falle erschrocken aus dem Bett" (Z. 3) und „wird gehupt, bis auch der letzte Anwohner wach ist" (Z. 14 f.) zeigen auf übertriebene Art und Weise, wie extrem gestört sich Menschen in der nahen Umgebung aufgrund der Geräuschkulisse fühlen. Dass die Elterntaxen aber nicht nur Lärm verursachen, sondern auch viel zu schnell unterwegs sind, macht die Metapher „donnern die Straße entlang" in Zeile 20 deutlich. Des Weiteren legt die Metapher „pflügen die Gehwege auf" (Z. 12 f.) dar, dass mit den SUVs sogar auf den Gehsteigen gefahren und dort angehalten wird, wodurch diese zerstört werden. All das zeigt, dass sich die Eltern im Straßenverkehr äußerst rücksichtslos verhalten. Dazu passt auch, dass jedes Elternteil im Straßenverkehr auf sein Recht beharrt – und die nachgiebigen werden von der Autorin in Zeile 17 ironisch als „Total loser" bezeichnet. Mit der Anapher „Hier stehen [...]. Hier könnte [...]." (Z. 26–29) macht Gabriele Frydrych auf einen Platz aufmerksam, an dem die Schüler/-innen ungestört und in Ruhe aus den Elterntaxen aussteigen könnten. Auch die Personifikation „ruht ein großer Friedhof" (Z. 26) verdeutlicht, dass es an diesem unbelebten, verlassenen Ort äußerst still ist. Außerdem nutzt Gabriele Frydrych die Hyperbel „Riesenauto" in Zeile 41, um die enorme Größe der SUVs zu veranschaulichen, und sie kritisiert mit der ironischen Wendung „die es in jeder Großstadt reichlich gibt" (Z. 44 f.) augenzwinkernd, dass diese Autos gekauft werden, obwohl es in der Stadt kein extremes Gelände gibt. Der Vergleich „wie Trophäen" (Z. 46 f.) veranschaulicht, wie stolz und behutsam die Eltern ihre Kinder umherfahren, und die Aufzählung „Samt Kindersitz, Kinderwagen [...], alles dringend brauchen" (Z. 47–50) zeigt, dass sie dabei auf einen SUV mit großem Ladevolumen angewiesen sind, da für die Kinder alle möglichen Gegenstände und Spielsachen transportiert werden.

Die Textsorte bestimmen und das Layout beschreiben
Seite 74

1   **übertriebene Darstellung eines Themas:** „Statt den Verstand [...] Anwohner wach ist" (Z. 13–15)
Ironie: z. B. Z. 6 f., Z. 30–35, Z. 66–68
Bezug auf ein alltägliches Geschehen: „Elterntaxi" (vgl. Z. 1–17)
lässt die Meinung der Autorin erkennen: „Die Anschaffung eines [...], ein Riesenauto zuzulegen (Z. 37–42)
gibt einen Sachverhalt der Lächerlichkeit preis: Z. 1–17, Z. 37–42, Z. 52–68
übt Kritik an gesellschaftlichen Problemen: Schüler/-innen werden täglich mit dem Auto zur Schule gefahren (Z. 6–10), rücksichtsloses Verhalten der SUV-Fahrer/-innen (Z. 11–23), Kauf eines SUVs trotz vieler Nachteile (Z. 39–45, Z. 54–65, Z. 75–88)
will unterhalten: z. B. Situation vor der Schule (Z. 1–17), SUV-fahrende Nachbarinnen und Nachbarn (Z. 52–68)
Pointe zum Schluss: Z. 89–94 → überraschend: Autorin will selbst einen SUV kaufen

Seite 75

2 **Was genau wird dargestellt?** Die Karikatur zeigt eine Frau in einem SUV bei einer Gruppe Menschen, die für mehr Klimaschutz demonstrieren.
Inwiefern verdeutlicht die Karikatur den Titel der Glosse? Das SUV wirkt aufgrund seiner Größe übergroß und bedrohlich.
Wie wirkt die Karikatur auf die Lesenden? / Was bezweckt die Karikatur? Sie zeigt den Zwiespalt zwischen unserem Wunsch, einerseits das Klima zu schützen, andererseits aber unsere Gewohnheiten nicht einzuschränken.

3 Neologismus/Metapher → erregt Aufmerksamkeit/weckt Neugierde; meint damit die großen SUVs, in denen die Kinder vollkommen sicher über jegliches Gelände transportiert werden können

4 a/b zu streichen sind: Zwischenüberschriften – Diagramm – Bildunterschrift – Lead/Vorspann – Unterüberschrift
Rahmen – Bild/Fotografie – Foto der Autorin / des Autors – Rubrikname

5 **Beispiellösung:** Dass es sich bei dem Artikel um eine Glosse handelt, erkennt man daran, dass die Autorin einen Sachverhalt der Lächerlichkeit preisgibt: Sie beschreibt als leidgeplagte Anwohnerin augenzwinkernd, dass sich viele Eltern einen SUV kaufen und damit ihre Kinder überall hinfahren, so auch in die Schule und in den Kindergarten (Z. 1–17, Z. 37–42). Damit greift Gabriele Frydrych ein alltägliches, aber in der Gesellschaft verbreitetes Thema auf. Dabei äußert sie deutlich ihre Meinung, nämlich dass die SUV-Fahrer/-innen zwar überfürsorgliche Eltern sind, sich aber rücksichtslos gegenüber anderen verhalten. Allerdings sind die ironischen und übertriebenen Äußerungen der Verfasserin nicht wortwörtlich zu verstehen, etwa die Aussagen „So gut wie keins der armen Kinder kann laufen" (Z. 6 f.), „Wer weiß, welche Gefahren […], Wölfe und Bären" (Z. 30–35) oder „Der Transport eines Kindes rechtfertigt jedes Fehlverhalten im Straßenverkehr" (Z. 66–68). Vielmehr stellt Frydrych mit sprachlichen Mitteln das Festgestellte überspitzt und übertrieben dar. Durch die ironische und witzige Gestaltung der Glosse wird deutlich, dass die Autorin selbst über das Beobachtete schmunzelt und somit die Leserschaft auf humorvolle Weise unterhalten will. Doch eine Glosse will nicht nur amüsieren, sondern zielt meistens auch auf Kritik an gesellschaftlichen Problemen: Die Verfasserin kritisiert zum einen, dass viele Eltern ihre Kinder mit dem SUV zur Schule bringen und sie nicht selbst dorthin laufen lassen (vgl. Z. 6–10, Z. 29–36). Zum anderen bemängelt sie, dass die Eltern beim Transport ihrer Kinder zwar auf deren Sicherheit achten, sich aber rücksichtslos gegenüber ihren Mitmenschen verhalten (Z. 10 ff., Z. 21 ff., Z. 56 ff.). Des Weiteren kritisiert die Kolumnistin, dass sich viele einen SUV kaufen, obwohl dieser in der Stadt unnötig und unpraktisch ist (Z. 42–45, Z. 54–65). Die Glosse endet mit einer für diese Textsorte typischen Pointe: Nachdem Gabriele Frydrych SUVs beziehungsweise auch deren Fahrer/-innen im gesamten Text kritisiert hat, verkündet sie in den Zeilen 89–94 überraschend, dass sie sich nun ebenfalls einen SUV zulegen wolle.
Hinsichtlich des Layouts ist erwähnenswert, dass der farbige Hintergrund die Glosse von den anderen Textsorten abhebt. Die Karikatur wirkt als Eyecatcher, weckt also die Aufmerksamkeit der Lesenden. Sie verdeutlicht bildlich verfremdet und auf witzige Art den Inhalt der gesamten Glosse. Weiterhin sticht die fett und in Großbuchstaben gedruckte Headline sofort ins Auge. Sie soll Aufmerksamkeit erregen und zum Lesen animieren. Unter dem metaphorischen Neologismus „Kinderpanzer" kann man sich erst einmal nichts vorstellen, aber letztlich sind damit die großen SUVs gemeint, in denen die Kinder vollkommen sicher über jegliches Gelände transportiert werden. Unter der Headline findet man einen Hinweis auf die Textsorte Glosse und der Name der Autorin ist hier angegeben, damit Gabriele Frydrych die Meinung, die im Text geäußert wird, eindeutig zugeordnet werden kann.

Absichten der Autorin darstellen

Seite 76

1 a/b Gabriele Frydrych möchte sich mit ihrem Text über die äußerst fürsorglichen Eltern lustig machen
(vgl. z. B. Z. 6–10, Z. 30–36, Z. 46 ff.).
Die Autorin will Kritik an der Tatsache üben, dass viele SUV-fahrenden Eltern sich rücksichtslos gegenüber ihren Mitmenschen verhalten (vgl. z. B. Z. 11–17, Z. 18–23, Z. 66–68).
Die Autorin will die Lesenden dazu bringen, darüber nachzudenken, ob sie wirklich einen SUV benötigen
(vgl. z. B. Z. 42–45, Z. 54–65, Z. 82–88).
Gabriele Frydrych möchte mit ihrer Glosse erreichen, dass die Eltern ihre Kinder zukünftig alleine zur Schule laufen lassen
(vgl. z. B. Z. 6–10, Z. 29–35).
Außerdem möchte die Kolumnistin mit ihrem humorvollen und ironischen Text unterhalten, etwa wenn sie das Verkehrschaos vor der Schule beschreibt (vgl. z. B. Z. 1–17).

Eine begründete Stellungnahme verfassen

1 a sich mit Freunden austauschen – austoben vor dem Unterricht – Umgebung erkunden – sich an der frischen Luft bewegen – selbstständig werden – Verkehrsregeln einüben – lernen, sich im Straßenverkehr zurechtzufinden – auf Schulweg Spaß haben – sich von Eltern abnabeln – klimafreundlich – Verantwortung übernehmen – sich orientieren können

b Erkundung der Umgebung; Stärken des Gemeinschaftsgefühls; Selbstständigkeit; Schonen der Umwelt; Bewegung an der frischen Luft; Erlangen von Verkehrskompetenz

c Heutzutage werden viele Kinder von ihren Eltern mit dem Auto zur Schule gebracht. Dass es aber sinnvoll ist, Schüler und Schülerinnen ihren Schulweg selbstständig meistern zu lassen, zeigen die folgenden Aspekte.
Ein Vorteil, wenn Kinder zur Schule bzw. zumindest zur Bushaltestelle laufen oder radeln, ist die Bewegung an der frischen Luft, denn dies ist sowohl für die körperliche als auch für die geistige Entwicklung unverzichtbar. So können die Schüler/

-innen auf dem Schulweg Sauerstoff tanken, einen klaren Kopf bekommen und sich vor dem stundenlangen Sitzen in der Schule noch einmal austoben. Daher sind sie im Unterricht aktiver bzw. motivierter und können dem Unterrichtsgeschehen konzentrierter folgen als Jugendliche, die mit dem Elterntaxi transportiert werden. Es wirkt sich also sogar positiv auf die Noten aus, wenn Kinder zur Schule laufen.

Außerdem bietet sich der tägliche Schulweg als Trainingsweg an, um Verkehrskompetenz zu erlangen, welche wichtig ist, um sich später auch auf anderen Wegen zurechtzufinden. Die Kinder müssen auf dem Schulweg nämlich auf den Verkehr bzw. andere Verkehrsteilnehmer/-innen achten, Gefahrenstellen erfassen und sie üben die Verkehrsregeln ein. Beispielsweise lernen sie, dass man erst nach mehrmaligem Rechts- und Linksschauen eine Straße überqueren kann und am Zebrastreifen nicht einfach loslaufen darf. So werden die Jugendlichen selbst zu mündigen Verkehrsteilnehmerinnen und -teilnehmern, die sich sicherheitsorientiert im Straßenverkehr bewegen können.

Des Weiteren stärkt es das Gemeinschaftsgefühl, wenn Kinder mit Nachbarskindern, Mitschülerinnen und Mitschülern bzw. Freundinnen und Freunden zur Schule laufen oder zusammen mit den öffentlichen Verkehrsmitteln dorthin fahren. Auf dem Schulweg können sich die Schüler/-innen mit anderen austauschen. Somit können auf dem Schulweg zum einen neue Freundschaften entstehen und zum anderen bestehende Freundschaften gefestigt werden. Außerdem passen Kinder, die als Gruppe zur Schule laufen, gegenseitig aufeinander auf, was sich positiv auf das Sozialverhalten auswirkt. Folglich ist man sozial integriert, wenn man gemeinsam mit anderen den Schulweg meistert.

Daher würde ich mir wünschen, dass möglichst viele Eltern ihre Kinder dazu ermutigen, ihren Schulweg eigenständig zu bewältigen.

Kreativer Schreibauftrag: Eine Schilderung verfassen
Seite 77

1 **Was fühle/spüre ich?** Angst, weiche Knie, Kloß im Hals, kühle Luft; Sonnenstrahlen kitzeln auf der Haut
Was rieche ich? beißende Abgase
Was sehe ich? viele Elterntaxen / SUVs; Autoschlange / Stau; Autos versperren ungeniert die Ausfahrten (vgl. Z. 11 f.), Rettungsgasse; SUVs parken an der Bushaltestelle, Zebrastreifen; verschreckte Schüler/-innen; Rauchschwaden; schimpfende Anwohner/-innen am Fenster
Was denke ich? Wie rücksichtslos! Warum lässt mich keiner über den Zebrastreifen? Das ist doch ein verkehrsberuhigter Bereich!
Was ist zu hören? „Türenschlagen, Hupen, lautes Geschrei, stampfende Musik" (Z. 1–2); quietschende Reifen, Aufheulen der Motoren (vgl. Z. 19); Gefährte donnern (Z. 19 ff.)
Was schmecke ich? Pfefferminzbonbon → frischer Atem

2 „Hi, Peter", schreit mir mein Cousin freudig entgegen, als ich um die Ecke biege. Wie jeden Morgen treffen wir uns an den Sportplätzen, von wo aus wir die letzten 300 Meter zusammen zur Schule laufen. Hier ist es noch äußerst ruhig, aber dies ändert sich bald.

Nebeneinanderher schlendernd genießen Tim und ich die frische Morgenluft und unterhalten uns angeregt. In dem Moment, in dem ich ihm von unserem interessanten Projekt in Physik berichten will, halte ich erschrocken inne. Ein SUV donnert an uns vorbei. Dies ist doch ein verkehrsberuhigter Bereich! Plötzlich hält der SUV mit quietschenden Reifen an, da sich vor ihm mehrere Geländewagen stauen. Es beginnt ein Hupkonzert, da nichts mehr vorwärtsgeht. Was für ein ohrenbetäubender Lärm! Auch manche Anwohner/-innen schauen verschlafen aus den Fenstern. Einer streckt die geballten Fäuste zum Himmel und schreit irgendetwas. Doch seine Worte werden vom Lärm der SUVs übertönt. Tim und ich sind inzwischen am Zebrastreifen angekommen. Hier wollen wir die Straße überqueren, doch leider stehen die SUVs auch auf dem Zebrastreifen dicht an dicht gedrängt, um darauf zu warten, bis zum Schultor vorfahren zu können. Da nichts vorwärtsgeht und wir nicht länger warten wollen, beschließen mein Cousin und ich, uns vorsichtig durch die haltenden Autos durchzuschlängeln. Vorsichtig kämpfen wir uns durch die dunklen Rauchschwaden, die aus den Auspuffanlagen kommen. Beißende Abgase steigen uns in die Nase. Aber meine Augen beginnen zu tränen. Im Augenwinkel bemerke ich, dass sich die Autoschlange vorwärtsbewegt und der SUV neben mir auch langsam losfährt. Hey, das kann doch nicht sein! Dies ist ein Zebrastreifen! Erschrocken springe ich zur Seite, bevor mich das Auto erfasst. Mein Herz pocht wie wild! Fast hätte mich dieser SUV-Fahrer doch tatsächlich angefahren! Wie können die Eltern nur so rücksichtslos fahren und uns gar nicht beachten? Mit zittrigen Knien laufe ich weiter. Auf der anderen Straßenseite eröffnet sich uns ein bekanntes Bild: Alle Parkplätze vor der Schule sind belegt, die Rettungsgasse ist von parkenden Autos versperrt, die Bushalltestelle wird von Elterntaxen blockiert und sogar am Gehweg stehen einige Autos. Die Eltern parken wirklich überall, damit ihre Kinder ja keinen Meter zu viel laufen müssen! Teils dauert es eine gefühlte Ewigkeit, bis sie sich bei laufendem Motor von ihren Sprösslingen verabschiedet haben. Dann werden die Türen lautstark zugeknallt, die Musikanlage wird auf volle Lautstärke aufgedreht und die SUVs brausen mit aufheulendem Motor davon.

Puh, wir haben es geschafft! Wir sind heil auf dem Schulhof angekommen. Schnell verabschiede ich mich von Tim und gehe in Richtung meines Klassenzimmers. Hoffentlich ist die Situation vor der Schule heute Nachmittag etwas besser!

Den Schluss schreiben

1 a Mögliche Auswahl: Die Ansichten der Autorin kann ich nachvollziehen, weil auch viele meiner Mitschüler/-innen täglich mit dem Auto ... Ich hingegen ... Dabei erschüttert mich immer wieder ... Daher würde ich mir wünschen, ...
Mich hat das Thema der Glosse angesprochen, da meine Eltern selbst einen solchen SUV gekauft haben ... Allerdings ..., sondern ...

b Mich hat das Thema der Glosse angesprochen, da meine Eltern vor einigen Jahren auch einen SUV gekauft haben, denn sie waren vom großen Ladevolumen und der erhöhten Sitzposition begeistert. Es stimmt, dass dieses Auto teuer war und einen erhöhten CO_2-Verbrauch aufweist. Wir verwenden den SUV aber nicht für unnötige Strecken, die zu Fuß oder mit dem Fahrrad zu bewältigen sind. Daher werde ich auch nicht – wie in der Glosse beschrieben – täglich mit dem Auto zur Schule gebracht, sondern lediglich in Ausnahmefällen, z.B. wenn ich verschlafen habe oder vorher einen Arztbesuch hatte. Ansonsten fahre ich – genauso wie die meisten meiner Mitschüler/-innen – mit dem Bus zur Schule. Außerdem kann ich die Meinung der Autorin nicht teilen, dass sich SUV-Fahrer/-innen rücksichtslos verhalten. Meine Eltern achten auf die Verkehrsregeln. Somit kann ich Gabriele Frydrych nicht in allem, was sie in der Glosse anspricht und kritisiert, recht geben.
Hinweis: Wenn du alle Aufgaben in der richtigen Reihenfolge bearbeitet hast, hast du eine komplette Texterschließung einer Glosse in dein Heft geschrieben.

Grammatik trainieren

Exakt und treffend formulieren

Seite 78

1 Beispiellösung für die Formulierung von Behauptungen mit abwechslungsreichen Überleitungen (Überleitungen sind unterstrichen):
Mit einem Wahlfach sind etliche Vorteile verbunden. Wenn man eine Arbeitsgruppe am Nachmittag besucht, besteht zunächst einmal die Möglichkeit, soziale Kontakte auch außerhalb der eigenen Klasse zu knüpfen. [...] Außerdem kann man in manchen Kursen auch das Schulleben mitgestalten. [...] Viele Schüler/-innen schätzen es darüber hinaus, dass im freiwilligen Nachmittagsunterricht kein Notendruck besteht und sie die Möglichkeit haben, ihr Wissen ohne Leistungsstress zu erweitern. [...] Des Weiteren können bestimmte Fähigkeiten durch spezielle Förderkurse vertieft werden. [...] Schließlich ist ein wesentlicher Aspekt, dass Wahlunterricht wenig oder gar nichts kostet. [...] Allerdings sprechen auch verschiedene Aspekte dagegen, ein Wahlfach zu belegen. Als Erstes darf man nicht außer Acht lassen, dass die frei verfügbare Zeit reduziert wird. [...] Zudem vernachlässigen Schüler/-innen, die an einer Arbeitsgemeinschaft teilnehmen, manchmal auch die schulischen Pflichten. [...] Negativ wirken sich Neigungsgruppen auch dann aus, wenn der Nachmittagsunterricht die Schüler psychisch und physisch überlastet. [...] Gegen Wahlunterricht spricht ferner, dass nachmittags oft kaum noch Schulbusse fahren. [...]

2 Beispiellösungen im Verbalstil: A Belegt man beispielsweise einen Spanischkurs, verbessert sich das Sprachgefühl. Oft beeinflusst das dann auch die Noten in Englisch. – B Die Freizeit soll den Schülerinnen und Schülern eigentlich dazu dienen, sich zu erholen oder etwas mit Freundinnen und Freunden zu unternehmen.

Seite 79

3 Nachmittagskurs – Nachmittagsangebot – Neigungsgruppe – Neigungskurs – Arbeitsgemeinschaft – Arbeitsgruppe – Wahlunterricht – Wahlangebot – Wahlfachangebot – Zusatzfach – Zusatzkurs

4 Beispiellösung: Wahlfächern – in denen – Arbeitsgruppen – Zusatzkursen/Nachmittagskursen – Neigungsgruppen – die – einer Arbeitsgemeinschaft – ihren/deren

Seite 80

5 a er → sie/diese, wo → der/welcher, die → sie, sein → ihr, was → der/welcher, der → er, ihm → ihn, das → die, er → es, das → was
b Weitere (korrekt verwendete) Pronomen (Bezugswörter in Klammern): ihr Wissen (viele Schüler/-innen) – seiner Arbeitsergebnisse (mancher Schüler) – Themen [...], die ihn interessieren (Themen) – über die er (mancher Schüler) – macht ihm (mancher Schüler)

6 sie – Diese – sie – das – sie – deren – Viele – ihnen

7 Passende Pronomen: sie – sich – ihnen – denen – das – dem – die.

8 Beispiellösungen: A [...] ein privates Gespräch [...] – B Die frühere Klasse [...] – C Der in der Schule angebotene Wahlkurs [...] – D Zusatzkurse bieten oft Raum für Kreativität.

Seite 81

9 Beispiellösung: Wer ins Ausland fährt, erkennt schnell, welchen Vorteil es hat, eine Fremdsprache zu beherrschen. Sprachkundige Reisende können die Einheimischen nach dem Weg fragen oder im Restaurant bestellen, ohne dass Missverständnisse produziert werden, weil sie nicht wissen, was sich hinter bestimmten Gerichten verbirgt.

10 Richtig und **nicht** zu streichen sind: A auf − B einem − über − C Wegen guter Fremdsprachenkenntnisse − bei der Bewerbung − einen Vorteil gegenüber − D in einem solchen Fall − Investition in die Zukunft − E an Schulen − Kurse […], in denen − für ihre Mitmenschen − F Dank dieses Einsatzes − außerhalb der regulären Schulstunden − G für die Schülerzeitung − durch die Themenwahl − Einfluss auf − für fundierte Auseinandersetzungen

11 Dank des Wahlfachangebots − für einen Spanischkurs − aufgrund der Honorare für Lehrkräfte − von allen Kursteilnehmerinnen und -teilnehmern − an öffentlichen Schulen − ohne gesonderte Gebühren − neben der Wissenserweiterung − hinsichtlich der Kosten

Sätze abwechslungsreich gestalten und sinnvoll verknüpfen

Seite 82

1 a/b Hauptsätze sind hier unterstrichen, nebenordnende Konjunktionen markiert, unterordnende Konjunktionen mit Punktlinie, Relativpronomen doppelt unterstrichen.
Zahlreiche Forscher/-innen sind sich einig, dass der Mensch verantwortlich ist […]. Einer der Gründe ist in der intensiven Landwirtschaft zu sehen, die […] betrieben wird. Viele Tier- und Pflanzenarten sind dieser Anbauweise bereits zum Opfer gefallen, denn die angewandten Substanzen töten nie nur die Schädlinge, sondern sie schaden auch […]. Vor allem Insekten sind bedroht, aber auch […] sind […] betroffen. Weil in den vergangenen Jahrzehnten die Flächen, auf denen die gleichen Pflanzen angebaut werden, immer umfangreicher wurden, fielen Hecken als Lebensraum für viele Tiere weg. Deshalb finden […]. Selbst Ökolandbau findet auf Äckern statt, für die […]. Wenn ihr Lebensraum vernichtet wird, werden sie zurückgedrängt und […].

2 a/b A Weil der Regenwald bedroht ist, gerät […]. Adverbial → Adverbialsatz: zwar länger formuliert, aber durch den Verbalstil weniger steif − B Der Regenwald ist besonders gefährdet, weil er illegal gerodet und in Plantagen umgewandelt wird. Adverbial → Adverbialsatz: hebt die Ursachen für die Gefährdung des Regenwalds deutlicher hervor − C Trotz wachsender internationaler Besorgnis werden […]. Adverbialsatz → Adverbial: Aussagekraft beider Varianten etwa gleich, Adverbial knapper − D Der Schaden, der über Jahrhunderte angerichtet wurde, kann nur sehr langsam behoben werden, indem das Gebiet wieder aufgeforstet wird. → zweimal Adverbiale → Adverbialsatz: Nominalstil mit zwei Adverbialen klingt hölzern und umständlich, ein Adverbial könnte jedoch stehen bleiben, um knapper zu formulieren. Der erste Nebensatz betont die Aussage deutlicher.

Seite 83

3 a/b Attributsätze mit ihrem Bezugswort sind unterstrichen; Stellen, die unbedingt umgewandelt werden sollten, sind markiert (zu viele Relativsätze sollten vermieden werden, eine Umwandlung ist aber nicht sinnvoll, wenn die Attribute umständlich werden):
[…] der Klimawandel, der die Lebensräume vieler Tierarten verändert (*möglich → Partizipialattribut: der die Lebensräume vieler Tiere verändernde Klimawandel*) − die Versauerung der Weltmeere, die aufgrund des hohen CO_2-Ausstoßes immer weiter voranschreitet. (*möglich → Partizipialattribut: die aufgrund des hohen CO_2-Ausstoßes immer weiter voranschreitende Versauerung der Weltmeere*) − unter den Bedingungen, die sich verändert haben (*→ Partizipialattribut: unter den veränderten Bedingungen*) − Plankton, das die Hauptnahrung vieler Meeresbewohner darstellt (*→ Apposition: Plankton, die Hauptnahrung vieler Meeresbewohner*) − Überfischung […], die zum Artensterben in den Ozeanen beiträgt − Große Fangflotten, die technisch hochgerüstet und auf schnellen Profit bedacht sind, (*möglich → Umformulierung mit einem Partizipialattribut: Große, technisch hochgerüstete Fangflotten sind auf schnellen Profit bedacht und […]*) − […] Meeresmülls, der zu drei Vierteln aus Plastik besteht. − Plastikabfälle, die ein ständig wachsendes Problem darstellen, (*→ Apposition: Plastikabfälle, ein ständig wachsendes Problem,*) − Bedrohung, die Fische, Vögel und Meeressäuger betrifft, (*→ Präpositionalattribut: eine Bedrohung für Fische, Vögel und Meerestiere*)

4 Beispiellösungen: A Zur Ausrottung gefährdeter Arten tragen auch Urlauber/-innen bei, die solche Tiere von Reisen mitbringen / wenn sie solche Tiere von ihren Reisen mitbringen. − B Einigen Exoten werden Heilkräfte zugeschrieben, daher/deshalb werden sie für sehr hohe Prämien gejagt. − C Da/Weil Jäger oft auf Felle, Hörner oder Geweihe der getöteten Tiere aus sind, tun sie ein Übriges zur Ausrottung bedrohter Tierarten.

5 Beispiellösung (Verknüpfungen sind unterstrichen): Viele Staaten haben die Notwendigkeit erkannt, dass die Artenvielfalt erhalten bleiben muss. Dies ist für funktionierende Ökosysteme entscheidend, weil die Lebewesen über die Nahrungskette aufeinander angewiesen sind. Zum Schutz bedrohter Tiere und Pflanzen werden Programme aufgelegt, die/welche die Verbrauchenden gezielt aufklären. Nach Ansicht der Umweltschützenden muss die Bundesregierung noch mehr Naturschutzgebiete ausweisen, weniger Wiesen dürfen zu Ackerflächen werden und die Begradigung von Flüssen muss gestoppt werden. Jede/-r Einzelne muss zudem das Konsumverhalten überdenken, denn heimische Bioprodukte sind für die Umwelt besser als Früchte aus Monokulturen auf abgeholzten Regenwäldern.

Seite 84

6 a/b **A** Ellipsen sind hier unterstrichen, Ausrufesätze mit Punktlinie, Fragesätze doppelt unterstrichen, kurze Aussagesätze sind markiert:

Ich gehe auf die Schwimmhalle zu, deren Glastür leicht beschlagen ist. *(Hs + Rs)* In verzweigten Bahnen rinnen Wassertropfen herunter. Fast wie im tropischen Regenwald. Aber mich fröstelt, denn nach dem Duschen klebt mein Badeanzug nass am Körper. *(Hs + Hs)* Schnell das Handtuch um die Schultern. Sobald ich die Tür zur Halle öffne, höre ich lautes Geschrei, Plätschern, Klatschen und Plantschen. *(As + Hs)* Es dröhnt in den Ohren. So ein Lärm! Soll ich es wagen? Auf den Bodenfliesen stehen Pfützen, über die ich mich vorsichtig mit den Zehen taste. *(Hs + Rs)*. Nur nicht ausrutschen!

c **B** Beispiellösung (Verbesserte Verknüpfungen sind unterstrichen.)

Als ich mich an den Beckenrand setze, steigt mir Chlorgeruch in die Nase. *(As + Hs)* Meine Füße baumeln im angenehm warmen Wasser. *(kurzer Aussagesatz)* Tief unter mir der Beckenboden. *(Ellipse)* Auf der Wasseroberfläche spiegelt sich das Licht, das aus den hohen Fenstern fällt. *(Hs + Rs)* Ich überlege, ob ich mich in das Becken hineingleiten lassen soll. *(Hs + As)* Noch stütze ich mich aber mit den Armen ab. *(kurzer Aussagesatz)* Endlich überwinde ich mich und spüre das warme Wasser am ganzen Körper. Eine gute Idee, wieder einmal das Hallenbad zu besuchen! *(Ausrufesatz)* Warum bin ich nicht öfter hier? *(Fragesatz)*

Seite 85

7 Beispiellösung: Außerdem macht Schwimmen großen Spaß. Weil man im Wasser ein unbeschwertes Körpergefühl bekommt, ist das ein sportliches Vergnügen für jedermann. Gerade Menschen, die mit ihrem Gewicht Probleme haben, gleichen dies im Wasser aus und schwimmen häufig besser als „Leichtgewichte", wodurch sie große Freude an dieser Art der Bewegung haben. Besonders gerne gehen viele Leute an heißen Tagen zum Schwimmen, um sich abzukühlen. Wenn man sich dann noch mit Freunden trifft, kommt es oft zu gemeinsamen Aktivitäten. Die Bewegung im nassen Element genießen die meisten Menschen, egal ob sie sich beim Wettschwimmen messen oder in Ruhe ihre Bahnen ziehen.

8 a Beispiellösung: Der Text liest sich nicht flüssig, die Sätze klingen abgehackt und unvollständig.

b Allein stehende Nebensätze und damit Grammatikfehler:

Mit Sitzbank, [...] – Obwohl [...] waren – Was [...] macht – Weil [...] sind – Weshalb [...] werden

Beispiellösung für die Umformulierungen:

Seit letzter Woche ist meine Freundin Stefanie stolze Besitzerin eines Elektrorollers. Er hat sogar eine Sitzbank für zwei Personen! Ich bin recht neidisch, denn ihre Eltern waren eigentlich immer gegen einen Kauf. Elektromobilität ist heute ein ganz aktuelles Thema und diese E-Roller sind „total in". Für die Anschaffung eines solchen Rollers gibt es verschiedene Gründe, die ich im Folgenden erörtere.

9 Eine entscheidende Ursache für [...] liegt darin, dass für Roller [...] erforderlich ist.

Schon 15-Jährige dürfen damit fahren, die [...] warten müssen.

Zudem wird [...] unkompliziert und bequem, da das Warten [...] entfällt.

Ein Vorteil ist darüber hinaus, dass Elektroroller im Gegensatz [...] fahren.

Schließlich kann [...] ausfallen, weil sie nämlich so gut wie abgasfrei fahren.

10 Beispiellösung für zwei Argumentationen gegen die Anschaffung eines E-Rollers:

Es sprechen aber auch viele Gründe dagegen, dass sich Jugendliche einen E-Roller anschaffen. Zunächst ist festzustellen, dass die Teilnahme am Straßenverkehr mit einem solchen Fahrzeug durchaus gefährlich sein kann. Mit motorisierten Zweirädern passieren häufig Unfälle, wie man immer wieder in der Zeitung liest. Als Fahranfänger/-in kann man die Geschwindigkeit oder schwierige Situationen häufig noch nicht richtig einschätzen. Man wird auch leicht von einem Auto übersehen oder rutscht weg, wenn man zum Beispiel auf nassem Laub oder Rollsplit zu schnell um eine Kurve lenkt. Beim E-Roller kommt hinzu, dass er fast geräuschlos fährt: Andere Verkehrsteilnehmer/-innen hören ihn also gar nicht oder viel zu spät. Da man im Gegensatz zum Auto keine „Knautschzone" hat und außer dem Helm auch keine Schutzkleidung trägt, ist der Körper recht schutzlos. Bei einem Sturz sind dann meist Schürfwunden, Brüche oder gar schlimmere Verletzungen die Folge.

Außerdem ist ein E-Roller nur bedingt ein ökologisch sinnvolles Fahrzeug. Schon für die Produktion muss eine große Menge an Rohstoffen und Energie aufgewendet werden, beispielsweise für die Speicherbatterien. Die Akkus der Stromer benötigen knappe Rohstoffe wie Lithium, Nickel, Kobalt und Grafit. Allein die Gewinnung von Lithium verbraucht große Mengen Wasser, was den Rohstoffeinsatz verschärft. Zudem kommt der Strom, mit dem ein Scooter fährt, ja nicht einfach aus der Steckdose. Solange noch immer knapp die Hälfte des Stroms in Deutschland aus fossilen Brennstoffen wie Gas, Kohle oder Braunkohle erzeugt wird oder aus gefährlichen Atomkraftwerken stammt, kann man nicht davon sprechen, dass ein damit aufgeladenes Fahrzeug völlig umweltfreundlich fährt. Auch der Aspekt Umwelt- und Klimaschutz spricht also gegen die Anschaffung eines E-Rollers und für die Nutzung öffentlicher Verkehrsmittel, des Fahrrads oder der eigenen Füße.

Teste dich! – Rund um die Grammatik

Seite 86

1 a/b handelt es sich um ~~ein~~ → einen Kommentar – sofort ~~als Erstes~~ – Absetzung von ~~andere~~ → anderen Artikeln – das unter ~~die~~ → der Headline – Bestandteil des ~~Kommentar~~ → Kommentars – Einführung [...], mit ~~dem~~ → der die Verfasserin ~~verschafft~~ den Lesenden einen ersten Überblick verschafft – Am Ende ~~vom Text~~ → des Textes – ein Appell, ~~wo~~ → der – Die Spendenbereitschaft ~~darf~~ → dürfe nicht abnehmen

2 geht es um – berichtet über – handelt von – informiert über

3 Attribute sind hier markiert, Adverbialien einfach, Nebensätze doppelt und eine Infinitivgruppe mit Punktlinie unterstrichen: Es sind die kleinen Dinge im täglichen Leben (7), die den Unterschied machen (2): Lass den Fernseher oder den Computer nicht auf Stand-by stehen, wenn du sie nicht benutzt (8). Nimm dein Akkuladegerät vom Netz, sobald dein Handy komplett aufgeladen ist (1). Recycle, wo du nur kannst (3). Achte bereits beim Einkauf gezielt darauf, umweltfreundliche Produkte zu kaufen (5). Autos mit schädlichen Abgasen (4) sollten so wenig wie nur irgend möglich (6) benutzt werden.

Rechtschreibung und Zeichensetzung trainieren

Regeln kennen, Proben anwenden – Richtig schreiben

Seite 87

1 erstes – Im Allgemeinen – deutschsprachiges – auf Wunsch (hier hilft die Artikelprobe!) – als Jurist (Artikelprobe) – 31-Jähriger – unerträglich – bedrohlich – Im Großen und Ganzen – Das Ungeheuerliche – sachlicher – Dieses Fehlen – dem Unmöglichen – etwas Selbstverständliches – (etwas) Alltägliches – jedes – Gregors Niedergang – dem Aufstieg

Seite 88

2 a/b ~~Gefengnisinsasse~~ → Gefängnisinsasse (3: Ableitungsprobe) – ein anständiges ~~leben~~ → Leben (4: Signalwörter) – ~~das~~ sie gestorben ist → dass sie gestorben ist (6: Ersatzprobe) – im ~~Ersten~~ → im ersten (Bezugswort „Buch") – ~~folgendes~~ → Folgendes (4: Nominalisierung, Artikelprobe) – mit der neu ~~Gewonnenen~~ → gewonnenen Freiheit (4: kein Nomen, normales Partizip) – der ~~entlassene~~ → Entlassene (4: Nominalisierung, Signalwort) – ~~verwirenden~~ → verwirrenden (1: Silbenprobe; 3: Ableitungsprobe, 5: Regeln beherrschen) – der ~~Beiden~~ → der beiden (5: Regeln lernen: „beide" wird immer kleingeschrieben; ggf. 7: Wörterbuch) – ~~Namens~~ → namens (4: kein Nomen) – ~~fasst~~ → fast (3: Ableitungsprobe: nicht „fassen", sondern „beinahe"; ggf. 7: Wörterbuch) – ~~Schlegerei~~ → Schlägerei (3: Ableitungsprobe) – ~~misbraucht~~ → missbraucht (5: Regeln beherrschen) – ~~das~~ er von dem Mann → dass er von dem Mann (6: Ersatzprobe) – im hektischen ~~treiben~~ → Treiben (4: Signalwörter) – eine neue ~~bleibe~~ → Bleibe (4: Signalwörter) – mit ~~nichtstun~~ → Nichtstun (4: Signalwort) – ~~reist~~ → reißt (3: Ableitungsprobe, nicht von „reisen", sondern von „reißen") – der neue ~~bekannte~~ → Bekannte (4: Signalwörter) – ~~endpuppt~~ → entpuppt (3: Ableitungsprobe, kommt nicht von Ende → Vorsilbe ent-; 5: Regeln lernen) – ~~skrupeloser~~ → skrupelloser (1: Silbenprobe) – ~~tod~~ → tot (2: Verlängerungsprobe) – die ~~Schiefe~~ Bahn → schiefe Bahn (4: kein Nomen) – ~~zudem~~ → zu dem (5: kein Adverb im Sinne von „außerdem", sondern Präposition und Relativpronomen) – ~~eskalieren~~ → eskalieren (7: Wörterbuch benutzen) – ~~schlieslich~~ → schließlich (5: Regeln lernen) – als ~~Unschuldig~~ → unschuldig (4: kein Nomen)

Fremdwörter verstehen und richtig schreiben

Seite 89

1 b (von oben nach unten) opponieren – ästhetisch – prominent – prompt – das Exil – publizieren – die Diktatur – das Refugium – das Regime – die Produktion – eliminieren – die Emigration

c/d A wissenschaftliche Institution, Fach(hoch)schule; akademisch, akademisieren – B Folge, Schlussfolgerung; konsequent, inkonsequent – C (staatlich) kontrollieren/bewerten, verbieten; Zensur, Zensor – D angepasst, übereinstimmend; konformistisch, nonkonformistisch, Konformität, Konformist, Konformismus

Seite 90

2 existenziell/existentiell (auf das Dasein bezogen) – dramaturgische (die Gestaltung eines Stücks betreffend) – traditionellen (überliefert, herkömmlich) – Rezipienten (Hörer, Leser, Betrachter) – empathischen (bereit/fähig, sich in andere einzufühlen) – Effekte (Ausdrucks- u. Gestaltungsmittel)

3 1 solidarisch – 2 real – 3 das Publikum – 4 das Requisit – 5 interpretieren – 6 assoziieren – 7 das Resultat – 8 unfair – 9 die Alliteration – 10 reagieren

Am PC geschriebene Texte überprüfen
Seite 91

1 a/b ~~erschien~~ (Gr) → erschienene – ~~Perspecktieve~~ (R) → Perspektive – eines Lehrers, (Sz) der – ~~Österreichisch-Ungarische~~ (R) → österreichisch-ungarische – überträgt, seine (Sz) – ~~Brotagonisten~~ (R) → Protagonisten – ~~das~~ (Gr) → dass – ~~ein~~ menschenverachtende Einstellung (Gr) → eine menschenverachtende Einstellung – Um … zu demonstrieren, (Sz) benennt – ~~Zeitzeugniss~~ (R) → Zeitzeugnis
c Der Roman wurde bald nach seiner Veröffentlichung in viele Sprachen übersetzt und mehrfach verfilmt.
d Beispiellösung: Eigennamen und feststehende Bezeichnungen werden von Korrekturprogrammen nicht erkannt und deswegen als Fehler gekennzeichnet.

Zusammen- und Getrenntschreibung üben
Seite 92

1 vorüber war – unterschiedlich verarbeiteten – beitragen – aufzubauen – Neugestalten – teilgenommen – niederzuschreiben – nachdenken – befreien konnten – aufzeigen – einherging – deutlich absetzen – abgefasst – meistgespielte – heimkehrt – irgendwie – gegenübersteht – niedergedrückt – zurückzieht – verliehen bekam – wiederzugeben – klarmachen *(übertragene Bedeutung)* – Einfluss nahmen – maßgeblich geprägt – Irgendeine – gelesen haben – zum Aufsatzschreiben *(Nominalisierung)* – Verständnis wecken – offenlegen *(übertragene Bedeutung)*

Zeichensetzung beherrschen
Seite 93

1 Kommaregeln: 4 – 4 – 1 – 2 – 6 – 1 – 3 – 7 – 3 – 3 – 5

2 a/b Hier sind die Kommas gesetzt und markiert, Nebensätze sind einfach unterstrichen und unterordnende Konjunktionen sowie Relativpronomen markiert, Infinitivgruppen sind doppelt unterstrichen:
Dr. Mathilde von Zahnd, letzte Nachfahrin […] Industriellendynastie, leitet […]. Dort behandelt sie drei […] Patienten, bei denen es sich […] handelt. Johann Wilhelm Möbius hat […] Entdeckung gemacht, nämlich […]. Er hält […] geheim, weil er […] befürchtet. Deshalb spielt er einen Geisteskranken, dem […] erscheint. Seine beiden Mitpatienten, die […] Geheimdiensten angehören, sind nur in der Anstalt, um […] auszuspionieren. […] Einer nennt sich […], der andere mimt […]. […] Einstein hat […] erdrosselt, um sicherzustellen, dass […] nicht auffliegt. Nachdem […] ermittelt worden ist, erscheint auch jetzt […]. Der Inspektor verzichtet […], denn die Täter sind […]. […] Auch er ermordet eine Krankenschwester, die ihn […] durchschaut. Höhepunkt […] ist der Moment, als die drei Patienten […] preisgeben. Newton steht […], Einstein arbeitet […]. Beide wagen den Versuch, Möbius zu drohen und ihn […] zu gewinnen, doch dieser hat […] vernichtet, weil er […] erkannt hat. Er kann […] davon überzeugen, dass […] bleiben müssen, da sie […] zufügen könnten. Die Erkenntnis kommt zu spät, die Chefärztin offenbart den Patienten, die […] Aufzeichnungen […] genommen zu haben. Sie stellt sich als eigentliche Geisteskranke heraus, die […] einem Wirtschaftsunternehmen überlassen hat, dessen Vorstand sie angehört und mit dem sie […] an sich reißen will. Die drei Physiker erkennen […], deshalb ziehen sie sich […].

Seite 94

3 a An diesen Stellen müssen Kommas gesetzt werden: E – I – X – O – D – A – R – A – P. Lösungswort: PARADOXIE
b Paradoxie bedeutet Widersinnigkeit, Widersprüchlichkeit. Die Paradoxie in dem Stück „Die Physiker" liegt darin, dass die vermeintlich Geisteskranken in der Klinik sich nur in diese Rolle geflüchtet haben und dass die Chefärztin tatsächlich geisteskrank ist.

Richtig zitieren, Zeichen korrekt setzen
Seite 95

1 Zitate, das Zitat mit Nachweis in einem Begleitsatz, in Klammern nachgestellte Zitate, ein indirektes Zitat (Verweis), Auslassung: etwa in den Zeilen 7 bis 9: „Ja, des is ja, gehst da weg von den Rosen, malefiz noch mal! Heinz-Rüdiger […], is doch gefährlich!"; auch der oft nicht korrekte Satzbau (vgl. z. B. Z. 13–19) – viele Füllwörter (z. B.: „Äh", Z. 2, 24; „gell", Z. 3, 7; „net", Z. 16, 23), Ausrufe (z. B.: „O ja, o mein Gott", Z. 31) und Ausdrücke aus dem Dialekt (z. B.: „alleweil a bisserl", Z. 31; „ausgeschamt", Z. 50 f.; „fei net", Z. 59).

2 korrigierte Zitate: die Ellipse „Äh, die Natur, ja." (Z. 2), *(Anführungszeichen fehlten)* − Floskeln wie „ich weiß auch net" (Z. 33), *(war falsch zitiert)* − rhetorische Fragen, etwa in den Zeilen 61 f.: „Ja, wo komm mir denn da hin?" *(Zeilenangabe fehlte)* − wie „Agrarprodukte" (Z. 5), *(Zeilenangabe war falsch)* oder „Gasbomben" (Z. 51), *(falsch zitiert)* − „am Wochenende, ja, da is des [...] a bisserl belebter" (Z. 44−46), *(Anführungszeichen zu Beginn fehlten, Auslassungspunkte müssen in eckigen Klammern stehen)* − strebt: *(Doppelpunkt, wenn das Zitat unmittelbar anschließt)* „was mir hier wollen, des is Ruhe. Ruhe, net. Ruhe, des is's − a Ruh!" (Z. 64 f.), *(war an drei Stellen falsch zitiert, Zeilenangabe war falsch)*

Teste dich! − Rund um Rechtschreibung und Zeichensetzung
Seite 96

1 a/b der deutschen Nachkriegsliteratur − Mit dem Ableben dieser Großen der Dichtung kam allmählich − eine neue Generation, die den Fokus ihrer Literatur − zuwandte − die Welt, in der sie lebten − festzuhalten − aktuelle Medien − Repertoire − Wiedervereinigung − endete die DDR-Literatur, doch die Teilung des Landes und ihre Auswirkungen − nicht nur der gesellschaftlichen Diskussionen, sondern auch − Thomas Brussigs Roman [...], der erst nach dem gleichnamigen Film erschien, spielt − die Sonnenallee, eine Straße, die sich [...] befindet − Schießbefehl − trennen sie in einen kürzeren Ost- und einen längeren Westteil, also die DDR von Westberlin − kreist − zu Miriam, dem beliebtesten Mädchen − von den Versuchen der Jugendlichen, an Musik [...] heranzukommen − Zum Schmunzeln − Onkel Heinz, der Bruder von Michas Mutter − Dinge, die gar nicht geschmuggelt werden müssten, − Heinz glaubt, dass er sich [...] bringe − authentisch, während − Berliner Dialekt − Aspekt

Realschule Bayern

Deutschbuch

Arbeitsheft 10

Schreiben
Mit Texten umgehen
Grammatik
Rechtschreibung
Fit für Tests

Erarbeitet von
Elke Aigner-Haberstroh (Riedenburg)
Gertraud Bildl (Waldbüttelbrunn)
Dennis Haida (München)
Andreas Herrmann (Höchberg)
Timo Koppitz (Höchberg)
Renate Kroiß (Neumarkt)
Bianca Rengsberger (Ergolding)
Doris Thammer (Vohenstrauß)
Tina Vögerl (Neumarkt)
Sonja Wiesiollek (Ottobrunn)
Anja Zwengauer (Wassertrüdingen)

Unter Beratung von
Elke Aigner-Haberstroh
Gertraud Bildl

Name: _____

Klasse: _____

Cornelsen

Autoren- und Quellenverzeichnis

S. 7: https://www.aerzteblatt.de/nachrichten/110745/Mehrheit-fuer-Verbot-von-Schoenheitsoperationen-bei-Jugendlichen* [19.08.2021]; **S. 9:** https://www.uni-siegen.de/start/news/forschungsnews/779341.html* [19.08.2021]; **S. 11:** Kristin Kopf: Schuhe. In: 17 Kurze. Kurzgeschichten aus dem Netz. Peters-Verlag; 1. Edition (1. Februar 2003); **S. 15, M 1 und M 4:** Diese Texte wurden eigens für das Arbeitsheft verfasst; **M 2 und S. 16:** https://www.bayerische-staatszeitung.de/staatszeitung/politik/detailansicht-politik/artikel/soll-deutschland-ein-soziales-pflichtjahr-einfuehren.html#topPosition* [19.08.2021]; **S. 16, M 5:** Dieser Text wurde eigens für das Arbeitsheft verfasst.; **S. 23:** Dieser Text wurde eigens für das Arbeitsheft verfasst, **S. 24:** https://www.spiegel.de/wirtschaft/unternehmen/amazon-vernichtet-laut-greenpeace-weiterhin-neuware-a-f4eef66e-63f6-4b58-936c-86f217509eca* [01.07.2021]; **S. 25:** https://www.infranken.de/lk/nuernberg/bruttoshop-nuernberg-neuer-online-spaetshop-liefert-auch-an-feiertagen-bis-spaet-nachts-art-5208988* [01.07.2021]; **S. 34 f.:** Wolfgang Borchert: Die Küchenuhr. In: Prosasammlung, 1946; **S. 40:** Nikos Kazantzakis: Die Blinden. In: Die Blinden. Griechische Passion, 1948; **S. 42 f.:** Joachim Meyerhoff: Wann wird es endlich wieder so, wie es nie war. Verlag Kiepenheuer & Witsch, Köln 2013, S. 178-180; **S. 46:** Günter Grass: Die Blechtrommel. Luchterhand Verlag, Darmstadt/Neuwied 1959; **S. 50:** Kurt Tucholsky: Was darf Satire? In: Das große Lesebuch. Fischer Taschenbibliothek, Frankfurt a. M. 2012, S. 15 ff.; **S. 52:** Gerhard Polt: zwei Zitate im Vorspann aus: Die besten Sprüche von Gerhard Polt. 40 Postkarten. Kein & Aber Zürich, 2. Auflage 2012; Das Idyll. In: Circus Maximus – Das gesammelte Werk. © Kein & Aber, Zürich 2002; **S. 54:** Marius Müller-Westernhagen: Freiheit. Album: Westernhagen, 1987, WEA Records; **S. 55:** Alfred Lichtenstein: Doch kommt ein Krieg, 1914; **S. 56:** Gottfried Benn: Schöne Jugend. In: Morgue und andere Gedichte. Klett Cotta, 2. Edition 2012; **S. 58 f.:** https://www.fluter.de/ulmer-nest-obdachlose* [19.08.2021]; **S. 64:** Dieser Text wurde eigens für das Arbeitsheft verfasst; **Kommentar:** https://www.sueddeutsche.de/muenchen/fuerstenfeldbruck/kommentar-ein-problem-das-jeden-angeht-1.5165083* [24.06.2021]; **S. 70 f.:** https://www.magazin-auswege.de/tag/elterntaxi/* [23.07.2021]; **S. 82:** https://www.planet-wissen.de/natur/umwelt/artensterben/index.html* [22.07.2021]; **S. 94:** Friedrich Dürrenmatt: 21 Punkte zu den Physikern (Auswahl). Aus: Friedrich Dürrenmatt: Die Physiker. Eine Komödie in zwei Akten. © Diogenes Verlag AG; Zürich 1986

* Einzelne Formulierungen im Text wurden aus didaktischen Gründen gekürzt, umgeformt oder vereinfacht.

Bildquellenverzeichnis

S. 15: KARIN MIHM, Düsseldorf; **S. 26:** statista.com; **S. 58:** eignerframes; **S. 64:** shutterstock/DeawSS; **S. 69:** shutterstock/Flystock; shutterstock/Nomad_Soul; stock.adobe.com/pureshot; **S. 70 und 75:** Giger Graphics; **S. 87:** akg images/Universal Images Group; **S. 88:** interfoto e.k./Sammlung Rauch; **S. 89:** bpk; **S. 94:** dpa Picture-Alliance/PHOTOPRESS-ARCHIV/KEYSTONE

Impressum

Teile einiger Kapitel dieses Hefts wurden erarbeitet von Simone Götz, Judith Heugel, Monika Hochleitner-Prell und Daniela Nüßlein.

Redaktion: Federlese GbR – Christina und Boris Kühne, Grevenbroich

Illustrationen: S. 24, 25: Jutta Melsheimer; S. 42, 46: Christiane Grauert; S. 50, 52, 95: Peter Menne; S. 72, 77: Sulu Trüstedt; S. 78, 79, 81, 84: Uta Bettzieche

Gestaltungskonzept und Umschlag: werkstatt für gebrauchsgrafik, Berlin
Technische Umsetzung: straive

Bestandteile des Lehrwerks Deutschbuch 10
Schulbuch	ISBN 978-3-06-067349-0
E-Book zum Schulbuch	ISBN 978-3-06-067355-1
Schulaufgabentrainer	ISBN 978-3-06-200210-6

www.cornelsen.de

1. Auflage, 2. Druck 2023

Alle Drucke dieser Auflage sind inhaltlich unverändert und können im Unterricht nebeneinander verwendet werden.

© 2022 Cornelsen Verlag GmbH, Berlin

Druck: Athesiadruck GmbH

ISBN 978-3-06-067331-5

PEFC-zertifiziert
Dieses Produkt stammt aus nachhaltig bewirtschafteten Wäldern
PEFC/18-31-166 www.pefc.de

Inhaltsverzeichnis

Kennzeichnungen in diesem Arbeitsheft:

 Aufgabe

●●● knifflige Aufgabe oder
Aufgabe für die Schnellen

 Merkkasten zum grund-
legenden Wissen und Können

┏ Tipps und Arbeitshilfen

▶ Der Pfeil sagt dir, auf welcher
Seite du etwas nachschlagen
kannst.

Mit dem beigefügten Lösungsheft kannst du deine Ergebnisse zu den Aufgaben und Tests selbst überprüfen. Im Lösungsheft findest du auch Beispielaufsätze, mit denen du deine Aufsätze vergleichen kannst.

Abschlussprüfung	materialgestütztes Argumentieren	Erschließen eines pragmatischen Textes	Erschließen eines literarischen Textes
	☐ S. 14–21	☐ S. 58–63	☐ S. 34–41
	☐ S. 22–31	☐ S. 64–69	☐ S. 42–49
	☐ S. 32–33	☐ S. 70–77	☐ S. 50–57
		☐ S. 5–13	

Fit für die Prüfung Teil 1: Dein persönlicher Grundwissen-Check

So kannst du mit der folgenden Einheit üben:

1. Kreuze auf den Seiten 5 und 6 im jeweils ersten Kästchen an, wie du zu Beginn der 10. Klasse deine Kenntnisse in den Teilbereichen a, b und c einschätzt.
2. Bearbeite den Einstiegstest auf den Seiten 7 bis 13 und korrigiere ihn mit Hilfe des Lösungshefts.
3. Trage deinen im Test ermittelten Wissensstand mit einer anderen Farbe in der Selbsteinschätzung ein.
4. Wenn du das Arbeitsheft im Laufe des Schuljahres durchgearbeitet hast, schätzt du dich noch einmal im Kompetenzraster (jeweils das zweite Kästchen) ein. Beziehe dann auch die Stufe d mit ein.

Materialgestütztes Argumentieren

1 Themenanalyse und Argumenttypen

	☺	☺	☺	☺	☹	☹
a Ich kann den Typ der Fragestellung erkennen.						
b Ich kann die gestellte Themafrage analysieren.						
c Ich kann die vier Argumenttypen unterscheiden (Fakten-, Autoritätsargument, Normatives und Analogisierendes Argument)						
d Ich kann Themafragen erschließen und die Erörterung vorbereiten.						

2 Materialauswertung und Stoffsammlung

a Ich kann brauchbare Informationen aus Sachtexten herausarbeiten.						
b Ich kann Schaubildern und Grafiken Informationen entnehmen.						
c Ich kann zuordnen, ob und wofür sich das vorliegende Material eignet.						
d Ich kann Informationen auswerten und in meinen Text einbauen.						

3 Gliederung

a Ich kann die Informationen aus dem Material logisch strukturieren.						
b Ich kann das Material um eigene Gedanken zum Thema ergänzen.						
c Ich kann Zusammengehöriges erkennen und Oberbegriffe finden.						
d Ich kann eine formal einwandfreie Gliederung erstellen.						

4 Argumentation

a Ich kenne den Aufbau einer gelungenen Argumentation.						
b Ich kann zu Behauptungen Begründungen und Beispiele finden.						
c Ich kann das verwendete Material bei der Argumentation angeben.						
d Ich kann die einzelnen Teile meiner Argumentation sinnvoll anordnen.						

Texterschließung

1 Inhalt

	☺	☺	☺	☺	☹	☹
a Ich kann einen Text in mehrere Sinnabschnitte einteilen.						
b Ich kann innerhalb dieser Sinnabschnitte Aussagen zusammenfassen.						

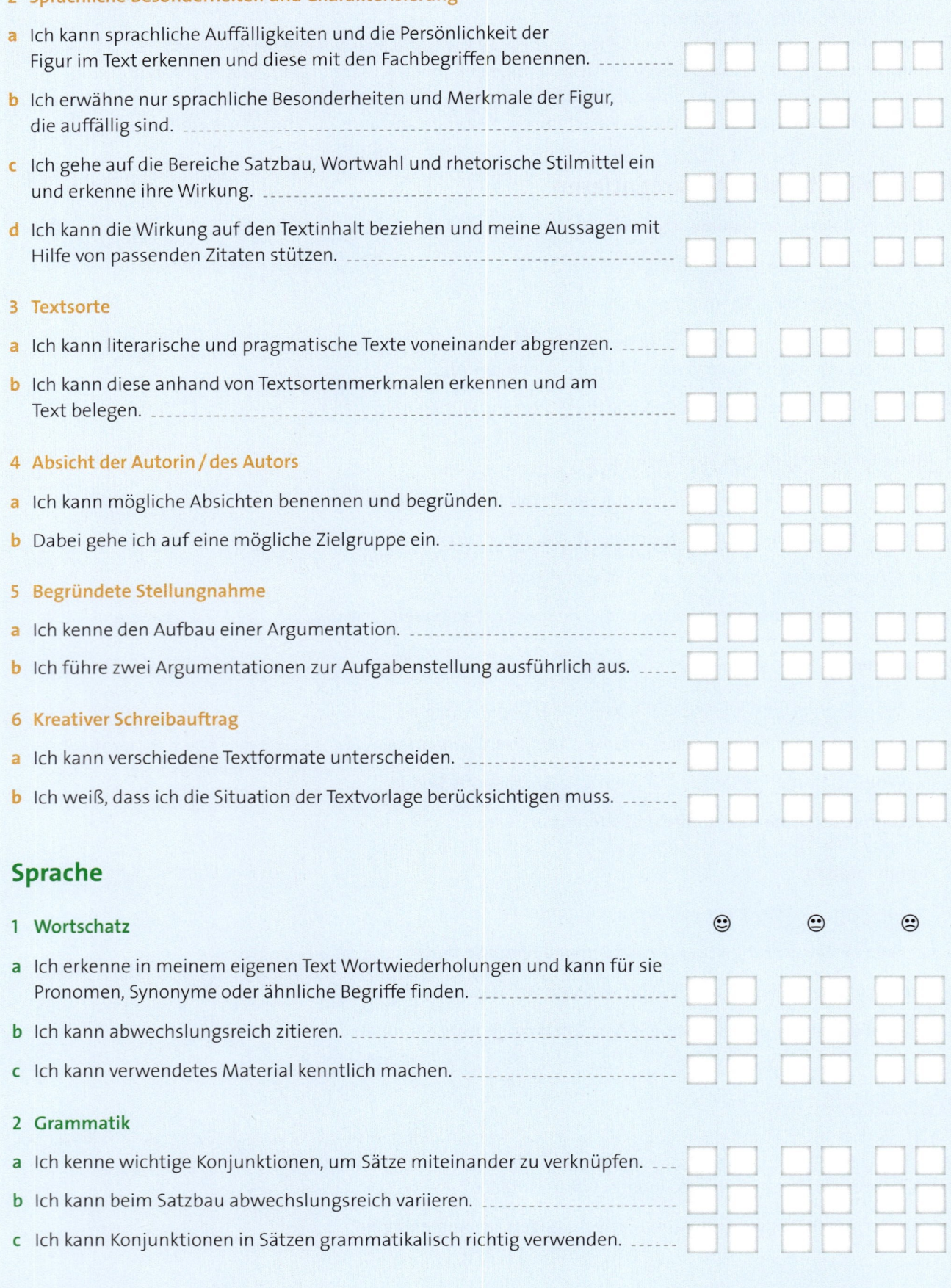

c Ich kann mit eigenen Worten einen zusammenhängenden Text formulieren.

d Ich kann eine logisch nachvollziehbare, sprachlich abwechslungsreiche Inhaltszusammenfassung mit Zeilenangaben ausformulieren.

2 Sprachliche Besonderheiten und Charakterisierung

a Ich kann sprachliche Auffälligkeiten und die Persönlichkeit der Figur im Text erkennen und diese mit den Fachbegriffen benennen.

b Ich erwähne nur sprachliche Besonderheiten und Merkmale der Figur, die auffällig sind.

c Ich gehe auf die Bereiche Satzbau, Wortwahl und rhetorische Stilmittel ein und erkenne ihre Wirkung.

d Ich kann die Wirkung auf den Textinhalt beziehen und meine Aussagen mit Hilfe von passenden Zitaten stützen.

3 Textsorte

a Ich kann literarische und pragmatische Texte voneinander abgrenzen.

b Ich kann diese anhand von Textsortenmerkmalen erkennen und am Text belegen.

4 Absicht der Autorin / des Autors

a Ich kann mögliche Absichten benennen und begründen.

b Dabei gehe ich auf eine mögliche Zielgruppe ein.

5 Begründete Stellungnahme

a Ich kenne den Aufbau einer Argumentation.

b Ich führe zwei Argumentationen zur Aufgabenstellung ausführlich aus.

6 Kreativer Schreibauftrag

a Ich kann verschiedene Textformate unterscheiden.

b Ich weiß, dass ich die Situation der Textvorlage berücksichtigen muss.

Sprache

1 Wortschatz

a Ich erkenne in meinem eigenen Text Wortwiederholungen und kann für sie Pronomen, Synonyme oder ähnliche Begriffe finden.

b Ich kann abwechslungsreich zitieren.

c Ich kann verwendetes Material kenntlich machen.

2 Grammatik

a Ich kenne wichtige Konjunktionen, um Sätze miteinander zu verknüpfen.

b Ich kann beim Satzbau abwechslungsreich variieren.

c Ich kann Konjunktionen in Sätzen grammatikalisch richtig verwenden.

Fit für die Prüfung Teil 2: Wichtiges Wissen zu Erörterung und Texterschließung

Materialgestützte Erörterung

1 Themenanalyse

a Kreuze an, ob das Thema ein- oder zweigliedrig ist.

b Unterstreiche in den zwei Themafragen die Schlüsselbegriffe und kreise Einschränkungen ein.

	eingliedrig	zweigliedrig
A Immer mehr Jugendliche möchten sich einer Schönheitsoperation unterziehen. Erörtern Sie mögliche Gründe.	☐	☐
B Warum entschließen sich manche Jugendliche zu Schönheitsoperationen? Welche Konsequenzen könnte ein solcher Schritt haben?	☐	☐

2 Materialauswertung und Stoffsammlung

a Zum Thema „Warum entschließen sich manche Jugendliche zu Schönheitsoperationen?" liegen unterschiedliche Materialien vor, darunter M 1. Kreuze **unten** an, welche Aussagen richtig oder falsch sind.

Mehrheit für Verbot von Schönheitsoperationen bei Jugendlichen　　Material 1　**M1**

Um Kinder und Jugendliche stärker vor unnötigen Schönheitsoperationen zu bewahren, greift seit [1. März 2020] ein neues Werbeverbot. Die große Mehrheit der Bundesbürger ist dafür, noch weiter zu gehen, wie eine Umfrage im Auftrag der KKH Kaufmännische Krankenkasse zeigt. 82 Prozent befürworten demnach ein generelles Verbot medizinisch nicht notwendiger Schönheitsoperationen bei unter 18-Jährigen. Dagegen sind 15 Prozent. [...]. Unter 16- bis 29-Jährigen, die teils von einem OP-Verbot betroffen wären, sind 73 Prozent dafür und 22 Prozent dagegen. Bei 30- bis 44-Jährigen sprachen sich 83 Prozent für ein Verbot aus, bei den 45- bis 65-Jährigen 86 Prozent. [...]

„Jeder operative Eingriff birgt Gefahren für die Gesundheit", hieß es in den Gesetzesplänen. Daher sollten gerade Jugendliche, die „sehr empfänglich für Themen wie Schönheitsideal und Aussehen" seien, stärker geschützt werden. [...]. Eine wachsende Rolle dabei spielen auch Verlockungen oft digital bearbeiteter Fotos im Internet. „Gerade Plattformen wie Instagram leben von vermeintlich makellosen Bildern", hatte der Deutsche Kinderschutzbund bei der Vorstellung der Gesetzespläne im Herbst erläutert. Kinder und Jugendliche seien während der Pubertät aber ohnehin sehr verunsichert. *

---

	richtig	falsch
A Ungefähr jede siebte Bürgerin / jeder siebte Bürger befürwortet ein Verbot medizinisch nicht notwendiger Schönheitsoperationen bei Minderjährigen.	☐	☐
B 22 % der 16- bis 29-Jährigen sind für ein solches Verbot.	☐	☐
C Je älter die Befragten sind, desto eher sind sie gegen solche Verbote.	☐	☐
D Digital veränderte Bilder könnten Jugendlichen ein falsches Schönheitsideal vermitteln.	☐	☐

b Überlege, ob die Informationen des Textes für die Themafrage verwendbar sind. Kreuze gegebenenfalls an, an welcher Stelle in der Erörterung die Aussagen am besten verwendet werden können.

☐ Einleitung ☐ Hauptteil ☐ Schluss

c Zur Themafrage wurde die folgende Stoffsammlung erstellt. Markiere zunächst zusammengehörige Aspekte mit der gleichen Farbe. Streiche nicht Brauchbares.
Schreibe die fertige Stoffordnung in dein Heft.

> **Stoffsammlung**
>
> geringes Selbstbewusstsein • hohe Arbeitslosigkeit • Gleichsetzung von Schönheit und Erfolg • Unzufriedenheit mit dem Ergebnis • Prominente als Vorbilder • Unzufriedenheit mit dem eigenen Körper • Wandel des Schönheitsideals • Eindruck, dass Schönheitsoperationen nichts Ungewöhnliches sind

3 Argumentation

a Zu der folgenden Behauptung hat sich ein Schüler stichpunktartig Notizen gemacht. Kreuze die besser geeignete Begründung und das besser passende Beispiel an. Begründe hinter den aussortierten Vorschlägen jeweils mit einem Stichwort, warum diese ungeeignet sind.

Der Eindruck, Schönheitsoperationen seien etwas völlig Normales und Alltägliches, kann Jugendliche dazu veranlassen, sich einer solchen Operation zu unterziehen.

☐ Begründung **A**: nicht nur bei Prominenten mittlerweile üblich, im Fernsehen häufig auch Berichte über Schönheits-OPs bei ganz gewöhnlichen Menschen _____

☐ Begründung **B**: zahlreiche Berichte über Schönheitsoperationen bei Prominenten sowohl im Fernsehen als auch im Internet, in Zeitschriften und im Radio _____

☐ Beispiel **A**: Mutmaßungen über sieben Schönheits-OPs des US-Model Kendall Jenner, da im Vergleich zu früher extrem betonte Lippen und Augenbrauen _____

☐ Beispiel **B**: korrigierte Nase und Brustvergrößerung im Bekanntenkreis _____

b Verknüpfe die Teile der Argumentation inhaltlich logisch und sprachlich richtig. Fülle die Lücken.

_____ Prominente können als Vorbilder dazu beitragen, _____

sich manche Jugendliche zu einer Schönheitsoperation entschließen. Wurden Korrekturen am eigenen Körper

_____ verschwiegen, gehört es in Prominentenkreisen seit einiger Zeit schon fast zum

guten Ton, sich diesbezüglich zu „outen". _____ konnte man aus den Medien

erfahren, Influencerin Katja Krasavice habe sich unter anderem die Nase korrigieren, die Lippen aufspritzen

_____ die Brüste vergrößern lassen. _____ die Sängerin Melody Haase

und TV-Promi Jessica Paszka stehen zu ihrer Povergrößerung, _____ attraktiver auszusehen.

_____ viele Teenager in der Pubertät ihren Idolen nacheifern, ist es _____

nicht verwunderlich, _____ manche Jugendliche ebenfalls eine Schönheitskor-

rektur wünschen.

Einen pragmatischen Text untersuchen

1 Inhalt

a Lies die Reportage genau und teile sie in Sinnabschnitte ein, indem du Absatzzeichen einzeichnest.

Pepper, der neue Kollege im Altenheim
Von Nora Frei

Der Roboter Pepper arbeitet seit Kurzem an der Universität Siegen. Ein Uni-Team macht ihn fit für seinen Einsatz im Altenheim.

Er kann Pantomime spielen, High Five geben, tanzen und Witze reißen. Dabei ist Pepper ein Roboter. 1,20 Meter ist er groß und bewegt sich auf Rollen. Seine großen Augen sehen freundlich aus und leuchten in verschiedenen Farben. Er ist extra kindlich konstruiert, damit Menschen keine Angst vor ihm haben. Wenn man ihm über den Kopf streichelt, fängt er an zu kichern und spricht: „Ich bin heute so kitzelig." Pepper ist seit zwei Monaten im Forschungswohnzimmer (XLAB) an der Universität Siegen zu Hause. Die Wissenschaftler-Innen vom Lehrstuhl für Wirtschaftsinformatik und Neue Medien (Prof. Dr. Volker Wulf) und Studierende aus dem Masterstudiengang Human Computer Interaction (HCI) haben Großes mit dem Kleinen vor: Pepper soll schon bald im Altersheim zum Einsatz kommen, soll die älteren Menschen unterhalten, mit ihnen Rätsel raten, Musik spielen und ihnen die Zeit vertreiben, wenn die Pfleger mit anderen Aufgaben beschäftigt sind.
Pepper hat Sensoren am Kopf und an den Fingern, kann hören, sehen, sprechen und sogar Stimmlagen und Emotionen erkennen. […]
Einen ersten Besuch hat Pepper dem Marienheim in Siegen-Weidenau schon abgestattet. Die Heimleitung und das Pflegepersonal waren sofort begeistert, die Bewohner am Anfang eher skeptisch. Spätestens nachdem Pepper das Alter der Senioren erraten sollte und manchmal um ein paar Jahrzehnte danebenlag, war das Eis gebrochen. „Die Erfahrung zeigt, dass die Senioren sehr schnell neugierig werden und merken, dass sie Spaß mit Pepper haben können und dadurch steigt sofort die Akzeptanz", erzählt Projektleiter Dr. Rainer Wieching. Wenn Pepper zum Beispiel anfängt zu tanzen, schauen sich die Senioren die Bewegungen ab und machen dann lachend die Armbewegungen oder Tai-Chi-Übungen nach.

Der Roboter soll mit den Senioren Sturz-Prävention einüben

Pantomime kann Pepper schon jetzt spielen. Die Senioren können raten und ihre Antwort auf Peppers Tablet eintippen, das am Bauch befestigt ist. In Anlehnung an das Galgenmännchen-Spiel können sie es so lange versuchen, bis das Galgenmännchen komplett ist. „In Gesprächen mit den Senioren und den Pflegekräften haben wir erfahren, dass die älteren Menschen vor allem Gedächtnis-Spiele ausprobieren möchten, um sich die Zeit zu vertreiben. Also haben wir extra für diese Bedürfnisse etwas programmiert", erklärt Dr. Wieching. […]
Pepper soll nicht nur gute Laune verbreiten. Er soll den Senioren in Zukunft auch dabei helfen, körperliche Übungen zur Prävention von Stürzen durchzuführen. Der Roboter soll die Senioren aktiv ansprechen und zum Mitmachen motivieren, die Übungen erklären und mit positiven Kommentaren oder Tipps helfen.

Roboter sollen Pflegekräfte niemals ersetzen

In Japan ist der demographische Wandel bereits deutlich weiter fortgeschritten als im Rest der Welt. Dort arbeitet Pepper auch schon in Shops und Supermärkten, zeigt den Kunden den Weg zum Produkt oder informiert über Preise und Inhaltsstoffe. Manche Familien haben ihn sogar schon privat gekauft und leben mit ihm zu Hause. Generell seien Japaner Robotern gegenüber anders eingestellt als Deutsche, sagt Dr. Wieching und erklärt die kulturellen Unterschiede: „Viele Japaner glauben, dass auch Dinge eine Seele haben können, Roboter also auch. Deutsche fühlen sich eher durch die Technik bedroht und haben Angst, dass der Roboter wie im Science-Fiction-Film dem Menschen gefährlich werden kann." Viele Pflegekräfte hätten auch Bedenken, dass die Roboter ihnen Arbeitsplätze wegnehmen würden. „Wir wollen Pflegekräfte niemals ersetzen", sagt Wieching. Roboter und Menschen sollten vielmehr hybride Teams bilden und sich gegenseitig ergänzen. […] *

b Fasse den Inhalt der Sinnabschnitte mit eigenen Worten stichpunktartig in deinem Heft zusammen.
c Formuliere mit Hilfe dieser Vorarbeiten eine Inhaltszusammenfassung.
Schreibe in dein Heft.

2 Sprachliche Besonderheiten

a Ergänze in deinem Heft folgende Oberbegriffe mit sprachlichen Auffälligkeiten aus dem Wortspeicher.

Satzbau   Wortwahl   Stilmittel

...   .

> **Wortspeicher**
>
> Ellipsen • Fachbegriffe • Satzreihen • Personifikationen • Aufzählungen • ausdrucksstarke Verben

b Benenne die sprachlichen Mittel. Ordne ihnen eine passende Wirkung zu: V (Veranschaulichung), N (zum Nachdenken anregen), A (Aufmerksamkeit wecken).

A „kindlich konstruiert" (Z. 5) _____

B „haben Großes mit dem Kleinen vor" (Z. 14 f.) _____

C „Pantomime spielen, High Five geben, tanzen und Witze reißen" (vgl. Z. 1 f.) _____

3 Textsorte

a Unterstreiche die pragmatischen Textsorten mit Blau, die literarischen mit Grün.

> Nachricht • Kurzgeschichte • Novelle • Reportage • Kommentar • Roman • Bericht • Glosse • Satire

b Verbinde jeweils ein besonders typisches Merkmal mit der entsprechenden Textsorte.

Zoomtechnik	Kommentar
Abwägen unterschiedlicher Meinungen	Kurzgeschichte
sachlicher Schreibstil	Reportage
nicht näher charakterisierte Figuren	Bericht

c Belege im Text folgende Merkmale einer Reportage. Markiere sie dazu hier und im Text mit der jeweils gleichen Farbe.

> szenischer Einstieg • sachliche Informationen • Aussagen von Betroffenen • subjektiv gefärbte Meinungsäußerungen • Beleuchtung des Themas aus unterschiedlichen Perspektiven

4 Autorenabsicht

Markiere im folgenden Text jeweils die Aussage, die am besten passt.

Die Autorin möchte in ihrer Reportage möglichst genau berichten / erzählen, wie der Roboter Pepper im Alltag bei Menschen ankommt. Deshalb lässt sie häufig Personen zu Wort kommen. So weiß man, dass die Verfasserin selbst betroffen ist / gründlich recherchiert hat. Auf die Lesenden wirkt der Text deshalb unterhaltsam / sachlich / und sie fühlen sich umfassend / nicht genügend informiert.

Einen literarischen Text bearbeiten

1 Inhalt

a Lies die Kurzgeschichte genau. Kläre unbekannte Begriffe und markiere Schlüsselwörter farbig.

Schuhe
*Von Kristin Kopf (*1984)*

Schuhe sagen viel über den Menschen aus.
Ich habe keine. Nicht, dass ich welche bräuchte – aber es ist doch schon empfindlich kalt im November. Es gibt Wichtigeres. Aber Schuhe wären gut. Ich habe
5 keine.
Nur die anderen.
Vor mir auf dem Kopfsteinpflaster klappern sie. Die Schuhe. Nicht die anderen. Es gibt laute Schuhe und es gibt leise Schuhe. Turnschuhe sind beinahe lautlos.
10 Nur wenn das Pflaster im Regen glänzt, dann quietschen sie manchmal.
Ich hätte gerne Turnschuhe. Turnschuhe geben warm. Kinder haben Turnschuhe.
Ich mag Kinder. Aber sie haben Angst vor mir. Die gro-
15 ßen Schuhe haben ihnen das beigebracht.
Mir ist so kalt.
Im Mittelalter hat man sich Lumpen um die Füße gewickelt. Es gab keine Schuhe, damals. Das habe ich gelesen. In der Zeitung.
20 Die Zeitung ist alt, und es klebt Blumenerde daran. Zeitung findet man immer.
Aber sie gibt nicht richtig warm. Sie ist widerspenstig, glatt und steif und will sich nicht so recht um die Füße wickeln lassen.
25 Schnaps gibt warm.
Dann friert man nicht mehr. Aber man erfriert. Ich trinke nichts. Kann ich mir gar nicht leisten. Deshalb trinke ich nichts. Aber ich würde sowieso nichts trinken. Dann frieren die Fußzehen ab. Erst gibt es Frostbeu-
30 len, und dann werden sie ganz schwarz. Nein, ich trinke nichts. Obwohl es so gut täte: Ich könnte auch nur ganz wenig trinken. Aber ich habe kein Geld. Und die mit den Schuhen geben mir keins.
Ich hatte mal Schuhe. Das ist lange her. Ich habe sie
35 verkauft. Ich dachte, Geld sei besser als Schuhe. Das war im Sommer. Lange her. Das Geld ist weg. Jetzt ist es kalt.
Die Schuhe gehen vorüber, und mit ihnen die Beine. Auch die Gesichter. Aber ich sehe sie nicht. Ich sehe

40 nur die Schuhe. Wenn man den ganzen Tag den Kopf hebt, bekommt man nur einen steifen Hals. Ich will nicht mehr. Die mit den Schuhen sollen mir Geld geben.
Sie haben doch so viel.
45 Manchmal werfen sie mir ein paar Münzen hin. Sie wissen nicht, wohin damit, im Portemonnaie ist zu viel Kleingeld. Kleingeld … die Schuhe werfen mir Kleingeld hin. Die Schuhe. Nicht die Gesichter. Die Gesichter blicken hochmütig an mir vorbei. Deshalb schaue
50 ich nicht mehr hoch. Aber ich bedanke mich. Bedanken muss man sich immer. Das hat damals die Oma gesagt. Man soll dankbar für alles sein.
Ich bin nicht dankbar.
Es passiert so selten, dass ich etwas bekomme. Die Schuhe hasten vorüber. Es ist kalt.
55 Nebel überall. Die Schuhe wollen schnell nach Hause. Die Stöckelschuhe beeilen sich, zu den Herrenschuhen und den Kinderschuhen zu kommen. Wenn die Schuhe zu Hause sind, werden sie nicht mehr gebraucht. Ich bin hier zuhause. Ich brauche keine
60 Schuhe.
Ich habe keine Schuhe. Ich habe eine Zeitung, die beschreibt, wie man im Mittelalter gelebt hat.
Und mir ist so kalt. Es wird dunkel.
Jetzt eilen die Schuhe nur noch vereinzelt vorbei.
65 Wenn ich all die kleinen Münzen zusammennehme, dann reicht es vielleicht für einen Schnaps. Nur einen kleinen.
In der Tankstelle ist es auch warm. Ich werde so tun, als wüsste ich nicht, was ich kaufen will. Dann ist es
70 länger warm.
Ich trinke nicht viel. Nur einen kleinen Schnaps. Und ich lege mich in eine windgeschützte Ecke.
So schnell erfriert man nicht.
Nein.
75 Auch ohne Schuhe nicht.

b Kreuze an, welcher der folgenden Sätze den Textinhalt am treffendsten zusammenfasst.

A ☐ Die Hauptfigur ist vermutlich ein obdachloser Mensch, der bettelnd am Boden sitzt.

B ☐ Ein am Boden sitzender Mensch, der obdachlos ist, macht sich Gedanken über die Schuhe der Vorübergehenden.

c Formuliere eine Inhaltszusammenfassung mit eigenen Worten.
Schreibe in dein Heft.

2 Charakterisierung der Hauptfigur

a Streiche durch, was nicht auf das Aussehen der Hauptfigur zutrifft.

> hat alte Schuhe an und eine Zeitung zum Schutz vor Kälte • zerrissene Kleidung •
> lebensfroh • trauriger Blick • ist allein • ein paar Habseligkeiten in einem Koffer

b Ergänze den Lückentext zu den Lebensumständen der Hauptfigur.

Die Hauptfigur ist obdachlos und lebt in der Kälte auf der _____. Sie hat keine

_____ und deshalb auch kein Geld, sondern muss mit ein paar _____, die sie

beim Betteln bekommt, haushalten. Auch hat sie keinen Kontakt zu Verwandten oder _____,

weil sie beschreibt, dass sie allein ist.

3 Begründete Stellungnahme

**Ein Schüler schreibt in der Schulaufgabe zu der begründeten Stellungnahme „Die Folgen von Obdachlosigkeit
können erheblich sein. Nimm dazu Stellung!" folgende Argumentation. Unterstreiche die Behauptung blau, die
Begründung grün, das Beispiel orange und die Rückführung lila.**

Die Folgen von Obdachlosigkeit können erheblich sein, denn Obdachlose müssen täglich ums Überleben

kämpfen. Das bedeutet, dass sie zum Beispiel kein Geld haben, um sich etwas zu essen kaufen zu können.

Genauso haben diese Menschen keine Möglichkeit, im Warmen zu schlafen. Insbesondere im Winter kommt

es deshalb sehr häufig zu Erfrierungen und als Folge davon zum Tod. Dadurch erkennt man, dass die Folgen

enorm sein können.

4 Kreativer Schreibauftrag

**Erkennst du, welches Textformat gemeint ist?
Notiere in deinem Heft: A = …, B = …**

A Man soll sich eine Szene vorstellen und diese anschaulich beschreiben. Viele Adjektive, ausdrucksstarke
Verben, Aufzählungen, Vergleiche und Bilder werden verwendet. Geräusche, Gerüche und Gefühle sollten mit
einbezogen werden.

B Es ist ein Aufruf in einer Zeitung, einer Zeitschrift oder auf einem Flugblatt, der auf eine spezielle Thematik
aufmerksam macht und zugleich die Zielgruppe durch stichhaltige Argumente zu einem bestimmten
Handeln bewegen will.

C Der Text ist nicht dafür bestimmt, von anderen Personen gelesen zu werden. Die Verfasserin / Der Verfasser
hat hier die Möglichkeit, ihre/seine geheimsten und innersten Gedanken und Gefühle zu äußern, die sowohl
positiv als auch negativ sein können.

D Er ist das Gegenteil eines Dialogs. Hier spricht eine Person quasi zu sich selbst, sie verarbeitet Erlebnisse,
äußert Gefühle, fragt sich etwas, wägt verschiedene Handlungsmöglichkeiten ab oder macht sich Vorwürfe.

Fit für die Prüfung Teil 3: Sprachlich sicher formulieren

1 Wortschatz: Wiederholungen

a Markiere in der Einleitung zu einer Erschließung eines literarischen Textes (Romanauszug) störende Wiederholungen.

b Schreibe den Text verbessert in dein Heft. Verwende statt der Wiederholungen passende Ersatzwörter (z. B. Pronomen, Synonyme oder ähnliche Begriffe). Du kannst kleinere Veränderungen im Satzbau vornehmen.

> **VORSICHT FEHLER!**
>
> Der vorliegende Romanauszug wurde aus dem 2019 erschienenen Buch „One of us is lying" von Karen McManus, welches im cbj Verlag erschien, entnommen. Der Jugendroman der US-amerikanischen Autorin stand 130 Wochen lang auf der Bestsellerliste der New York Times und wurde im Jahr 2019 für den Deutschen Jugendliteraturpreis nominiert. Der Jugendroman handelt von vier Jugendlichen, die Geheimnisse haben und unter Verdacht stehen, ihren Mitschüler Simon umgebracht zu haben.

c Beurteile, ob die unterstrichenen Pronomen in diesem Auszug einer Inhaltszusammenfassung passen und grammatisch korrekt sind. Falls nicht, streiche sie durch und formuliere einen grammatisch und inhaltlich korrekten Satz in dein Heft.

> **VORSICHT FEHLER!**
>
> Die Schüler Bronwyn, Nate, Cooper, Addy und Simon müssen in der „Bayview High"-Schule bei <u>ihren</u> Lehrer Mr. Avery nachsitzen, weil <u>sie</u> verbotenerweise Handys in <u>ihre</u> Schultaschen gehabt haben und dies gegen die Schulregel verstößt. Aufgrund eines Unfalls auf dem Schulparkplatz verlässt der Lehrer das Klassenzimmer und versucht zu helfen. Währenddessen beginnt Simon, <u>die</u> die Gossip-App „About That" gegründet hat, eine wertende Rede über die vier Schüler und <u>ihrem</u> Eigenheiten zu halten. Dabei trinkt <u>er</u> aus einem Becher Wasser, erleidet einen allergischen Schock aufgrund <u>seiner</u> Erdnussallergie sowie <u>seines</u> nicht vorhandenen Medikamente und stirbt letztlich im Krankenhaus.

2 Grammatik: Konjunktionen

a Kreise alle Wörter ein, bei denen es sich um Konjunktionen handelt.

weil – wohin – mit – deshalb – gerade – dann – dass –

wegen – sehr – damit – obwohl – auf – viele – aber

b Setze in die Lücken passende, beliebige Konjunktionen ein. Jede soll nur einmal vorkommen.

Der Anfang des Jugendromans ist bereits spannend, _____ alle vier Protagonisten höchst

unterschiedlich sind _____ jeder von ihnen ein Geheimnis hat, von dem niemand etwas erfahren

soll. Man kann sich besonders gut in die Charaktere hineinversetzen, _____ alle vier Hauptfiguren

schreiben in der Ich-Form. Die Suche nach einem Täter finde ich bei Romanen immer aufregend, _____ man

bis zum Schluss Indizien zusammensetzen muss. _____ der Roman mit mehr als 400 Seiten recht lang ist,

bereitet das Lesen Freude und ich kann mir gut vorstellen, weitere Bände der Autorin zu lesen.

Erörtern –
Schriftlich argumentieren mit Informationsmaterial

Das Thema erschließen

Das Thema erschließen

Um in einer **Erörterung** überzeugend zu argumentieren und Fehler zu vermeiden, muss man sämtliche Aspekte der Themenstellung erkennen und verstehen. Die wichtigsten Erschließungsfragen sind:
– Welches Thema wird angesprochen? (= **Themabegriff,** z. B.: *Zeit in den sozialen Medien* in der Themenstellung *Warum verbringen viele Jugendliche immer mehr Zeit in den sozialen Medien, welche Auswirkungen hat dies?*)
– Wie wird das Thema eingeschränkt? (= **Schlüsselbegriffe,** z. B. zu der oben genannten Themenstellung: *Gründe, Auswirkungen, Jugendliche*)
– Ist das Thema **zweigliedrig** (z. B.: *Warum verbringen viele Jugendliche immer mehr Zeit in den sozialen Medien, welche Auswirkungen hat dies?*) oder **dreigliedrig** (z. B.: *Warum verbringen viele Jugendliche immer mehr Zeit in den sozialen Medien, welche Auswirkungen hat dies? Was kann man dagegen unternehmen?*)?

Auf den Seiten 14 bis 21 übst du das Argumentieren mit Informationsmaterial zu folgender Themenstellung:

Verschiedene Politiker/-innen setzen sich für die Einführung eines sozialen Pflichtjahrs nach dem Schulabschluss ein. Führe Gründe dafür an und zeige auch Schwierigkeiten auf, die damit verbunden sein können.

1 Benenne den Themabegriff und die Schlüsselbegriffe. Kreuze an, um welche Art von Erörterung es sich handelt.

Themabegriff: _____

Schlüsselbegriffe: _____

☐ zweigliedrig   ☐ dreigliedrig

2 Das Thema ist als Aussage gestellt. Formuliere dazu eine vollständige Themafrage in dein Heft.

Das Material auswerten, Stoff sammeln und ordnen

Das Material auswerten und ordnen

Lies dir das Material aufmerksam durch, um dir einen **Überblick** über die Informationen zu verschaffen und das Material im Hinblick auf seine spätere Verwendung im Aufsatz auszuwerten und zu ordnen.
1 Überlege, welche Angaben für dein Thema wirklich **brauchbar** sind.
2 **Markiere oder unterstreiche einzelne Stellen,** die du **für die unterschiedlichen Teile deines Aufsatzes nutzen** willst, mit verschiedenen Farben.
3 Sammle am Rand **Notizen** (z. B. Stichworte, Hinweise für die Verwendung, Teilbereich).

Das soziale Pflichtjahr und seine Bedeutung für die Gesellschaft

Bislang ist es nur freiwillig, aber es ist in Planung, es verpflichtend einzuführen: das soziale Jahr. Nach der Schule sollen junge Männer, Frauen und Diverse ein Jahr lang die Gesellschaft unterstützen, indem sie gemeinnützige Arbeit leisten. Ob im kulturellen, sozialen oder ökologischen Sektor oder aber bei der Bundeswehr, ist dabei frei wählbar.

Auszug aus einer Stellungnahme des bayerischen Wirtschaftsministers Hubert Aiwanger

Ist ein Pflichtdienst für Jugendliche der richtige Weg, um den gesellschaftlichen Zusammenhalt im Land zu stärken?

Die Gesellschaft in Bayern und Deutschland lebt derzeit auch von ehrenamtlichen und freiwilligen Helfern. Die Corona-Krise hat uns gezeigt, wie schnell unsere staatlichen Strukturen aktuell an die Grenze der Handlungsfähig-

5   keit kommen, auch weil Personal für besondere Einsatzlagen fehlt. Außerdem zeigt sich bei immer mehr Heran-wachsenden eine fehlende Identifikation mit unserem Staat und der Gesellschaft, in der sie leben. Wer als junger Mensch beim Roten Kreuz, der Bundeswehr, im Umweltschutz oder im Pflegebereich seinen Dienst verrichtet und dort Sinn und Anerkennung erfährt, zieht nicht so leicht mit Zerstörungswut und Hass auf staatliche Institutionen durch die Straßen, stürzt Krankenwagen um, wenn er oder sie vielleicht als gesellschaftliche/-r Außenseiter/-in

10   noch nicht erfahren hat, was alles an Strukturen nötig ist, damit wir in Deutschland ein relativ geordnetes und si-cheres Leben führen können. […] *

Cartoon

Auszug aus einem Chatroom:

Oli95	Habt ihr auch schon gelesen, dass die Politik wieder mal über die Einführung eines sozia-len Pflichtjahres diskutiert? Also ich bin von der Idee überhaupt nicht begeistert. Ich lasse mich doch nicht vom Staat bevormunden und vorschreiben, was ich ein ganzes Jahr lang zu tun habe. Und das noch als unterbezahlte Arbeitskraft!
Thomi	So kritisch wie du sehe ich das nicht! Ich kann mir gut vorstellen, ein solches Jahr abzuleis-ten, ich würde es zur Berufsorientierung nutzen. Vielleicht entdecke ich noch Fähigkeiten und Talente an mir, die ich noch gar nicht kannte :-) !
Marius 007	Mein Vater hat mir erst vor ein paar Tagen von seinem Zivildienst erzählt. Diesen hätte er niemals freiwillig gemacht. Im Nachhinein ist er aber sehr dankbar für die Zeit. Im Alten-heim hat er damals unglaublich viel gelernt und tolle Menschen kennengelernt. Es war für ihn eine richtige Bereicherung. So stelle ich mir das beim sozialen Pflichtjahr auch vor …

Material 5   M5

Beginn eines Onlineartikels

6. Februar 2020, 18:39 Uhr **Verpflichtendes soziales Jahr:**

SJ hängt stark von freien Stellen ab

Selbst momentan, wo das soziale Jahr eine freiwillige Angelegenheit ist, kann nicht einmal die Hälfte
der Bewerber/-innen ein solches Jahr absolvieren, da die Stellen fehlen.

1 Lies den folgenden Schülertext. Darin wurde ein Ausschnitt aus Material 2 bereits bearbeitet.

a Verbinde die Schülernotizen mit den passenden markierten Passagen. Streiche die falsche Anmerkung in der
Randspalte durch.

> *Ist ein Pflichtdienst für Jugendliche der richtige Weg, um den gesellschaft-*
> *lichen Zusammenhalt im Land zu stärken?*
> *Die Gesellschaft in Bayern und Deutschland lebt derzeit auch von ehrenamtli-*
> *chen und freiwilligen Helfern. Die Corona-Krise hat uns gezeigt, wie schnell*
> *unsere staatlichen Strukturen aktuell an die Grenze der Handlungsfähigkeit*
> *kommen, auch weil Personal für besondere Einsatzlagen fehlt. [...] **

| Begründung (II.) |

| Behauptung (II.) |

| Beispiel (II.) |

b Formuliere auf Grundlage der Textpassage eine Behauptung, die einen Grund für die Einführung eines sozialen Pflichtjahres darstellt.

Behauptung (Grund für die Einführung eines sozialen Pflichtjahres): _____

_____

2 Untersuche Material 4. Welche Aspekte werden hier angesprochen? Markiere sie mit verschiedenen Farben
(▶ „Wissen und Können"-Kasten „Das Material auswerten und ordnen", S. 14) und notiere je eine passende
Behauptung zu den jeweiligen Aussagen.

| Oli95 | *Bevormundung durch den Staat* _____ |

_____

_____

| Thomi | _____ |

_____

_____

| Marius007 | _____ |

_____

Die Gliederung erstellen

Die Gliederung erstellen

In der **Gliederung** werden die Informationen aus dem Material, aber auch eigene Ideen sinnvoll strukturiert. Sie dient bei der Ausformulierung deines Aufsatzes als Arbeitsplan. Die Gliederung sollte einheitlich formuliert sein, z. B.:

- **A) Einleitungsgedanke** in einem vollständigen Satz, z. B.:
  - *A) Über 20 Prozent der Jugendlichen nutzen die sozialen Medien mehr als vier Stunden pro Tag.*
- **B) Hauptteil**
  - Thema(fragen), z. B.:
  - *B) Warum verbringen viele Jugendliche immer mehr Zeit in den sozialen Medien, welche Auswirkungen hat dies?*
  - bei mehrgliedrigen Erörterungen: römisch nummerierte Hauptgliederungspunkte, z. B.:
    I. Gründe für die vermehrte Nutzung der sozialen Medien, II. Auswirkungen
  - arabisch nummerierte Gliederungspunkte (= Behauptungen der einzelnen Argumentationen), z. B.:
    1. Die Gliederungspunkte werden einheitlich im Nominalstil (z. B.: *Vorbildwirkung von Influencern*) oder
    2. im Verbalstil (z. B.: *Influencer wirken als Vorbild.*) verfasst.
    Sie müssen eine eindeutige Antwort auf die Themafragen geben und sollten in einer durchdachten Reihenfolge angeordnet werden.
- **C) Schlussgedanke** als vollständiger Satz, z. B.:
  - *C) Jugendliche sollten in der Schule einen verantwortungsvollen Umgang mit den sozialen Medien erlernen.*

1 Die folgende Gliederung ist uneinheitlich, teilweise falsch formuliert und noch nicht vollständig.
a Ergänze die fehlenden Punkte mit Hilfe der Materialien (▶ S. 15–16) und die fehlenden Materialangaben.
b Einige Gliederungspunkte wurden zu knapp oder nicht im Nominalstil verfasst. Markiere sie und schreibe die vollständige Gliederung überarbeitet in dein Heft. Korrigiere auch Einleitungs- und Schlussgedanken.

A) Definition „Soziales Pflichtjahr"

B) Welche Gründe sprechen für die Einführung eines sozialen Pflichtjahres nach dem Schulabschluss? Welche Schwierigkeiten sind damit verbunden?

   I. Gründe für die Einführung eines sozialen Pflichtjahres   **Mat. 4**

     1 _____

     2 Berufsorientierung durch soziales Pflichtjahr

     3 Identifikation

     4 Der gesellschaftliche Zusammenhalt wird gestärkt

   II. Schwierigkeiten, die damit verbunden sind

     1 Unterbezahlte Arbeitskräfte

     2 Der Staat bevormundet die Bürger/-innen

     3 _____

     4 Verschärfung des Fachkräftemangels   **Mat. 3 eigene Idee**

     5 Mangel an Stellen

C) Meine eigene Meinung

Die Einleitung verfassen

Wissen und Können	Die Einleitung verfassen

Die **Einleitung** soll zum Thema hinführen, ohne jedoch Bestandteile von Argumentationen aus dem Hauptteil vorwegzunehmen. Ausgangspunkt für den **Einleitungsgedanken** können z. B. sein: eine **allgemeine Feststellung** (z. B.: *Die sozialen Medien erlangen für viele Jugendliche eine immer größere Bedeutung.*), ein **persönlicher Bezug** (z. B.: *Vor zwei Wochen habe ich auf meinem Smartphone Twitter installiert.*) oder ein **aktuelles Ereignis** (z. B.: *Die gestrige Meldung, die Anzahl der zu verschickenden Bilder zu begrenzen, sorgt gerade bei Jugendlichen für Entsetzen.*).

Man kann jedoch bereits beim Einleitungsgedanken auf das **Material zurückgreifen** und daraus eine **Definition** (z. B.: *Soziale Medien sind digitale Medien und Methoden, die es Nutzerinnen und Nutzern ermöglichen, sich im Internet zu vernetzen.*), **statistische Daten** (z. B.: *Über 20 Prozent der Jugendlichen nutzen die sozialen Medien mehr als vier Stunden pro Tag.*), einen **historischen Rückblick** (z. B.: *Mark Zuckerberg gründete 2004 das Unternehmen Facebook Inc., das er zum gleichnamigen sozialen Netzwerk weiterentwickelte.*) oder ein **Zitat** (z. B.: *„Social Media hat unleugbar seine Vorteile."*) verwenden.

Eine **logische Überleitung** führt zur Formulierung der **Themenstellung** oder eines entsprechenden Aussagesatzes.

1 Notiere, welcher Ausgangspunkt (▶ „Wissen und Können", S. 18) je für den Einleitungsgedanken gewählt wurde.

A Bei einem Werkstattgespräch zu Beginn der Woche sprach sich die CDU-Politikerin Kramp-Karrenbauer erneut für die Einführung eines sozialen Pflichtjahrs aus.

B Im Rahmen einer repräsentativen Umfrage sprechen sich 43 Prozent der Männer und 47 Prozent der befragten Frauen für die Einführung eines verpflichtenden sozialen Jahrs aus.

A: _____   B: _____

2 Formuliere in deinem Heft nun selbst einen Einleitungsgedanken, der von einem persönlichen Bezug ausgeht.

Die **Themenfrage** am Ende der Einleitung kann so formuliert werden: Die Überleitung endet mit …
– einem **Doppelpunkt**: es folgt ein **Fragesatz mit Fragezeichen** (z. B.: Deshalb stellt sich die Frage: *Warum verbringen viele Jugendliche immer mehr Zeit in den sozialen Medien, welche Auswirkungen hat dies?*).
– einem **Komma**: es folgt ein **Nebensatz** (Vorsicht: Verbstellung!) mit Punkt am Ende (z. B.: Aus diesem Grund stellt sich die Frage, *warum viele Jugendliche immer mehr Zeit in den sozialen Netzwerken verbringen und welche Auswirkungen dies hat*).

3 a Lies die folgende Einleitung. Achtung, sie ist fehlerhaft.

VORSICHT
FEHLER!

Verschiedene Politiker/-innen setzen sich für die Einführung eines sozialen Pflichtjahrs ein. Darunter versteht man ein für alle verpflichtendes Jahr, in dem man gemeinnützig arbeitet und so den Zusammenhalt in der Gesellschaft stärkt. Neben der Bundeswehr kann man sich im sozialen, ökologischen oder kulturellen Bereich engagieren (vgl. M 1). Deshalb stellt sich mir die Frage: Welche Gründe sprechen für die Einführung eines sozialen Pflichtjahrs, welche Schwierigkeiten sind damit verbunden?

b Die Einleitung enthält Bestandteile einer Argumentation. Unterstreiche die fehlerhafte Passage.
c In der Einleitung fehlt eine Überleitung. Kennzeichne, wo sie ergänzt werden muss. Schreibe die vollständige Einleitung in dein Heft.

Argumentationen ausarbeiten

Wissen und Können	Die Argumentation ausarbeiten

Im **Haupteil** der Erörterung entwickelt man **zu jedem Punkt der Gliederung eine Argumentation.** Um zu überzeugen, sollte jede Argumentation aus **Behauptung, Begründung** (manchmal gibt es auch mehrere zu einer Behauptung) und einem oder mehreren **Beispielen** bestehen. Die Begründungen müssen nachvollziehbar und stichhaltig sein. Aussagen, Daten oder Zitate aus dem angebotenen **Material** können für Behauptung, Begründung oder Beispiel genutzt werden. Am Ende der Argumentation kann durch eine **Rückführung** der Bogen zurück zum Thema gespannt oder es können **eigene Schlussfolgerungen** gezogen werden.
Verwende **Überleitungen** und **Verknüpfungen,** die die Bestandteile der einzelnen Argumentationen miteinander verbinden und Zusammenhänge aufzeigen.

1 **a** Ordne die einzelnen Teile der Argumentation zu Gliederungspunkt I.2 durch Nummerieren sinnvoll an und gib das verwendete Material an. Trage die Nummern in die Kästchen ein.

☐ Man kann also sagen, dass das soziale Pflichtjahr gerade bei der Berufsorientierung einige Vorteile bietet.

☐ Zum einen sind viele Schüler/-innen direkt nach dem Schulabschluss noch unschlüssig, welchen beruflichen Weg sie einschlagen wollen. Gerade in der heutigen Zeit, einer Welt der fast unbegrenzten Möglichkeiten, überfordert es junge Menschen oft, über ihre berufliche Zukunft zu entscheiden. Diese würden nun zusätzliche Zeit gewinnen, die sie gleichzeitig sinnvoll nutzen könnten.

☐ Darüber hinaus spricht für die Einführung eines sozialen Pflichtjahrs, dass dieses der Berufsorientierung dienen kann (vgl. _____).

☐ Außerdem entdeckt man vielleicht beim Umgang mit den Kindern oder bei der Zusammenarbeit mit den Kolleginnen und Kollegen ganz neue Talente, die während der Schulzeit keine Beachtung fanden.

☐ Bestehen beispielsweise nach der Abschlussprüfung noch Zweifel, ob der kindheitliche Traumberuf wirklich der richtige Weg ist, bietet das verpflichtende Jahr die unverbindliche Möglichkeit, seinen Wunschberuf intensiv kennenzulernen.

☐ Zum anderen bietet das soziale Pflichtjahr den Jugendlichen die sichere Möglichkeit, in einem selbst gewählten Bereich den Berufsalltag auszuprobieren, wertvolle Erfahrungen zu sammeln und eventuell neue Fähigkeiten und Talente an sich zu entdecken (vgl. _____).

b Schreibe die vollständige Argumentation in dein Heft und unterstreiche die Bestandteile Überleitung, Behauptung, Begründung, Beispiel und Abrundung (Rückführung) mit fünf verschiedenen Farben.

2 **a** Markiere alle Überleitungen und Verknüpfungen in den bereits ausformulierten Teilen der Argumentation.
b Ergänze die folgenden Argumentationen mit Hilfe der Tipps. Verwende passende Überleitungen und Verknüpfungen.

Ein weiterer Aspekt, der für dieses Anliegen spricht, ist, dass sich die Heranwachsenden aufgrund des verpflichtenden Jahrs leichter mit dem Staat und seinen Strukturen identifizieren können (vgl. M2). Die Jugendlichen bringen sich hierbei in verschiedenen Institutionen ein, die sich für ein gelingendes Zusammenleben und für geordnete Strukturen in unserem Land einsetzen. Ihr Engagement im sozialen, kulturellen oder ökologischen Bereich ermöglicht es ihnen, das Handeln des Staats aus einer anderen Perspektive wahrzunehmen. Durch ihre Tätigkeit tragen sie nun selbst aktiv zum Gemeinwohl bei und können sich daher im besten Fall mit unserer Gesellschaft und dem eigenen Tun identifizieren.

_____

_____

_____

_____

_____

_____

_____

_____

Formuliere ein Beispiel mit Hilfe von Material 2. Vergiss die Abrundung/ Rückführung nicht.

_____

_____

_____

_____

_____

Formuliere eine Behauptung mit Hilfe von Material 3.

Folglich werden viele junge Erwachsene entgegen ihren Fähigkeiten und Interessen zu einer Arbeit verpflichtet, für die sie sich niemals freiwillig entscheiden würden. Dies führt schnell zu Frustration und Überforderung. Daher sind Fehler vorprogrammiert, die teils schwerwiegende Folgen nach sich ziehen können. Wird beispielsweise eine junge Frau gegen ihren Willen dazu angewiesen, in einem Altenheim oder Hospiz zu arbeiten, bekommen dies sicherlich ganz schnell die Stammkräfte und Bewohner/-innen zu spüren. Für die Pflege braucht es eine gewisse Motivation und Kontaktfreudigkeit, um dem Stammpersonal eine Hilfe zu sein und die Bewohner/-innen in ihrem Alltag zu begleiten und unterstützen. Ist dies nicht gegeben, wird der Job für die Jugendliche und die Jugendliche selbst für das Team und die Pflegenden eher zu einer Belastung. Dies zeigt, dass eine generelle Verpflichtung mehr Schwierigkeiten als Nutzen hat.

Bei einer **Argumentation** zählt nicht, wie viel du schreibst, sondern wie sorgfältig du argumentierst. Nur **stichhaltige Begründungen** und Beispiele werden die Lesenden überzeugen.

3 Schreibe mit Hilfe der Informationen aus der folgenden Tabelle eine vollständige Argumentation zu Gliederungspunkt II.5 „Mangel an Stellen" (▶ S. 17) in dein Heft. Formuliere auch eine Überleitung sowie eine Rückführung.

ARGUMENTATION		
Behauptung Eine Schwierigkeit besteht darin, dass es zu wenig mögliche Stellen gibt. → M 5	**Begründung** 2020: Nicht einmal die Hälfte der Bewerber/-innen bekamen eine Stelle. → M 5	**Beispiel** Gerade im ökologischen Bereich sind z. B. die Stellen stark begrenzt (kleine Einrichtungen, kaum Anstellungsmöglichkeiten).

Den Schluss verfassen

Die Erörterung abrunden – Den Schluss verfassen

Der **Schluss der Erörterung** rundet den Aufsatz ab, darf aber **keine neuen Aspekte** enthalten. Du kannst im Schluss **begründet Stellung zum Thema** beziehen, indem du beispielsweise

– eine **Folgerung** ziehst (z. B.: *Es gibt also eine ganze Reihe von Argumenten, warum so viele Jugendliche immer häufiger die sozialen Medien nutzen.*),

– eine **persönliche Stellungnahme** verfasst (z. B.: *Aus meiner Sicht können die sozialen Medien niemals eine persönliche Begegnung ersetzen.*),

– einen **weiterführenden Gedanken**, z. B.: einen **Ausblick** in die Zukunft, entwickelst (z. B.: *Die sozialen Medien werden auch in der Wirtschaft eine immer größere Rolle spielen.*) oder

– **Forderungen, Bitten** oder **Wünsche** zum Ausdruck bringst (z. B.: *Angesichts der Tatsache, dass immer mehr Jugendliche die sozialen Medien nutzen, sollte die Schulung der Medienkompetenz im Unterricht eine noch größere Rolle spielen.*).

Das Material darf ebenfalls verwendet werden. Beachte: Ein kurzer Schluss kann weder aussagekräftig sein, noch wird er einen positiven Eindruck hinterlassen. Formuliere diesen Teil mit **Bezug zur Einleitung und zum Hauptteil.**

1 Kreuze unten an, welche Aussagen auf den folgenden Schluss zutreffen.

> *Nachdem nun die Gründe, aber auch die Schwierigkeiten, die mit der Einführung eines sozialen Pflichtjahrs verbunden wären, ausführlich erörtert wurden, möchte ich mich abschließend selbst zu der Thematik äußern. Aus meiner Sicht überwiegen die positiven Aspekte, da viele Jugendliche, wie bereits erwähnt, diese Zeit gewinnbringend nutzen können, um sich intensiv mit ihrer beruflichen Zukunft auseinanderzusetzen. Zudem sammeln sie während der zwölf Monate ganz unverbindlich wertvolle Erfahrungen in einem Berufsfeld ihrer Wahl. Dies wird schließlich dazu führen, dass schon in naher Zukunft immer weniger junge Menschen ihre Ausbildung oder ihr Studium abbrechen werden, um sich neu zu orientieren. So wird dank des sozialen Pflichtjahres vielen diese Enttäuschung erspart bleiben.*

A ☐ Der Schluss enthält eine Bitte.

B ☐ Der Schluss enthält eine persönliche Stellungnahme, die begründet ist.

C ☐ Der Schluss ist unvollständig.

D ☐ Der Schluss rundet das Thema gekonnt ab.

E ☐ Er bietet einen weiterführenden Gedanken.

F ☐ Der Schluss enthält ein neues Argument.

2 Der folgende Schluss ist aufgrund sprachlicher und inhaltlicher Mängel nicht gelungen.

a Er enthält zwei unterschiedliche Ansätze, die inhaltlich ohne Bezug sind. Benenne sie in deinem Heft.

b Es gibt im folgenden Schluss einige Wiederholungen, da die einzelnen Sätze nicht sinnvoll verknüpft wurden. Markiere störende Wiederholungen und unterstreiche Stellen, an denen eine Satzverknüpfung sinnvoll wäre.

c Der Hauptgedanke endet sehr plötzlich. Notiere eine Rückführung in deinem Heft.

d Schreibe eine verbesserte, ausführlichere Version des folgenden Schlusses in dein Heft.

> *Die Argumentationen zeigen, dass verschiedene Schwierigkeiten nicht wegzudiskutieren sind. Andererseits gibt es auch starke Argumentationen. Sie sprechen für dieses Vorhaben. Besonders hervorzuheben sind die guten Auswirkungen auf die gesamte Gesellschaft. Ein handlungsfähiger Staat mit jungen, engagierten Kräften schafft Vertrauen und stärkt unsere Demokratie. Die Demokratie wird eh schon immer häufiger angefeindet. Ich wünsche mir, dass sich dieser Trend der Anfeindungen nicht weiter fortsetzt.*

Eine Erörterung mit Informationsmaterial schreiben

Eine Erörterung mit Informationsmaterial schreiben

Für eine **Erörterung mit Informationsmaterial** nutzt du Fakten und Denkansätze aus vorgegebenen Materialien (z. B. Texte, Diagramme, Umfrageergebnisse), die inhaltlich angemessen in den Aufsatz eingebaut und korrekt zitiert werden müssen. Um die Erörterung genau zu **planen,** musst du die Themastellung exakt erschließen, das **Material** sorgfältig lesen und auswerten, **eigene Ideen** zum Thema sammeln und auf dieser Grundlage eine **Stoffsammlung** sowie die **Gliederung** erstellen. Ideen und Daten aus dem Material kannst du für sämtliche Teile des Aufsatzes verwenden:

- in der **Einleitung** z. B. ein Zitat, eine Definition, eine Statistik oder einen historischen Rückblick für die Hinführung zum Thema,
- im **Hauptteil** Fakten, Ideen, Zitate für Behauptungen, Begründungen oder Beispiele/Belege der einzelnen Argumentationen,
- im **Schluss,** indem du deine Stellungnahme durch eine Folgerung, einen weiterführenden Gedanken, eine Forderung, eine Bitte, einen Wunsch, einen Appell oder – je nach Thema – einen Kompromissvorschlag aus dem Material stützt.

Das Thema erschließen

Auf den Seiten 22 bis 31 übst du eine Erörterung mit Informationsmaterial zu folgender Themastellung:

Der Onlinehandel in Deutschland boomt seit Jahren. Erörtere mögliche Gründe für die zunehmende Zahl an Onlinebestellungen und zeige die negativen Auswirkungen dieses Trends auf.

1 Zunächst musst du die Themastellung genau analysieren, damit du bei der Auswahl des Materials zielgerichtet vorgehen kannst. Überlege, welcher Themabegriff und welche Schlüsselbegriffe zutreffen und um welche Art der Erörterung es sich handelt. Markiere zutreffende Angaben.

Themabegriff

Onlineshops • Onlinehandel in Deutschland • kontaktloses Einkaufen • deutscher Einzelhandel

Schlüsselbegriffe

Ursachen für den Trend • Gründe für • alle Menschen • Menschen in Deutschland • Jugendliche • Folgen • negative Auswirkungen • Auswirkungen für den stationären Handel • wirtschaftliche Folgen des Trends

Art des Themas

Es handelt sich um eine zweigliedrige • dreigliedrige Erörterung.

2 Die Themastellung ist als Aussage gestellt. Formuliere dazu eine vollständige Themafrage.

_____

_____

_____

_____

Das Material auswerten, Stoff sammeln und ordnen

Wissen und Können   **Das Material auswerten und ordnen**

Lies das Material aufmerksam durch, um dir einen **Überblick** über die Informationen zu verschaffen.
Werte das Material im Hinblick auf seine spätere Verwendbarkeit im Aufsatz sorgfältig **aus:**
– Überlege, welche Angaben für dein Thema wirklich **brauchbar** sind.
– **Markiere oder unterstreiche** mit verschiedenen Farben **Stellen**, die du **für die unterschiedlichen Teile deines Aufsatzes nutzen** willst, z. B. Ideen für die Einleitung in Gelb, für die erste Themafrage des Hauptteils (z. B.: *Ursachen*) in Blau, für die weitere Themafrage (z. B.: *negative Folgen*) in Rot und Ideen für den Schluss in Grün.
– Sammle am Rand oder unter dem Material **Notizen** (z. B. Stichworte oder Hinweise für die Verwendung) und ergänze eigene Ideen, die du dazu hast.

1 Auf den Seiten 23 bis 26 findest du Material zum Thema (▶ S. 22).
  a Verschaffe dir zunächst einen Überblick über die Informationen, die das Material bietet. Lies alle Quellen aufmerksam durch und markiere oder unterstreiche Aspekte, die du für deine Erörterung verwenden willst, in unterschiedlichen Farben (▶ „Wissen und Können").
  b Notiere neben oder unter allen Materialien, für welchen Teil deiner Erörterung du die Informationen verwenden könntest, und bearbeite die Arbeitsaufträge.
    Du kannst auch Stichpunkte sammeln.

Der Onlinehandel in seiner Entwicklung (Auszug)   Material 1 **M1**

Der E-Commerce ist in der Vergangenheit stark gewachsen, nicht zuletzt durch die Corona-Pandemie. Im Jahr 2020 stiegen die Umsätze sogar um ca. 15 % auf ca. 80 Milliarden Euro an. Damit sind die Einnah-
5 men des Onlinehandels rasant angestiegen. Mittlerweile kaufen fast 40 % der Verbraucherinnen und Verbraucher einmal in der Woche im Internet ein.
Allerdings beschränkt sich dieses Bestellverhalten noch immer eher auf die Non-Food-Artikel. Knapp 20 % des Marktanteils nimmt der Onlinehandel ein, wenn man die Lebensmittel außen vor lässt. Doch
10 auch hier schießen die Bestellungen in die Höhe: ob über den Onlinesupermarkt, den Lieferdienst des Supermarktes oder über eine Plattform bzw. durch eine App. Schätzungen zufolge wird dieser Zweig in Zukunft noch weiter zunehmen.

---

  c Kreuze an, welche Aussagen sich aus Material 1 nicht herauslesen (nh) lassen bzw. falsch (f) sind.

		nh	f
A	Mit ca. 15 % stiegen im Jahr 2020 die Umsätze des E-Commerce wieder deutlicher an als in den Vorjahren.	☐	☐
B	Der Onlinehandel nimmt fast ein Fünftel des Marktes ein, wenn man die Lebensmittelbranche nicht einrechnet.	☐	☐
C	Das Einkaufen über das Internet wird für die Verbraucher/-innen zur Routine.	☐	☐
D	Fast 40 Prozent der Verbraucher/-innen kaufen mindestens zweimal pro Woche im Internet ein – Tendenz steigend.	☐	☐
E	Einen Aufwärtstrend gab es auch im Jahr 2020 bei den Lebensmitteln..	☐	☐

Post einer Influencerin

Mia

@die_Mia

Ein Hoch auf den Onlinehandel! Nach wenigen Klicks hatte ich schon den passenden Laptop für mich gefunden. Die Auswahl ist einfach super und einen Sonderrabatt gabs noch obendrauf! Im Elektronikfachmarkt hatten sie gerade einmal fünf Modelle ausgestellt. Bei den Preisen können die vor Ort auch nicht mehr mithalten.

_____

14:18 nachm. ♦ 26.05.2021

♥
6406

→ *Hauptteil* → *Gründe für* _____

_____

→ *größere Auswahl als im Fachgeschäft,* _____

20.05.2021: Kritik von Greenpeace

Der Onlineriese Amazon vernichtet laut Recherchen der Umweltorganisation Greenpeace auch weiterhin Neuware: Am Standort Winsen in Niedersachsen würden an acht Arbeitsplätzen originalverpackte Produkte für die Vernichtung vorsortiert, berichtete Greenpeace am Donnerstag. […] Der Konzern entsorge allein an diesem Standort jede Woche mindestens eine Lkw-Ladung nicht verkaufter Ware, von T-Shirts über Bücher bis hin zu Elektroartikeln, berichtete Greenpeace. Die Umweltorganisation kritisierte, dies geschehe, obwohl im vergangenen Jahr ein Gesetz
5 gegen diese Form von Ressourcenverschwendung in Kraft getreten war. Die sogenannte Obhutspflicht soll verhindern, dass intakte Ware zerstört wird. Doch bisher werde die Obhutspflicht weder umgesetzt noch von den Behörden überwacht. […]

→ *Hauptteil* → _____

_____

d Vervollständige stichpunktartig mit Hilfe von Material 3 folgende Punkte:

Behauptung   _____

_____

_____

Begründung   *kostengünstigste Option*

_____

_____

Beispiel   _____

_____

Werbeslogans einer Modekette für ihren Onlineshop

M4

„Schwere Einkaufstaschen ade! Wir liefern frei Haus! – Besuchen Sie unseren Onlineshop"
„Einkaufen vom Sofa aus per Mausklick! – Gibt es etwas Schnelleres & Bequemeres?"

→ *Hauptteil* → _____

_____

_____

Prognose zum Filialsterben

Material 5 **M5**

_____

_____

_____

_____

_____

_____

_____

Medienmeldung vom 22.05.2021

Material 6 **M6**

In Nürnberg gibt es einen neuen Online-Supermarkt. Der „Bruttoshop" hat rund 2000 Produkte auf Lager. Diese werden auch am Wochenende und nachts ausgeliefert. Die Kunden sollen dabei nicht länger als 40 Minuten auf ihre Bestellung warten.

[…] Der „Bruttoshop" beliefert Kunden im näheren Umkreis bis spät in die Nacht hinein mit Tiefkühlpizza, Gum-
5 *mibärchen, Katzenstreu oder Haarshampoo. „Wir hatten am 12. März Eröffnung", sagt Gründer Ugur Akcar in-Franken.de. […] Akcar selbst war lange Zeit in anderen beruflichen Bereichen tätig, etwa in der Sicherheitsbran-che, ehe er schließlich eine neue Geschäftsidee hatte. „Vor vier Jahren habe ich mir dann gedacht: ‚Wieso gibt es keine App, über die man Lebensmittel bestellen kann?' […] Wenn man zum Beispiel am Samstag Gäste hat und das Bier ist alle, man aber weiterfeiern will. Dann ist es vielleicht zur Tankstelle zu weit und dort außerdem zu teu-*
10 *er", skizziert Akcar ein mögliches Szenario. […] Da stationäre Supermärkte in Bayern aus rechtlichen Gründen nach 20 Uhr nicht mehr ausliefern dürfen, dachte sich der 38-Jährige für seinen Betrieb ein anderes Konzept aus.*

→ *Hauptteil* → _____

_____

e Markiere, welche Informationen sich in Material 6 für die Behauptung, die Begründung oder für Beispiele/Be-lege verwenden lassen. Verwende dazu verschiedene Farben oder Unterstreichungen.

Material 7 · M7

Auszug aus einem Informationstext

Retouren nehmen überhand

[…] Bereits vor der Coronakrise wurden Studien zu Retouren durchgeführt. Nun zeigt sich, dass die Zahl erneut weiter angestiegen ist. „Da die Kundinnen und Kunden wissen, dass sie alles kostenfrei zurücksenden können, bestellen sie eben gern zwei Größen oder auch den roten Pullover. Nur um mal zu sehen, wie er sitzt" so Klaus Fassbender vom Forschungsinstitut für Onlinehandel. […] Diese Retouren beinhalten aber nicht nur für Händlerinnen und Händler hohe Kosten. Vielmehr geht es dabei um den CO_2-Ausstoß, der bei der Lieferung und Rücklieferung entsteht. Vermieden werden könnte dieses Problem, indem die Käuferinnen und Käufer ihre bestellte Ware einfach in die nächste Filiale vor Ort bestellen und dort abholen würden. […]

f Notiere einen möglichen Gliederungspunkt (▸ „Wissen und Können", S. 27) und Stichworte für zwei unterschiedliche Begründungsansätze.

Material 8 · M8

Statistik aus dem Jahr 2019

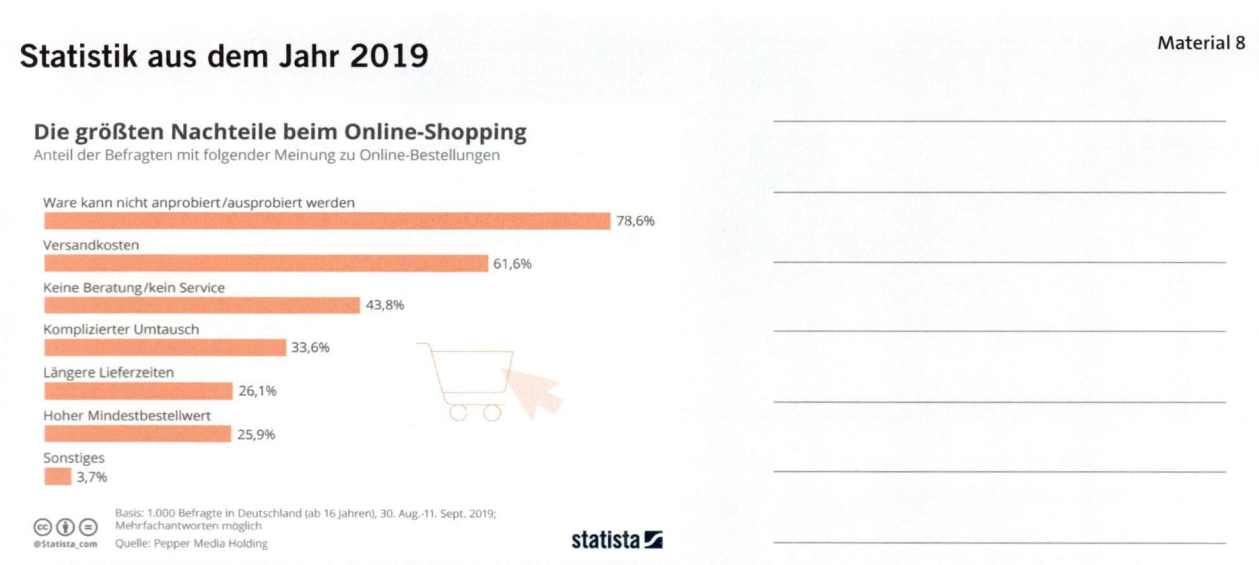

Die größten Nachteile beim Online-Shopping
Anteil der Befragten mit folgender Meinung zu Online-Bestellungen

- Ware kann nicht anprobiert/ausprobiert werden — 78,6%
- Versandkosten — 61,6%
- Keine Beratung/kein Service — 43,8%
- Komplizierter Umtausch — 33,6%
- Längere Lieferzeiten — 26,1%
- Hoher Mindestbestellwert — 25,9%
- Sonstiges — 3,7%

Basis: 1.000 Befragte in Deutschland (ab 16 Jahren), 30. Aug.-11. Sept. 2019; Mehrfachantworten möglich
@Statista_com   Quelle: Pepper Media Holding

statista

2 a Übertrage die folgende Tabelle in dein Heft und ordne alle Aspekte aus den Materialien stichpunktartig ein. Auf welche Materialien greifst du jeweils zurück? Notiere dies in der Spalte „M".

I. Gründe für zunehmende Zahl an Onlinebestellungen	M	II. Negative Auswirkungen	M
– Größere Auswahl als im Fachgeschäft	M2	– Komplizierter Umtausch	M8
– …	…	…	…
– …	…	…	…

b Finde selbst weitere Ideen zum Thema und trage sie in die Tabelle ein.
c Markiere Aspekte, die du für wichtig hältst und in deiner Erörterung anführen willst.

Die Gliederung erstellen

Wissen und Können	Die Gliederung erstellen

In der **Gliederung** werden die Ideen, die du in eine Erörterung übernehmen willst, **sinnvoll strukturiert**. Sie dient bei deiner Ausführung als **Arbeitsplan**. Den **Einleitungsgedanken A)**, die **Themafragen zu Beginn des Hauptteils B)** und den **Schlussgedanken C)** formulierst du jeweils als vollständige Sätze mit Satzzeichen am Ende.

Die **Gliederungspunkte (= Behauptungen der einzelnen Argumentationen)** im Hauptteil B) werden einheitlich im Nominalstil oder im Verbalstil formuliert. Sie müssen eine eindeutige Antwort auf die Themafragen geben und sollten in einer durchdachten Reihenfolge angeordnet werden. Manchmal lassen sich zu Gliederungspunkten auch **Oberbegriffe** finden, die deine Gliederung weiter strukturieren, im Aufsatz jedoch nur als Überleitungen ausformuliert werden (z. B.: *Eine weitere negative Auswirkung sind die häufigen Retouren, die beträchtliche Mehrkosten verursachen und gleichzeitig auch eine Belastung für die Umwelt und das Klima darstellen.*). Achte immer darauf, dass deine Gliederung keine Begründungen und Beispiele enthält.

1 Hier findest du eine mögliche Gliederung zu dem Thema „Gründe für die zunehmende Zahl an Onlinebestellungen und negative Auswirkungen".

a Ergänze die fehlenden Punkte mit Hilfe der Anmerkungen am rechten Rand.

b Übertrage die Gliederung in dein Heft und strukturiere sie, ohne die Reihenfolge zu verändern. Benutze dazu
– Großbuchstaben mit schließender Klammer für Einleitungsgedanken, Themafragen und Schlussgedanken,
– römische Ziffern für die Hauptgliederungspunkte des Hauptteils und
– arabische Ziffern für die einzelnen Gliederungspunkte (= Behauptungen in deiner Argumentation). Rücke die Buchstaben bzw. Ziffern je nach Gliederungsebene unterschiedlich weit ein (▶ vordere Umschlagseite).

In diesem Jahr habe ich erstmals alle meine Weihnachtsgeschenke online gekauft.

Warum bestellen immer mehr Menschen online? Welche …?

Mögliche Gründe …

Bequeme Möglichkeit des Einkaufens

Größere Auswahl als im Fachgeschäft

_____ Mat. 2

Lieferung nach Hause

_____ Mat. 6

Negative Auswirkungen

Komplizierter Umtausch

_____ eigene Idee

Aussterben der Innenstädte

Vernichtung von Neuwaren

Viele …

Mehrkosten

…

In Zukunft muss …

Die Einleitung verfassen

Wissen und Können	Die Einleitung verfassen

Die **Einleitung** soll zum Thema hinführen, ohne jedoch Bestandteile von Argumentationen aus dem Hauptteil vorwegzunehmen. Beim **Einleitungsgedanken** kann man auf das Material zurückgreifen und daraus einen **historischen Rückblick**, ein **Zitat**, eine **Definition** oder **statistische Daten** verwenden. Wie bei jeder Erörterung kann aber auch eine **allgemeine Feststellung**, ein **aktuelles Ereignis** oder eine **eigene Erfahrung** als Ausgangspunkt dienen. Eine **logische Überleitung** führt vom Einleitungsgedanken zur Formulierung der **Themafragen** oder eines entsprechenden Aussagesatzes.

1 Verfasse nun deine Einleitung.

a Formuliere einen Einleitungsgedanken mit Hilfe von Material 1.

_____

_____

b Notiere, welcher Ausgangspunkt für den Einleitungsgedanken gewählt wurde.

_____

c Kreuze die passende Überleitung an.
Begründe jeweils auf den Linien darunter, warum die anderen Überleitungen nicht geeignet beziehungsweise fehlerhaft sind.

A ☐ Dies zeigt, dass das Internet für den Handel eine zunehmende Rolle spielt. Immer mehr Menschen entdecken, wie bequem, schnell und oft auch kostengünstig der Einkauf per Mausklick sein kann. Es gibt aber auch Nachteile. Es stellt sich deshalb die Frage, …

_____

_____

B ☐ Die Zahlen belegen, dass sich das Einkaufsverhalten der Deutschen zunehmend verändert, indem immer weniger Umsatz im stationären Handel erzielt wird. Diese Entwicklung wird jedoch auch kritisch gesehen. Es stellt sich deshalb die Frage, …

_____

_____

C ☐ Wie die Daten belegen, ist der Onlinehandel bereits fester Bestandteil der deutschen Einkaufskultur, sodass auch Lebensmittel immer häufiger über das Internet bestellt werden. Es stellt sich deshalb die Frage, …

_____

_____

d Schreibe nun eine vollständige Einleitung in dein Heft. Du kannst die Ergebnisse der Aufgaben 1 a und c verwenden.

Argumentationen entwickeln

Wissen und Können **Argumentieren, Material nutzen**

Im **Hauptteil** der Erörterung entwickelt man zu jedem Punkt der **Gliederung** (Ausnahme: Oberbegriffe!) eine Argumentation. Um stichhaltig argumentieren zu können, sollte man seine **Behauptungen** überzeugend und nachvollziehbar **begründen** und mit **Beispielen/Belegen** veranschaulichen. Dabei können Hilfsfragen nützlich sein, und zwar für Begründungen: Warum ist das so? Inwiefern ist das so? und für Beispiele/Belege: Worin zeigt sich das? Aussagen, Daten oder Zitate aus dem angebotenen **Material** können für Behauptung, Begründung oder Beispiel/Rückführung genutzt werden. Die entsprechenden Zitierregeln findest du auf **Seite 95**. Am Ende der Argumentation kann durch eine **Abrundung/Rückführung** der Bogen zurück zum Thema gespannt werden oder es können eigene **Folgerungen** gezogen werden.

1 Überprüfe deine Kenntnisse über den Aufbau einer Argumentation. Lies dir folgende Argumentation zu Gliederungspunkt I. 1 „Bequeme Möglichkeit des Einkaufens" sorgfältig durch, deren Grundlage ein Werbeslogan aus Material 4 ist.

a Unterstreiche in der Argumentation die Behauptung grün, Begründungen blau und Beispiele gelb.

Ein Grund für die zunehmende Zahl an Onlinebestellungen dürfte sein, dass diese im Gegensatz zum herkömmlichen Einkaufen deutlich bequemer für die Kundinnen und Kunden sind. Wie bereits eine Modekette in einem Werbeslogan anmerkt, kann dank des Internets der Einkauf mühelos und schnell vom heimischen Sofa aus erledigt werden (vgl. Material 4). In den Onlineshops landen mit nur wenigen Mausklicks die gewünschten Produkte
5 im Warenkorb; sofort wird angezeigt, ob auch alles verfügbar ist. Die teils recht nerven- und zeitaufwendige Fahrt in die häufig überfüllten Innenstädte entfällt hingegen. Eine weitere Zeitersparnis besteht darin, dass keine verschiedenen Geschäfte angefahren werden müssen, um alle Besorgungen zu erledigen. Die einzelnen Online-stores sind in wenigen Sekunden aufgerufen. So spart sich beispielsweise ein junges Paar, das seinen Garten neu gestalten möchte, viel Zeit und Aufwand. Mühelos kann das Sortiment der einzelnen Baumärkte gesich-
10 tet und miteinander verglichen werden. Folglich wissen beide sofort, ob der Pavillon in der gewünschten Farbe noch verfügbar ist. Falls nicht, erfährt man wenige Klicks später, ob bei der Konkurrenz die gewünschte Überdachung angeboten wird.

b Formuliere eine Abrundung/Rückführung für die Argumentation.

_____

_____

_____

_____

_____

Wissen und Können **Sprachliche Fehler vermeiden, Zusammenhänge herstellen**

Damit deine Erörterung sprachlich ansprechend wirkt, solltest du mit Hilfe geeigneter **Überleitungen** und **Verknüpfungen Zusammenhänge aufzeigen** sowie die einzelnen Argumentationen und ihre Bestandteile verbinden. Vergiss die Überleitung zwischen dem ersten und dem zweiten Teilbereich nicht. Vermeide dagegen **Wiederholungen, Umgangssprache** sowie **Fehler im Satzbau**.
Tipp: Arbeite mit nummerierten Fußnoten, wenn du etwas einfügst.

2 Markiere in der Argumentation von Gliederungspunkt I. 1 „Bequeme Möglichkeit des Einkaufens" (▶ S. 29) alle Überleitungen und Verknüpfungen.

3 a Sieh dir den folgenden Auszug einer Argumentation an und ergänze.

Der Ausschnitt der Argumentation bezieht sich auf Gliederungspunkt _____. *Dieser enthält ein*

_____ *sowie eine Abrundung.*

b Nimm Material 6 zu Hilfe und schreibe eine vollständige Argumentation in dein Heft. Achte darauf, dass sie zu dem folgenden Auszug passt.

> Aus dieser Absicht heraus gründete beispielsweise Ugur Akcar seinen Onlinesupermarkt in Nürnberg, dessen Lager rund 2000 Produkte umfasst und an keine Ladenöffnungszeiten gebunden ist. Anstatt nachts bei einer Tankstelle in Nürnberg zu überhöhten Preisen Nachschub für die laufende Party einzukaufen, ist es nun möglich, ganz bequem per App die gewünschten Lebensmittel zu bestellen. Diese werden dann innerhalb von vierzig Minuten geliefert (vgl. Material 6). Der stationäre Handel mit seinen gesetzlichen Vorschriften hat hier das Nachsehen.

4 a Die folgende Gliederung bezieht sich auf den Gliederungspunkt II. 4 „Vernichtung von Neuwaren". Nummeriere die Teile der Argumentation so, dass sie logisch nachvollziehbar und grammatisch richtig formuliert sind.

  b Markiere konkrete Beispiele.

A ☐ An acht Arbeitsplätzen würden die noch originalverpackten Produkte für die Vernichtung vorsortiert (vgl. Material 3). Mit einer klimafreundlicheren Lebensweise ist diese unternehmerische Praxis somit nicht vereinbar.

B ☐ Auf diese Weise versucht der Onlinehandel Lagerkosten einzusparen. Obwohl im Jahr 2020 die sogenannte Obhutspflicht gesetzlich in Kraft getreten ist, um die Zerstörung intakter Ware zu vermeiden, wird diese Form der Ressourcenverschwendung laut Greenpeace auch weiterhin praktiziert.

C ☐ Eine weitere negative Auswirkung stellt die Vernichtung von Neuware wie Bücher, T-Shirts oder Elektronikware dar, die über einen längeren Zeitraum nicht verkauft wurde (vgl. Material 3).

D ☐ So vernichtet beispielsweise der Onlineriese Amazon laut Recherchen der Umweltorganisation am Standort Winsen in Niedersachsen jede Woche mindestens eine Lkw-Ladung nicht verkaufter Ware.

E ☐ Ein Grund hierfür dürfte die fehlende Überwachung durch die Behörden sein.

5 Überarbeite inhaltlich und sprachlich die folgende Argumentation zu Gliederungspunkt II.5 b) „Belastung für Umwelt und Klima". Baue die Argumentation weiter aus, indem du das Material intensiver nutzt. Verwende Überleitungen, verknüpfe Sätze und ändere, wenn nötig, den Satzbau.

> Die Retouren sind ein Problem des Onlinehandels. Sie belasten die Umwelt und das Klima (vgl. Material 7). Kundinnen und Kunden bestellen mehrere Päckchen, um gerade bei Bekleidungsartikeln eine Auswahl zu haben. Meist behalten sie nur einen Bekleidungsartikel. In Deutschland sind Tausende von Lieferwagen mit Verbrennungsmotor, die Kohlenstoffdioxid ausstoßen, im Einsatz. So versuchen sie der Paketflut Herr zu werden. Forschende haben laut Material 7 herausgefunden, dass dies vermieden werden könnte, wenn die Kundinnen und Kunden ihre bestellten Artikel in der nächsten Filiale vor Ort abholen würden.

Den Schluss schreiben

Wissen und Können   **Den Schluss einer zweigliedrigen Erörterung verfassen**

Der **Schluss der Erörterung** rundet den Aufsatz ab, darf aber keine neuen Argumente enthalten. Du kannst im Schluss begründet **Stellung zum Thema beziehen**, indem du beispielsweise deine **persönliche Meinung** zusammenfassend zum Ausdruck bringst, eine **Folgerung** ziehst, einen **weiterführenden Gedanken**, z. B. einen Ausblick in die Zukunft, entwickelst oder **Forderungen, Bitten oder Wünsche** zum Ausdruck bringst beziehungsweise **geeignete Gegenmaßnahmen, Alternativen oder Kompromissvorschläge** kurz ansprichst, wenn dies das Thema erlaubt. Formuliere diesen Teil mit **Bezug zur Einleitung und zum Hauptteil.**

1 Notiere auf der Linie, welche Art von Schlussgedanke vorliegt.

A Damit die Belastungen für Umwelt und Klima durch den anhaltenden Trend der Onlinebestellungen so gering wie möglich gehalten werden, ist es umso wichtiger, nachhaltige Konzepte für die Paketzustellung zu entwickeln. Ein erster Ansatz wäre, noch mehr Päckchen auf die Schiene zu bringen.

B Um die vielen kleinen Geschäfte zu unterstützen, verzichte ich weitestgehend auf Onlinebestellungen und kaufe bewusst bei mir vor Ort ein. Denn aus meiner Sicht tragen wir mit unserem Kaufverhalten entscheidend dazu bei, wie sich unsere Innenstädte entwickeln.

A _____   B _____

2 Im folgenden Schluss fehlen passende Verknüpfungen und es gibt zu viele Wiederholungen. Schreibe den Text vollständig in dein Heft, füge dabei anstelle der **?** passende Verknüpfungswörter ein und ersetze die unterstrichenen Begriffe durch Alternativen (▶ S. 29). Verändere, wenn nötig, den Satzbau.

> **?** nun die Gründe für die zunehmende Zahl an Onlinebestellungen sowie mögliche negative Auswirkungen dieses Trends erörtert wurden, möchte <u>ich</u> mich **?** selbst zu der Thematik äußern. <u>Ich</u> bin der Überzeugung, dass der <u>Online</u>handel gerade im Lebensmittelbereich noch weiter wachsen wird. **?** immer mehr <u>Supermarktketten</u> liefern bereits den <u>online</u> bestellten Einkauf nach Hause. Gelingt es den <u>Supermarktketten</u>, ihren Service weiter zu verbessern, **?** sie beispielsweise ihre Lieferzeiten verkürzen, wird der wöchentliche Einkauf statt im Supermarkt vor Ort bald am Frühstückstisch von zu Hause erledigt werden.

Wissen und Können   **Den Schluss einer Erörterung mit Entscheidungsfrage verfassen**

Das **Thema einer Erörterung** kann auch **als Entscheidungsfrage** gestellt sein, z. B.: „Würdest du deine Einkäufe online bestellen?" Im Hauptteil musst du dann sowohl die Ursachen für den Wunsch als auch mögliche negative Folgen erörtern, um schließlich im dritten Teil zu einer begründeten Entscheidung zu gelangen. Die **Reihenfolge** richtet sich danach, zu welcher Entscheidung du kommst, z. B.:
■ I. Gründe für Onlinebestellungen, II. Negative Folgen, III. Eigene Meinung (gegen Onlinebestellungen)
   oder
■ I. Negative Folgen der Onlinebestellungen, II. Gründe dafür, III. Eigene Meinung (für Onlinebestellungen).
Im **Schluss einer Erörterung mit Entscheidungsfrage** kannst du **deine eigene Meinung nicht mehr** ausführen, da du sie bereits im Hauptteil dargestellt hast. Jeder andere Schlussgedanke ist aber möglich.

3 Formuliere den Schluss deiner Erörterung mit Entscheidungsfrage zum Thema „Würdest du deine Einkäufe online bestellen?". Finde darin einen Kompromiss. Schreibe in dein Heft.

„Lasst uns Schule der Zukunft sein!" –
Eine kurze Rede halten

Einen appellativen Text untersuchen und gestalten

Liebe Mitschülerinnen und Mitschüler,
ich möchte euch gern die Frage stellen, ob ihr mit unserer Schule zufrieden seid, ob ihr Wünsche habt und wie ihr euch die Schule der Zukunft vorstellt. Vermutlich gibt es auf diese Fragen so viele Antworten und Meinungen wie Schülerinnen und Schüler an dieser Schule.

5   Dennoch wünsche ich mir, dass sich jede/-r von uns Gedanken darüber macht, wie eine ideale Schule in Zukunft aussehen könnte.
Nur zwei Gruppen von Menschen kennen die Schule wirklich, erleben sie von innen, denn sie arbeiten tagtäglich gemeinsam in dieser Lernfabrik. Ihr wisst, von wem ich spreche, oder?
Logo! Ich spreche natürlich von uns Schülerinnen und Schülern und von den Lehrkräften. Wir sind die

10 wahren Expertinnen und Experten! Wir kennen den Laden! Wir wissen, was es heißt, tagaus, tagein in einem veralteten, miefigen und öden Trott zu pauken. Wir wissen aber auch, was zu tun ist, damit man gut lernt und sich dabei wohlfühlt. Und deshalb wissen wir am besten, wie eine gute, zukunftsfähige Schule aussieht, oder?
Einige von uns arbeiten bereits in der AG Zukunft mit. Nur wenn viele von euch Ideen einbringen, werden

15 wir etwas verändern können. Zum Beispiel saßen bereits ein paar von uns mit einem Lehrer zusammen und haben überlegt, wie man moderne Medien wie Smartphone und Tablet sinnvoll im Unterricht nutzen kann. Der Förderverein hat signalisiert, dass er solche Projekte durchaus unterstützen würde.
Vielleicht fragt ihr euch jetzt: Was will der eigentlich von uns? Ich würde mir wünschen, dass sich jede und jeder von uns nur ein paar Minuten Gedanken macht und wir uns alle überlegen, wie unsere Schule der

20 Zukunft aussehen soll. Bitte nehmt euch kurz die Zeit dafür! Bitte schreibt eure Ideen auf ein Blatt. Bitte steckt dieses in den SV-Briefkasten! Wir freuen uns über jeden konstruktiven Beitrag. Wir brauchen jede frische Idee. Also, lasst uns jeden Tag einen übervollen Briefkasten leeren! Denkt daran: Es geht um uns! Es geht um unsere Zukunft in dieser Schule!

Danke für eure Aufmerksamkeit!

---

1 Untersuche den Inhalt und Aufbau der Rede. Beantworte dazu folgende Fragen in deinem Heft.

A Um welches Thema geht es in der Rede?

B An wen richtet sich die Rede?

C Welche Absicht hat der Redner?

D Wozu werden die Zuhörenden aufgefordert?

2 Untersuche nun die Sprache der Rede genauer.

a Suche für die folgenden Wörter die passenden Beispiele in der Rede. Verwende verschiedene Farben, mit denen du die Fachbegriffe im Wortspeicher und die dazu passenden Beispiele unterstreichst.

> Wortspeicher
>
> Metaphern • rhetorische Fragen • bewusster Einsatz von Personalpronomen •
> Wiederholung von Wörtern • Ausrufesätze • Umgangs- und Jugendsprache • Parallelismus im Satzbau

b Erstelle eine Tabelle in deinem Heft, in der du die Fachbegriffe, die Beispiele und die Wirkung der eingesetzten sprachlichen Mittel in Stichpunkten einträgst.

Fachbegriff	Beispiel	Wirkung
…	…	…

3 Der Anfang und das Ende einer Rede müssen wohlüberlegt sein. Notiere in deinem Heft, wie die Referentin / der Referent ihre/seine Rede (► S. 32) beginnt und womit die Rede endet.

4 Lies die fehlerhafte Rede.
a Notiere, welche Projekte die/der Vortragende vorschlägt.

_____

_____

_____

_____

_____

VORSICHT
FEHLER!

Hi zusammen,
ich halte heute eine Rede, weil mir meine Freundin aus der Schule im Nachbarort erzählt hat, dass sie
„Schule der Zukunft" geworden sind, und ich total interessant fand, welche Projekte und AGs sie dort
machen, und so dachte ich mir, dass es doch cool wäre, wenn wir auch solche Projekte machen würden.
5 Also, ich sage euch einfach mal, was mir meine Freundin erzählt hat: Zum Beispiel haben in einem
Kartoffelprojekt alle Fünftklässler den nachhaltigen Anbau am eigenen Kartoffelbeet gelernt. Dann haben
sie viele Kilo Plastikdeckel gesammelt und dafür einen Rollstuhl für ein behindertes Mädchen bekommen.
Außerdem ging es in Sozialkunde wohl um fairen Handel und sie haben einen fairen Kiosk geplant. Also, ich
finde, solche Sachen können wir auch machen, oder? Manche Sachen haben wir ja jetzt auch schon, z. B.
10 Streitschlichter für ein besseres Miteinander, und die neue Lehrerin, Frau Emsig, hat in der Umwelt-AG ganz
viel vor, aber wir waren neulich nur vier Leute. Das wäre echt schade, wenn die AG eingestellt werden
müsste, weil zu wenig daran teilnehmen, oder? Das war's!

b Vergleiche den Beginn und das Ende der Rede mit dem Text auf Seite 32. Wie unterscheiden sich Beginn und Ende jeweils? Schreibe in dein Heft.

c Überarbeite die Rede in deinem Heft. Formuliere Appelle an die Zuhörenden und verwende stilistische Mittel, die auffallen und zum Mitmachen überreden können. Der Merkkasten (► S. 33) bietet dir Strategien.

d Übe die überarbeitete Rede ein. Sprich dabei frei, laut, langsam und deutlich. Setze Pausen bewusst ein.

Wissen und Können	Redestrategien und stilistische Mittel

Um Zuhörer/-innen zu **beeinflussen,** kann man folgende **stilistische Mittel** verwenden:
- **persönliche Anrede** der Zuhörer/-innen, z. B.: „Wie ihr wisst, [...]"
- Wecken eines Gemeinschaftsgefühls durch „wir" („Wir-Gefühl"), z. B.: „Wir sind [...]"
- **Imperative,** um zu einer Handlung aufzurufen, z. B.: „Packen wir's an, [...]"
- **auffällige Wiederholungen** (Alliterationen, Anaphern, Wörter, Satzanfänge), z. B.:
  „Wir brauchen jetzt mehr ausgebildete Menschen. Wir brauchen Fachkräfte [...]"
- **rhetorische Fragen** (Scheinfragen), die die Zuhörerinnen und Zuhörer scheinbar einbeziehen, z. B.:
  „[...] – aber ist es nachhaltig?"
- **Schlagwörter** mit positiven oder negativen Konnotationen, z. B.: „Innovationsland"
- **anschauliche Formulierungen,** z. B. durch Vergleiche, Metaphern oder Personifikationen
- kurze, **parallel aufgebaute Sätze,** z. B.: „Wir brauchen Lehrer/-innen, die [...] Nötig sind auch Schüler/-innen,
  die [...]." oder **Ellipsen,** z. B.: „[...] allerdings nur minimal."
- **Übertreibungen** (Hyperbeln), z. B.: „[...] eine außerordentlich wichtige Rolle."

Literarische Kurzformen untersuchen

Das **fragengeleitete Erschließen** einer **literarischen Kurzform** (Kurzgeschichte, Parabel, Romanauszug …) enthält immer **mehrere Aufgabenstellungen**, z. B.:

1 Fasse den Inhalt des Textes zusammen.

2 Beschreibe sprachliche Besonderheiten und ihre jeweilige Wirkung.

3 Eine weitere Analyseaufgabe, z. B.: Verfasse einen Textsortennachweis oder eine Personencharakterisierung.

4 Verfasse eine begründete Stellungnahme zu einem inhaltlichen Aspekt der Erzählung.

5 Kreativer Schreibauftrag, z. B.: Verfasse einen inneren Monolog, Tagebucheintrag, Dialog oder einen persönlichen Brief aus Sicht der Hauptfigur.

Einleitung und Schluss werden in der Aufgabenstellung nicht konkret genannt, müssen aber immer verfasst werden.

Eine Kurzgeschichte untersuchen

1 Lies die Kurzgeschichte von Wolfgang Borchert aufmerksam. Markiere Schlüsselwörter.

Wolfgang Borchert

Die Küchenuhr (1947)

Sie sahen ihn schon von weitem auf sich zukommen, denn er fiel auf. Er hatte ein ganz altes Gesicht, aber wie er ging, daran sah man, dass er erst zwanzig war. Er setzte sich mit seinem alten Gesicht zu ihnen
5 auf die Bank. Und dann zeigte er ihnen, was er in der Hand trug.

Das war unsere Küchenuhr, sagte er und sah sie alle der Reihe nach an, die auf der Bank in der Sonne saßen. Ja, ich habe sie noch gefunden. Sie ist übrig-
10 geblieben.

Er hielt eine runde tellerweiße Küchenuhr vor sich hin und tupfte mit dem Finger die blaugemalten Zahlen ab.

Sie hat weiter keinen Wert, meinte er entschuldigend,
15 das weiß ich auch. Und sie ist auch nicht so besonders schön. Sie ist nur wie ein Teller, so mit weißem Lack. Aber die blauen Zahlen sehen doch ganz hübsch aus, finde ich. Die Zeiger sind natürlich nur aus Blech. Und nun gehen sie auch nicht mehr. Nein. Innerlich
20 ist sie kaputt, das steht fest. Aber sie sieht noch aus wie immer. Auch wenn sie jetzt nicht mehr geht.

Er machte mit der Fingerspitze einen vorsichtigen Kreis auf dem Rand der Telleruhr entlang. Und er sagte leise: Und sie ist übriggeblieben.
25 Die auf der Bank in der Sonne saßen, sahen ihn nicht an. Einer sah auf seine Schuhe und die Frau sah in ihren Kinderwagen. Dann sagte jemand: Sie haben wohl alles verloren?

Ja, ja, sagte er freudig, denken Sie, aber auch alles! Nur sie hier, sie ist übrig. Und er hob die Uhr wieder 30 hoch, als ob die anderen sie noch nicht kannten.

Aber sie geht doch nicht mehr, sagte die Frau.

Nein, nein, das nicht. Kaputt ist sie, das weiß ich wohl. Aber sonst ist sie doch noch ganz wie immer: weiß und blau. Und wieder zeigte er ihnen seine 35 Uhr. Und was das Schönste ist, fuhr er aufgeregt fort, das habe ich Ihnen ja noch überhaupt nicht erzählt. Das Schönste kommt nämlich noch: Denken Sie mal, sie ist um halb drei stehengeblieben. Ausgerechnet um halb drei, denken Sie mal. 40

Dann wurde Ihr Haus sicher um halb drei getroffen, sagte der Mann und schob wichtig die Unterlippe vor. Das habe ich schon oft gehört. Wenn die Bombe runtergeht, bleiben die Uhren stehen. Das kommt von dem Druck. 45

Er sah seine Uhr an und schüttelte überlegen den Kopf. Nein, lieber Herr, nein, da irren Sie sich. Das hat mit den Bomben nichts zu tun. Sie müssen nicht immer von den Bomben reden. Nein. Um halb drei war ganz etwas anderes, das wissen 50 Sie nur nicht. Das ist nämlich der Witz, dass sie gerade um halb drei stehengeblieben ist. Und nicht um viertel nach vier oder um sieben. Um halb drei kam ich nämlich immer nach Hause. Nachts, meine ich. Fast immer um halb drei. Das ist ja 55 gerade der Witz.

Er sah die anderen an, aber die hatten ihre Augen von ihm weggenommen. Er fand sie nicht. Da nickte er seiner Uhr zu: Dann hatte ich natürlich
60 Hunger, nicht wahr? Und ich ging immer gleich in die Küche. Da war es dann fast immer halb drei. Und dann, dann kam nämlich meine Mutter. Ich konnte noch so leise die Tür aufmachen, sie hat mich immer gehört. Und wenn ich in der dunk-
65 len Küche etwas zu essen suchte, ging plötzlich das Licht an. Dann stand sie da in ihrer Wolljacke und mit einem roten Schal um. Und barfuß. Immer barfuß. Und dabei war unsere Küche gekachelt. Und sie machte ihre Augen ganz klein, weil
70 ihr das Licht so hell war. Denn sie hatte ja schon geschlafen. Es war ja Nacht.
So spät wieder, sagte sie dann. Mehr sagte sie nie. Nur: So spät wieder. Und dann machte sie mir das Abendbrot warm und sah zu, wie ich aß. Dabei
75 scheuerte sie immer die Füße aneinander, weil die Kacheln so kalt waren. Schuhe zog sie nachts nie an. Und sie saß so lange bei mir, bis ich satt war. Und dann hörte ich sie noch die Teller wegsetzen, wenn ich in meinem Zimmer schon das Licht aus-
80 gemacht hatte. Jede Nacht war es so. Und meistens immer um halb drei. Das war ganz selbstverständ- lich, fand ich, dass sie mir nachts um halb drei

in der Küche das Essen machte. Ich fand das ganz selbstverständlich. Sie tat das ja immer. Und sie hat nie mehr gesagt als: So spät wieder. Aber das sagte 85 sie jedesmal. Und ich dachte, das könnte nie aufhören. Es war mir so selbstverständlich. Das alles war doch immer so gewesen.
Einen Atemzug lang war es ganz still auf der Bank. Dann sagte er leise: Und jetzt? Er sah die anderen an. 90 Aber er fand sie nicht. Da sagte er der Uhr leise ins weißblaue runde Gesicht: Jetzt, jetzt weiß ich, dass es das Paradies war. Das richtige Paradies.
Auf der Bank war es ganz still. Dann fragte die Frau: Und Ihre Familie? 95
Er lächelte sie verlegen an: Ach, Sie meinen meine Eltern? Ja, die sind auch mit weg. Alles ist weg. Alles, stellen Sie sich vor. Alles weg.
Er lächelte verlegen von einem zum anderen. Aber sie sahen ihn nicht an. 100
Da hob er wieder die Uhr hoch und er lachte. Er lach- te: Nur sie hier. Sie ist übrig. Und das Schönste ist ja, dass sie ausgerechnet um halb drei stehengeblieben ist. Ausgerechnet um halb drei. Dann sagte er nichts mehr. Aber er hatte ein ganz altes Gesicht. Und der 105 Mann, der neben ihm saß, sah auf seine Schuhe. Aber er sah seine Schuhe nicht. Er dachte immerzu an das Wort Paradies.

Die Einleitung verfassen

1 **a** **Ergänze den folgenden Beginn der Einleitung zur fragengeleiteten Texterschließung.**

Die _____ „_____" wurde von _____

verfasst und erschien _____ in einer Prosasammlung.

b **Kreuze die passende Kernaussage an. Der Text handelt von …**

A ☐ … einem verwirrten jungen Mann, der seinen Bekannten eine kaputte Küchenuhr zeigt, um ihnen aus seiner Kindheit zu berichten.

B ☐ … einem jungen Mann, der nach einem Bombenangriff nur noch eine Küchenuhr aus dem Trümmern seines Hauses retten kann und sich damit an die Fürsorge seiner Mutter erinnert. Er begreift, dass ihm rückblickend das verlorene Familienleben nun wie das Paradies vorkommt.

C ☐ … einem Trümmerjungen, der eine Küchenuhr findet und seine Beute seinen Bekannten zeigt. Da die Uhr jedoch kaputt ist, interessiert sich niemand dafür.

D ☐ … einem alten Mann, der nach einem Bombenangriff nur noch eine kaputte Küchenuhr aus den Trüm- mern seines Hauses retten kann und sich damit an nächtliches Essen erinnert.

Damit deine **Kernaussage** sachlich und verständlich bleibt, kannst du auch zwei Sätze schreiben, die den wesentlichen Inhalt der Erzählung kurz und knapp wiedergeben, ohne dabei Spannung aufzubauen.

Den Inhalt der Kurzgeschichte zusammenfassen

Wissen und Können	Inhaltszusammenfassung

Die Inhaltszusammenfassung gibt die **wichtigsten Handlungsschritte** mit **eigenen Worten knapp und sachlich in der richtigen Abfolge** wieder. Die Zeitform ist das **Präsens**, bei Vorzeitigkeit das **Perfekt**. Wörtliche Rede umschreibt man oder es wird **indirekte Rede** verwendet. Achte auf **sinnvolle Satzverknüpfungen** und **abwechslungsreiche Satzanfänge**.

1 Ordne die in Stichpunkten notierten Handlungsschritte, indem du sie in der richtigen Abfolge von 1 bis 6 nummerierst.

☐ Abschließende Erkenntnis eines Mannes auf der Bank, was der junge Mann meint

☐ Erinnerungen durch die Uhrzeit an Mutter und ihre Unterstützung

☐ Ankunft des jungen Mannes und Präsentation der Küchenuhr

☐ Erste Reaktionen der Leute auf der Bank

☐ Monolog des jungen Mannes über die kaputte Uhr

☐ Leute auf der Bank zeigen Unverständnis, die Freude des jungen Mannes durch die Erinnerung bleibt

2 **a** Die folgende Inhaltszusammenfassung ist nicht gut gelungen. Benenne die unterstrichenen Fehler am Rand
(A = Ausdruck, Gr = Grammatik, I = Inhalt, Sb = Satzbau, W = Wiederholung, Z = Zeitstufe).
Ab Z. 7 musst du die Fehler selbst finden, unterstreichen und bestimmen.
b Überarbeite den Text. Schreibe eine korrigierte Inhaltszusammenfassung in dein Heft.
c Markiere in deinem Text die Verknüpfungswörter.

VORSICHT FEHLER!

Ein <u>alter</u> Mann geht mit einer kaputten Küchenuhr zu anderen <u>Leuten</u>, die auf einer Bank ⊻ sitzen. Er sieht sehr mitgenommen und alt aus, obwohl er noch recht jung ist.	*I, A/I* *I (genauer)*
<u>Der alte Mann</u> zeigt <u>den anderen Menschen</u> seine blau-weiße Küchenuhr und versucht mit diesen ins Gespräch zu kommen die aber wahrscheinlich aufgrund <u>seinem eigenartigen Auftreten</u>, eher zurückhaltend sind.	*W/I A* *Z, Z* *Gr*

5   Daraufhin spricht er sowohl zu den anwesenden Leuten, aber wohl auch ein
wenig zu der kaputten Küchenuhr. Er berichtete von der geborgenen Zeit
daheim und dass sein Zuhause bei seiner Mutter das Paradies war. Diese
10 bereitete ihm immer um halb zwei nachts als er von der Arbeit gekommen ist,
das Abendbrot. Genau zu dieser Zeit, als die Uhr stehengeblieben ist.
Anschließend erzählt er, dass nun aber alles, die Mutter, das Haus usw.,
vernichtet ist.
Durch die Küchenuhr aber erinnert er sich an das „Paradies" (Z. 93) dass er vor
15 dem Bombenangriff gehabt hat.

Verknüpfungswörter wie Adverbien und Konjunktionen helfen dir, Zusammenhänge zu verdeutlichen,
z. B.: *aber, allerdings, als, aufgrund, bevor, da, daher, danach, dann, daraufhin, dass, denn, deshalb, folglich,
gleichzeitig, hingegen, indem, jedoch, nachdem, obwohl, sodass, trotzdem, während, weil, wegen, um zu.*

Besonderheiten der sprachlichen Umsetzung analysieren

1 **a** Bei der Sprachanalyse geht es darum, auffällige Besonderheiten direkt mit dem Textinhalt in Zusammenhang zu bringen. Lies die Kurzgeschichte nochmals aufmerksam durch und achte dabei zunächst vor allem auf den Satzbau. Bestimme, welche Art von Sätzen vorherrscht. Kreuze an.

☐ einfache, kurze Sätze ☐ lange, verschachtelte Sätze

b Borchert unterstreicht damit ein Textsortenmerkmal. Benenne es auf der Linie.

_____

c Ergänze für die Elemente des Satzbaus jeweils ein Beispiel sowie die Wirkung bzw. die Wirkabsicht.

Ellipse	_____ _____ (Z. ___)	_____ der Gedanken der Hauptfigur. Die Lesenden können so den sprunghaften … _____
Wörtliche Rede	_____ _____ (Z. ___)	Obwohl keine Anführungszeichen im Text gesetzt sind, kann man erkennen, dass … _____ _____
Fragesätze	_____ _____ (Z. ___)	_____ _____

2 Ein auffälliges Stilmittel sind die Wortwiederholungen bzw. Wiederholungen ganzer Wendungen in der Kurzgeschichte. Überprüfe den Text und benenne die wiederholten Begriffe und Satzteile. Ergänze die Wirkung der jeweiligen Wiederholung. Schreibe in dein Heft. So kannst du beginnen: *Etliche Male wiederholt Borchert in seiner Kurzgeschichte symbolhafte Begriffe wie … (Z. …, …), die …*

Die Textsorte nachweisen

1 Kurzgeschichten weisen bestimmte Merkmale auf. Wähle aus dem Wortspeicher fünf weitere Merkmale aus und notiere in Stichworten Belege wie im Beispiel aus „Die Küchenuhr" mit Zeilenangabe in deinem Heft. Achtung: Nicht alle Angaben sind passende Textsortenmerkmale.

> **Wortspeicher**
>
> Figuren sind nicht näher beschriebene Alltagsmenschen • Hauptfigur ist detailliert beschrieben • Nebenhandlungen erklären Zusammenhänge • zielstrebiger Handlungsverlauf • prägendes Erlebnis oder innerer Konflikt der Hauptfigur(en) • unerwartete Wende • offenes Ende • eher einfache alltagsnahe Sprache

A *unmittelbarer Beginn → Z. 1–3, keine Nennung des Namens, Vorgeschichte unbekannt*

2 Fasse deine Ergebnisse zur Textsortenbestimmung in sinnvoll verknüpften Sätzen zusammen. Schreibe in dein Heft. So kannst du beginnen: *Der Text weist … Typisch für diese Textsorte ist … Außerdem wird ein … Ebenso …*

Die Absicht des Autors erkennen und auf die eigene Lebenswirklichkeit übertragen

Annahmen zur Absicht des Autors und zur Wirkung des Textes formulieren

Man kann die **Absichten eines Autors** nie eindeutig bestimmen, aber jeder Text bietet Anhaltspunkte, welche Ziele und Wirkungen der Verfasser wahrscheinlich erreichen wollte. Um dies herauszufinden, muss man den Text sehr genau lesen und das Thema, die **verwendete Sprache** (Wortwahl, Satzbau, Stilmittel ▶ hintere Umschlaginnenseite), die **Zeitumstände**, eventuell auch die **Biografie** des Autors, berücksichtigen. **Thema, Sprache und Gestaltung** eines Textes bestimmen auch die **Wirkung**, die er auf die Lesenden hat. Deine Ausführungen zur Absicht oder Wirkung eines Textes solltest du mit **aussagekräftigen Zitaten** belegen. Beachte: Die Aufgabenstellungen zu Absicht und Wirkung können ganz unterschiedlich lauten!

1 Wolfgang Borchert wurde als Soldat mehrfach aufgrund seiner kritischen Haltung verhaftet, an der Ostfront schwer verwundet und entlassen. Er gilt als einer der Wegbereiter der deutschen Nachkriegsliteratur.

a Stelle Vermutungen an, welche der folgenden Absichten er mit der Kurzgeschichte „Die Küchenuhr" verfolgt haben könnte. Streiche Unpassendes durch.

> **Wortspeicher**
>
> unterhalten • anhand eines Beispiels einen Eindruck von der zeitgeschichtlichen Situation geben • zum Nachdenken anregen • zu politischen Aktionen aufrufen • eine Epoche darstellen • überzeitliche Werte von Familienzusammenhalt und Mutterliebe aufzeigen

b Suche Textstellen, die deine Vermutungen belegen. Schreibe in dein Heft.

2 a Literarische Texte wirken über ihre Entstehungszeit hinaus. In der fragengeleiteten Texterschließung wird auch nach der persönlichen Stellungnahme gefragt. Was kann die Kurzgeschichte heute noch vermitteln? Kreuze an, was deiner Meinung nach zutrifft.

A ☐ Rückblickend erkennt man den höheren Wert von Dingen.

B ☐ Die Darstellung der großen Not in der Nachkriegszeit ist für die Erinnerung wichtig.

C ☐ In der eigenen Familie erfahre ich Unterstützung, die ich nicht immer als solche wahrnehme.

D ☐ Man sollte auch kaputte Dinge als Erinnerungsstück aufheben.

> Anders als im Schluss legt man hier argumentativ seinen **Standpunkt** bzw. seine Meinung zur gestellten **Themafrage** dar. Inhalte aus dem Text können dabei herangezogen werden.

b Eine Schülerin hat den folgenden Ausschnitt einer persönlichen Stellungnahme verfasst. Allerdings macht sie mehrere Fehler bei den Zitaten. Unterstreiche sie und verbessere sie in deinem Heft.

VORSICHT FEHLER!

Zusätzlich vermittelt die Kurzgeschichte für uns Jugendliche sehr wohl die große Not in der Nachkriegszeit. In dieser Zeit haben viele Menschen fast ihr gesamtes Hab und Gut verloren, sodass nur noch einzelne Erinnerungsstücke übrig geblieben sind. „Das war unsere Küchenuhr [...] Ja, ich habe sie noch gefunden. Sie ist übriggeblieben." (Z. 7–10). Mit diesen Worten veranschaulicht Borchert die Verluste, die viele
5 Menschen durch den Krieg hatten. Dass damit nicht nur die materiellen Dinge gemeint sind, zeigt sich in einem weiteren Aspekt.
Denn zusätzlich macht mir die Kurzgeschichte bewusst, dass auch ich vieles als „ganz selbstverständlich" empfinde, was meine Mutter für mich tut, obwohl es das nicht ist.
„Jetzt, jetzt weiß ich, dass es das Paradies war. (Z. 92 f.) bzw. „Und jetzt" zeigt außerdem, dass man den
10 großen Wert dieser Unterstützung in der Familie leider immer erst im Rückblick wahrnimmt.

Kreativer Schreibauftrag: Einen Tagebucheintrag verfassen

Bei einem **Tagebucheintrag** versetzt man sich in die Figur in der Geschichte und gibt ihre Gedanken in der Ich-Form im Präsens wieder. Ein Tagebucheintrag kann z. B.
- kurze Geistesblitze/Gedankensprünge in kurzen oder unvollständigen (elliptischen) Sätzen,
- Fragen (z. B.: *Wieso macht er das?*),
- Ausrufe (z. B.: *O Mann, das kann doch bitte nicht wahr sein!*) und
- Interjektionen (z. B.: *Ach!, Oje!*) enthalten.

Der Tagebucheintrag steht **nicht** in Anführungszeichen. Beziehe **immer** den Inhalt der Textvorlage mit ein.

1 „Und der Mann, der neben ihm saß, sah auf seine Schuhe. Aber er sah seine Schuhe nicht. Er dachte immerzu an das Wort Paradies." (Z. 105–108). Lies den letzten Absatz der Kurzgeschichte noch einmal durch. Kreuze an, welche Verknüpfungen der Mann mit dem Begriff „Paradies" verbindet.

A ☐ Südseeurlaub und Erholung von den Schrecken des Kriegs

B ☐ von der Mutter oder Frau versorgt zu werden und damit familiäre Geborgenheit zu haben

C ☐ gemeinsames Essen mit der Familie und normalerweise alltägliche Routinen

2 a Notiere dir Stichpunkte zum Begriff „Paradies" des Mannes in der Kurzgeschichte.

b Verfasse nun einen vollständigen Tagebucheintrag für dein digitales Tagebuch oder deinen Blog aus der Sicht des Mannes auf der Bank. Schreibe in dein Heft. Verwende die Ergebnisse aus den Aufgaben 1 und 2a sowie den folgenden Beginn der Ausformulierung:
Liebes Tagebuch, / Hallo Leute, das Paradies! Ja genau, das war das Paradies, mit meiner Frau …

3 Als zusätzliche Übung kannst du auch die Gedanken der Mutter des jungen Mannes notieren, als sie ihm wieder einmal nachts um halb drei Essen richtet, obwohl sie bereits geschlafen hatte. Bedenke, dass sie sicherlich nicht darüber schimpfen wird. Schreibe in dein Heft.

Den Schluss der fragengeleiteten Texterschließung formulieren

1 a Streiche Aussagen, die für den Schluss sprachlich und/oder inhaltlich nicht geeignet sind, und markiere die, die du übernehmen würdest.

b Schreibe danach einen vollständigen Schluss in dein Heft. Ergänze eigene Einschätzungen.

Nachdem du bereits im Hauptteil eine begründete Stellungnahme verfasst hast, solltest du im Schlussteil darauf achten, dich **möglichst nicht zu wiederholen** bzw. dir **nicht zu widersprechen.**

A Für mich zeigt die Geschichte, dass man viele Annehmlichkeiten innerhalb der Familie als selbstverständlich erachtet.

B Man sollte sich von kaputten Dingen immer sofort trennen, da sie nur Platz wegnehmen.

C Sicherlich sollte man sich bei seinen Familienmitgliedern häufiger bedanken, …

D Vielleicht kann ich ja auch „so ein Paradies" für ein Familienmitglied schaffen?

E Nachts noch etwas zu essen, schafft Unruhe im Haus und weckt andere.

Eine Parabel erschließen und deuten

Wissen und Können	Die Parabel

- Eine Parabel ist eine **kurze, lehrhafte Erzählung,** die verschlüsselt eine allgemeine Erkenntnis oder Lebensweisheit ausdrückt.
- Die **Lehre** wird oft nicht mitformuliert. Die Leser/-innen müssen sich diese selbst erschließen.
So wird eine **Situation dargestellt (Gesagtes = Bildteil),** die auf eine **allgemeinere Bedeutung** des Textes **(Gemeintes = Sachteil)** verweist.
- Manchmal fordert die Parabel auch zum Handeln auf.

Den Inhalt einer Parabel erschließen

1 Lies die Parabel „Die Blinden" aufmerksam. Erschließe unbekannte Wörter aus dem Zusammenhang.

Nikos Kazantzakis

Die Blinden (1948)

Es war einmal ein kleines Dorf in der Wüste. Alle Einwohner dieses Dorfes waren blind. Eines Tages kam dort ein großer König mit seinem Heer vorbei. Er ritt auf einem gewaltigen Elefanten. Die Blinden
5 hatten viel von Elefanten erzählen hören und wurden von einer heftigen Lust befallen, heranzutreten und den Elefanten des Königs berühren zu dürfen und ihn zu untersuchen, um eine Vorstellung davon zu bekommen, was das für ein Ding sei.
10 Einige von ihnen – vielleicht waren es die Gemeindeältesten – traten vor und verneigten sich vor dem König und baten um die Erlaubnis, seinen Elefanten berühren zu dürfen. Der eine packte ihn beim Rüssel, der andere am Fuß, ein dritter an der Seite,
15 einer reckte sich hoch auf und packte das Ohr, und ein anderer wieder durfte einen Ritt auf dem Rücken des Elefanten tun.
Entzückt kehrten alle ins Dorf zurück, und die Blinden umringten sie und fragten eifrig, was denn das ungeheuerliche Tier Elefant für ein Wesen sei. Der 20
Erste sagte: „Er ist ein großer Schlauch, der sich hebt und senkt, und es ist ein Jammer um den, den er zu packen kriegt." Der Zweite sagte: „Es ist eine mit Haut und Haaren bekleidete Säule." Der Dritte sagte: „Es ist wie eine Festungsmauer und hat auch 25
Haut und Haare." Der, der ihn am Ohr gepackt hatte, sagte: „Es ist keineswegs eine Mauer, es ist ein dicker, dicker Teppich, der sich bewegt, wenn man ihn anfasst." Und der Letzte sagte: „Was redet ihr für Unsinn? Es ist ein gewaltiger Berg, der sich bewegt!" 30

2 **a** Beantworte die folgenden Fragen stichwortartig mit Hilfe des Textes.

A Diese Personen sind am Geschehen beteiligt: _____

B Das ist der Ort der Handlung: _____

C Ein besonderes Ereignis tritt ein: _____

D Die Dorfbewohner haben eine „Besonderheit" und bitten deshalb um etwas: _____

_____

E Das ist das Thema des Streitgesprächs am Ende: _____

_____

b **Was ist das eigentliche Thema der Parabel? Kreuze an. Die Parabel thematisiert ...**

	A die Chancen von guter Zusammenarbeit.		B das Problem der begrenzten Wahrnehmung.

3 Übertrage das in dieser Parabel Gesagte (Bildteil) auf das Gemeinte (Sachteil) und vervollständige dazu das folgende Parabelschema. Nutze dazu den Wortspeicher. Achtung: Zwei Aspekte passen nicht.

> **Wortspeicher**
>
> abgeschiedene Welt • Einsamkeit • begrenzte Wahrnehmung/Engstirnigkeit •
> Teile von etwas Unbekanntem • etwas Unbekanntes • große Neugierde • enge, wenig offene Gesellschaft

Gesagtes (Bildteil)		Gemeintes (Sachteil)
Blindheit der Menschen		
der Elefant		
verschiedene Körperteile des Elefanten		
Dorf		
Wüste		

Die Absicht des Autors erkennen

1 Wofür könnte die Parabel insgesamt lehrhaft stehen? Ziehe Verbindungslinien, sodass zutreffende Aussagen entstehen.

Die Parabel führt den Lesenden vor Augen, dass …	unterschiedliche Perspektiven und individuelle Vorerfahrungen eine wichtige Rolle dabei spielen, wie man etwas Unbekanntes sieht.
Die Parabel möchte die Lesenden lehren, …	man mit der eigenen Wahrnehmung immer nur einen Ausschnitt von einem Ganzen erfasst.
Die Parabel will deutlich machen, dass …	vorschnelles Einschätzen und Beurteilen von neuen Situationen zu vermeiden.
Der Text mahnt die Lesenden, …	sich ihrer Vorurteile bewusst zu werden und offen für Neues und die Einschätzungen anderer zu sein.

Mit Hilfe der Parabel einen Appell verfassen

1 Die Parabel „Die Blinden" will deutlich machen, dass unterschiedliche Perspektiven und individuelle Vorerfahrungen eine wichtige Rolle dabei spielen, wie man etwas Unbekanntes sieht. Man muss offen für Neues bleiben. Übertrage die Aussage auf deine Lebenswelt und formuliere einen Appell für die Schülerzeitung, dass man die neue Pausenverkaufsliste beim Hausmeister ohne Vorurteile ausprobieren sollte. So kannst du beginnen:

Liebe Mitschülerinnen und Mitschüler,
nachdem immer wieder unterschiedliche Aussagen zur neuen
Pausenverkaufskarte von Herrn Forsch ab nächstem Monat die Runde in unserer Schule machen, möchte ich euch hiermit
folgende Dinge mitgeben: …

> Auch bei der fragengeleiteten Texterschließung gibt es einen kreativen Schreibauftrag. Neben dem inneren Monolog, dem Tagebucheintrag oder dem Dialog können auch andere kreative Schreibformen gefordert werden.
> Der **Appell** versucht, Einfluss auf die Lesenden zu nehmen. Diese sollen nach dem Lesen etwas tun, annehmen oder unterlassen etc.

Auszüge aus Romanen erschließen

Beim **Beschreiben eines Romanauszugs** sind vielfältige Aufgaben möglich. Wichtig sind die **Zusammenfassung des Textes**, die **Darstellung sprachlicher Mittel und deren Wirkung**, die **Betrachtung der Erzählperspektive** und eine **Figurencharakterisierung**. Auch der Zusammenhang zwischen Text, Entstehungszeit und Autorenbiografie spielt bei der Betrachtung des Romanauszugs häufig eine Rolle. Außerdem werden eine begründete Stellungnahme und ein kreativer Zugang zum Text in Form eines kreativen Schreibauftrags verlangt.

Joachim Meyerhoff

Wann wird es endlich wieder so, wie es nie war (2013, Auszug)

Der Roman erzählt von der problematischen Kindheit und Jugend eines Jungen, der auf dem weitläufigen Gelände der psychiatrischen Klinik von Schleswig aufwächst, weil sein Vater Chefarzt und Leiter dieser Einrichtung ist. Neben eindrucksvollen und skurrilen Erlebnissen mit den Patientinnen und Patienten und der schwierigen Beziehung zu seinen zwei älteren Brüdern werden auch die vielen Hobbys seines eigenwilligen Vaters dargestellt. Eines davon ist kurzzeitig das Segeln.

Am liebsten ging er zusammen mit mir segeln, wenn man kein Segel zu setzen brauchte, weil es vollkommen windstill war. Er lag am Morgen in seinem Bett und sah in die Wipfel der hohen Lindenrei-
5 he. Wenn die Blätter schlaff, bewegungslos an den Zweigen hingen, sagte er zu mir: „Heute ist Segelwetter. Also nichts wie los." Wir fuhren dann gemeinsam, mit knatterndem Außenbordmotor, auf dem spiegelglatten Wasser dahin, lagen in der Sonne
10 und aßen unseren Proviant. Er erzählte mir Geschichten und hin und wieder angelten wir auch. [...] Zum endgültigen Erlöschen der Segelleidenschaft meines Vaters kam es auf einem dieser gemütlichen Ausflüge. Mein Vater schaltete mitten auf der Gro-
15 ßen Breite[1] den Außenborder ab, und wir ließen uns treiben. Das Wasser glitzerte, es war warm und herrlich still. Nach gut einer Stunde wollte mein Vater den Motor wieder anlassen. Zog an der Reißleine. Der Motor gluckste kurz auf, aber sprang nicht an.
20 Mehrere Versuche. Nichts. Selbst das Aufklappen der Motorhaube, für meinen Vater schon eine technische Meisterleistung, und das ratlose Bestaunen des Motorinneren änderten nichts. Wie für einen letzten Versuch griff er sich die Reißleine, sammelte all seine
25 akademischen Kräfte und hielt inne. Ich war neugierig, ob es diesmal funktionieren würde, und stellte mich hinter ihn. Voll Zorn riss er an der Leine, unge-

schickt, leicht schräg. Er riss an der Motorleine und traf mich voll ins Gesicht. Ich wurde zurückgeworfen, stolperte und ging über Bord. Mein Vater schrie
30 auf, versuchte mich noch zu packen. Die Strömung war nicht stark, aber doch stark genug, mich zügig vom Boot zu trennen. Ich hatte eine Schwimmweste an und trieb auf dem Wasser. Durch die Vehemenz des Schlages war ich durcheinander, hatte Nasenblu-
35 ten. Verschwommen sah ich meinen Vater auf dem Boot gestikulieren. Laut rief er um Hilfe.
Und dann sah ich ihn von der Bootskante springen, sah, wie mein übergewichtiger Vater ins Wasser plumpste, dachte „Mein Gott, was für ein erbärm-
40 licher Sprung", und hinter ihm entfernte sich unser Boot, das sogar, da mein Vater ihm beim Absprung einen Schubs gegeben hatte, etwas Fahrt aufnahm.
Kurz bevor er bei mir war – es hatte lange gedauert, bis er näher kam, lange hatte ich sein verzweifeltes
45 Gesicht in Zeitlupe auf mich zukommen gesehen –, kurz bevor er mich erreichte, wurde ich beherzt von kräftigen Armen aus dem Wasser gehoben. Jemand rief meinem Vater etwas zu. Er schwamm und paddelte und kletterte schließlich mit triefnasser Klei-
50 dung über die Außenleiter ins Boot unserer Retter.

---

1 die Große Breite: Teil der Schlei, eines Meeresarms, an dem Schleswig liegt

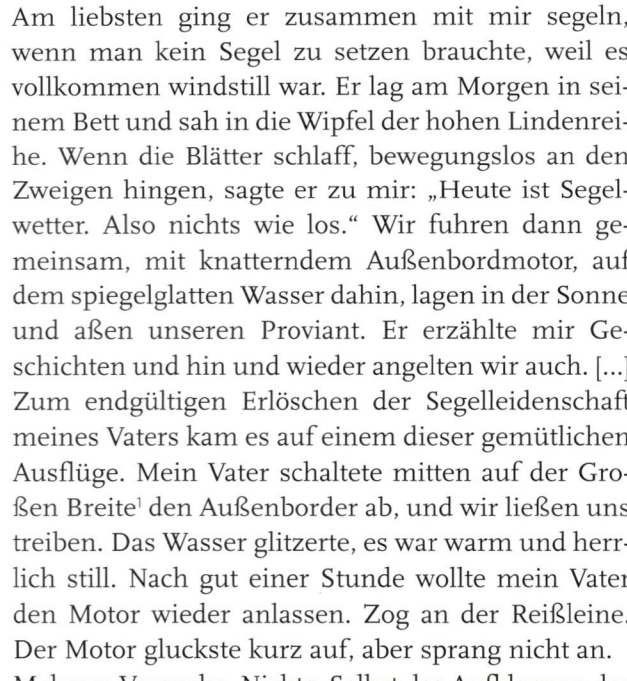

Er war außer Atem. Zitterte, umarmte mich, hielt mich so fest, dass ich husten musste. Auch ich umarmte ihn, und es war nicht ganz klar, wer hier gerade wen tröstete. Das Paar, das uns herausgefischt hatte, war so freundlich, unser Boot zu suchen. Es lag im Schilf, und wir nahmen es ins Schlepptau. Als mein Vater, in eine Decke gehüllt, sah, wie sich der Mann eine Zigarette anzündete, fragte er: „Darf ich auch eine?", und er bekam eine. Vier Jahre lang hatte er nicht geraucht.

Als wir im Schlei-Segel-Club ankamen, wurden wir von einer ganzen Traube Menschen empfangen. Und von da an kursierte unter den Schleswiger Seglern die Geschichte vom Herrn Professor, der seinen Sohn über Bord geschlagen hatte, bei Windstärke null in Seenot geraten war und gerettet werden musste. Und alles ohne Segelschein! Auf dem Weg nach Hause sagte mein Vater zu mir: „Ich wäre dir sehr dankbar, wenn du das nicht gleich heute Abend erzählst. Nur für heute Abend könnte das doch unser kleines Geheimnis bleiben." Natürlich wollten meine Brüder und meine Mutter wissen, warum ich zwei blutdurchtränkte Wattepfropfen in der Nase hatte, aber ich log, log für meinen Vater und sagte, ich wäre gegen den Mastbaum gelaufen. Ich log, und mein Vater nickte mir dankbar zu. Danach hat er seine Sepia[2], die JoMaHe, nie mehr betreten.

---

2 die Sepia: *eigentlich* Tintenfisch, *hier* ein Segelboottyp

Den Inhalt erschließen und zusammenfassen

1
a Lies den Romanauszug genau. Notiere in deinem Heft, aus wessen Sicht erzählt wird (mit einem Textbeleg).
b Begründe in deinem Heft, welche Erzählperspektive (▸ „Wissen und Können", S. 43) gewählt wurde.

Wissen und Können	**Die Erzählperspektive**

- **Auktoriale Erzählperspektive:** Der allwissende (auktoriale) Erzähler überblickt die gesamte Handlung. Er kennt die Gedanken und Gefühle aller Figuren.
- **Personale Erzählperspektive:** Der personale Erzähler erzählt aus dem eingeschränkten Blickwinkel einer Figur, die am Geschehen beteiligt ist. Er kann in der Er-/Sie-Form erzählen.
- **Neutrale Erzählperspektive:** Der neutrale Erzähler beschreibt nur das, was von außen gesehen werden kann, ohne etwas zu werten oder sich in eine Figur hineinzuversetzen.

2 Stelle die folgenden Bausteine zu Handlungsschritten zusammen, indem du die Stichworte aus der rechten Spalte mit den passenden in der linken verbindest. Streiche unnötige und falsche Details. Ergänze die letzten Angaben.

bewegungslose Blätter an den Linden, Einladung zu einem Segelausflug, Abfahrt mit Motorkraft, dann	den in einer Schwimmweste dahintreibenden Sohn zu retten
Versagen des Bordmotors und misslingender Versuch des Vaters,	Sturz des blutenden Jungen ins Wasser
Sammlung aller Kräfte, beim Ziehen an der Reißleine Stoß ins Gesicht des Sohns und	gemütliches Dahintreiben von Vater und Sohn auf dem Wasser
Sprung des Vaters in die Schlei, mühsamer Versuch,	durch andere Segler
Rettung von Vater und Sohn sowie Bergung des Bootes	den Motor wieder zu starten
Spott im Segelclub, zu Hause …	…

3 Nutze deine Ergebnisse zu Aufgabe 2 für eine Zusammenfassung in deinem Heft. Ergänze wichtige Aspekte.

Eine Figur charakterisieren

Wissen und Können	Eine Figur charakterisieren

Bei einer **Charakterisierung** wird – soweit dies dem Text zu entnehmen ist – die gesamte Persönlichkeit der Figur dargestellt:

- das **äußere Erscheinungsbild** (z. B. Alter, Aussehen, Kleidung),
- das **soziale Umfeld** (z. B. Lebensumstände, Beruf, Beziehungen, Gesellschaftsschicht),
- **Eigenschaften** und **Verhalten** (z. B. Sprache, Handlungen, Abneigungen) – auch gegenüber anderen Figuren,
- **innere Vorgänge** (z. B. Gefühle, Einstellungen, Wünsche).

Manchmal fordert die Aufgabenstellung auch, **das Verhältnis zu einer anderen Figur** zu beschreiben. Einige Merkmale werden im Text direkt dargestellt, andere können aus Verhaltensweisen und Gefühlen der Figur oder aus Äußerungen anderer Figuren erschlossen werden. Alle Aussagen müssen belegt werden.

1 Um die Figur des Vaters zu charakterisieren, musst du den Text sehr genau lesen. Erkläre, was die folgenden Textstellen über den Vater aussagen. Ein Beispiel ist vorgegeben.

A „Am liebsten ging er zusammen mit mir segeln, wenn man kein Segel zu setzen brauchte, weil es vollkommen windstill war." (Z. 1–3)
Der Vater mag es ruhig; wahrscheinlich ist er auch etwas ängstlich und unsportlich.

B „Er erzählte mir Geschichten und hin und wieder angelten wir auch." (Z. 10 f.)

C „Selbst das Aufklappen der Motorhaube, für meinen Vater schon eine technische Meisterleistung, und das ratlose Bestaunen des Motorinneren änderten nichts." (Z. 20–23)

D „sah, wie mein übergewichtiger Vater ins Wasser plumpste" (Z. 39 f.)

E „lange hatte ich sein verzweifeltes Gesicht in Zeitlupe auf mich zukommen gesehen" (Z. 45 f.)

F „Zitterte, umarmte mich, hielt mich so fest, dass ich husten musste." (Z. 53)

G „Ich wäre dir sehr dankbar, wenn du das nicht gleich heute Abend erzählst." (Z. 70–72)

2 Übernimm den folgenden Anfang einer Charakterisierung des Vaters in dein Heft. Ergänze Zeilenbelege und passende Zitate. Setze die Charakterisierung fort. Nutze deine Ergebnisse aus Aufgabe 1.

Der Vater des Ich-Erzählers ist ein „übergewichtiger" Mann (vgl. Z. **?**), der es ruhig mag, denn er bricht nur bei Windstille mit dem Boot auf (vgl. Z. **?** , **?**). Er nimmt lieber den Außenbordmotor zu Hilfe, als die Segel zu setzen. Vielleicht ist er aber auch ein wenig ängstlich. Auf alle Fälle ist er unsportlich („ **?** ", Z. 39 ff.) und kann nicht gut schwimmen (vgl. Z. **?** ; Z. **?**). ...

Sprachliche Besonderheiten beachten

1 **a** Der Höhepunkt des Romanauszugs weist sprachliche Besonderheiten auf. Suche jeweils Beispiele für

    A besonders prägnante Sätze (Zeilenangaben) _____

    B anschauliche Adjektive (Beispiele) _____

    C Wiederholungen (Beispiele) _____

b Notiere im Heft jeweils die Wirkung der aufgezählten sprachlichen Besonderheiten.

Einen Perspektivenwechsel bearbeiten (kreativer Schreibauftrag)

Wissen und Können	**Perspektivenwechsel**

Beim **Perspektivenwechsel** wird das **Erzählte aus der Wahrnehmung einer anderen Figur dargestellt**. Charakter, Sprache, Empfindungen der Person sowie Ort und Rahmen der Geschichte bleiben erhalten.

1 **a** Im folgenden Schülertext ist der Höhepunkt des Romanauszugs (S. 42 f., Z. 17–52) aus der Perspektive des Vaters erzählt– allerdings fehlerhaft. Unterstreiche die drei inhaltlichen sowie drei sprachlichen Fehler.
b Schreibe danach eine korrigierte Fassung in dein Heft.

VORSICHT FEHLER!

> Als mein Sohn und ich wieder starten wollten, sprang der vertrackte Motor nicht mehr an. Ich konnte beim aufklappen der Motorhaube nichts Ungewöhnliches entdecken und zog noch einmal vorsichtig an der Reisleine. Was ich nicht wusste: Der Junge hatte sich hinter mich gestellt, deshalb wurde er durch die Bewegung meines Arms aus dem Boot geschleudert. Er trieb dank der Schwimmweste auf dem Wasser, entfernte sich aber rasch vom Boot und rief laut um Hilfe. Da nahm ich all meinen Mut zusammen, sprang ins Wasser und schwamm in schnellen Zügen auf ihn zu. Bevor ich ihn erreicht hatte, wurde er von der Besatzung eines anderen Bootes aus der Schlei gezogen. Auch ich konnte mich schlieslich in das fremde Boot retten und umarmte erleichtert meinen triefnassen Sohn, der aus der Nase blutete.

Eine begründete Stellungnahme erarbeiten

1 Zu dem Auszug aus dem Roman „Wann wird es endlich wieder so, wie es nie war" wird die untenstehende begründete Stellungnahme verlangt.
a Unterstreiche den Themabegriff grün und die Schlüsselbegriffe orange.
b Kreuze an, welche der darunter notierten Ideen sich für Argumentationen zur Themafrage eignen.
c Wähle passende Punkte aus und schreibe eine begründete Stellungnahme von ca. 250 Wörtern in dein Heft.

Wozu sollten Jugendliche und ihre Eltern ihre Freizeit gelegentlich gemeinsam gestalten?

A ☐ Vertrauen vertiefen   D ☐ Geld sparen

B ☐ gemeinsame Gesprächsthemen finden   E ☐ Stress mit Freunden vermeiden

C ☐ die familiäre Beziehung stärken   F ☐ von Wissen und Erfahrung der Eltern profitieren

Günter Grass

Die Blechtrommel (1959, Auszug)

Der Roman „Die Blechtrommel" von Günter Grass ist eines der bedeutendsten Werke der deutschen Nachkriegsliteratur. Darin schreibt Oskar Matzerath in einer Heilanstalt seine Erinnerungen auf. Oskar wächst seit dem dritten Lebensjahr aus Protest gegen die Erwachsenenwelt nicht mehr, kann Glas zersingen und trommelt, statt zu sprechen. Durch Perspektivenwechsel wird der Ich-Erzähler hin und wieder zum allwissenden Erzähler und stellt das Leben früherer Generationen dar. Der Roman vermittelt ein eindringliches, teilweise satirisches Bild der Zeit vor und während des Nationalsozialismus. Oskars Protesthaltung gegen das Kleinbürgertum und die Autoritätsgläubigkeit wird auch an seinem ersten – und einzigen – Schultag (um 1930) deutlich.

Fräulein Spollenhauer trug ein eckig zugeschnittenes Kostüm, das ihr ein trocken männliches Aussehen gab. Dieser Eindruck wurde noch durch den knappsteifen, Halsfalten ziehenden, am Kehlkopf
5 schließenden und, wie ich zu bemerken glaubte, abwaschbaren Hemdkragen verstärkt. Kaum hatte sie in flachen Wanderschuhen die Klasse betreten, wollte sie sich sogleich beliebt machen und stellte die Frage: „Nun, liebe Kinder, könnt ihr auch ein Lied-
10 chen singen?"
Als Antwort wurde ihr Gebrüll zuteil, welches sie jedoch als Bejahung ihrer Frage wertete, denn sie stimmte geziert hoch das Frühlingslied „Der Mai ist gekommen" an, obgleich wir Mitte April hatten.
15 Kaum hatte sie den Mai verkündet, brach die Hölle los. Ohne auf das Zeichen zum Einsatz zu warten, ohne den Text recht zu kennen, ohne das geringste Gefühl für den simplen Rhythmus dieses Liedchens, begann die Bande hinter mir, den Putz an den Wän-
20 den lockernd, durcheinander zu gröhlen.
Trotz ihrer gelblichen Haut, trotz Bubikopf und unterm Kragen vorlugendem männlichen Schlips tat mir die Spollenhauer leid. Von den Wolken, die offensichtlich schulfrei hatten, mich losreißend, raffte
25 ich mich auf, zog mit einem Griff die Stöcke unter meinen Hosenträgern hervor und trommelte laut und einprägsam den Takt des Liedes. [...]
Als es dem Fräulein Spollenhauer jedoch nicht gelang, meinen Trommeltakt sogleich und richtig
30 nachzuklopfen, verfiel sie wieder ihrer alten gradlinig dummen, obendrein schlechtbezahlten Rolle, gab sich den Ruck, den sich Lehrerinnen dann und wann geben müssen, sagte: „Du bist sicher der kleine Oskar. Von dir haben wir schon viel gehört. Wie
35 schön du trommeln kannst. Nicht wahr, Kinder? Unser Oskar ist ein guter Trommler?"

Die Kinder brüllten, die Mütter rückten enger zusammen, die Spollenhauer hatte sich wieder in der Gewalt. „Doch nun", fistelte sie, „wollen wir die Trommel im Klassenschrank verwahren, sie wird
40 müde sein und schlafen wollen. Nachher, wenn die Schule aus ist, sollst du deine Trommel wiederbekommen."
Noch während sie diese scheinheilige Rede abspulte, zeigte sie mir ihre kurzbeschnittenen Lehrerinnen-
45 fingernägel, wollte sich an der Trommel, die, bei Gott, weder müde war noch schlafen wollte, zehnmal kurzbeschnitten vergreifen. Vorerst hielt ich fest, schloss die Arme in Pulloverärmeln um das weißrotgeflammte Rund, blickte sie an, blickte
50 dann, da sie unentwegt den uralten schablonenhaften Volksschullehrerinnenblick gewährte, durch sie hindurch, fand im Innern des Fräulein Spollenhauer Erzählenswertes genug für drei unmoralische Kapitel [...].
55
Nun gibt die Lehrerin den Stundenplan bekannt. Oskar trommelt genau nach den Silben dazu.
Aber die Spollenhauer bemerkte die Unterschiede nicht. Ihr war alle Trommelei gleich zuwider. Zehnmal zeigte sie mir, wie schon vorher, die abgehack-
60 testen Fingernägel und wollte zehnmal zugreifen.
Doch bevor sie noch mein Blech berührte, ließ ich schon meinen glastötenden Schrei los, der den drei übergroßen Klassenfenstern die oberen Scheiben nahm. Einem zweiten Schrei fielen die mittleren
65 Fenster zum Opfer. Ungehindert drang die milde Frühlingsluft in den Klassenraum. Dass ich mit einem dritten Schrei auch die unteren Fensterscheiben tilgte, war im Grunde überflüssig, ja reiner Übermut, denn die Spollenhauer zog schon beim
70 Versagen der oberen und mittleren Scheiben ihre Krallen ein. Anstatt mich aus reinem und künstlerisch fragwürdigem Mutwillen an den letzten Scheiben zu vergehen, hätte Oskar weiß Gott klüger gehandelt, wenn er die zurücktaumelnde Spollenhauer
75 im Auge behalten hätte.

Weiß der Teufel, wo sie den Rohrstock hergezaubert haben mochte. Jedenfalls war er auf einmal da, zit-
80 terte in jener sich mit der Frühlingsluft kreuzenden Klassenluft, und durch diese Luftmischung ließ sie ihn sausen, ließ ihn biegsam sein, hungrig, durstig, auf platzende Haut versessen sein, auf das Sssst, auf die vielen Vorhänge, die ein Rohrstock vorzutäu-schen vermag, auf die Befriedigung beider Teile.
85 Und sie ließ ihn auf meinen Pultdeckel knallen, dass die Tinte im Fässchen einen violetten Sprung mach-te. Und sie schlug, als ich ihr die Hand nicht zum Draufschlagen anbieten wollte, auf meine Trommel. Auf mein Blech schlug sie. Sie, die Spollenhauer-
90 sche, schlug auf meine Blechtrommel. Was hatte die zu schlagen? Gut, wenn sie schlagen wollte, warum dann auf meine Trommel? Saßen nicht gewaschene Lümmel genug hinter mir? Musste es unbedingt mein Blech sein? Musste sie, die nichts, rein gar
95 nichts von der Trommelei verstand, sich an meiner Trommel vergreifen? Was blitzte ihr da im Auge? Wie hieß das Tier, das schlagen wollte? Welchem Zoo entsprungen, welche Nahrung suchend, wonach läufig? – Es kam Oskar an, es drang ihm, ich weiß
100 nicht aus welchen Gründen aufsteigend, durch die Schuhsohlen, Fußsohlen, fand hoch, besetzte seine Stimmbänder, ließ ihn einen Brunstschrei aussto-ßen, der gereicht hätte, eine ganze herrliche, schön-fenstrige, lichtfangende, lichtbrechende, gotische
105 Kathedrale zu entglasen.

Ich formte mit anderen Worten einen Doppelschrei, der beide Brillengläser der Spollenhauer wahrhaft zu Staub werden liess. Mit leicht blutenden Augenbrau-en und aus nunmehr leeren Brillenfassungen blin-
110 zelnd, tastete sie sich rückwärts, begann schließlich hässlich und für eine Volksschullehrerin viel zu un-beherrscht zu greinen, während die Bande hinter mir ängstlich verstummte, teils unter den Bänken verschwand, teils die Zähnchen klappern ließ. Eini-
115 ge rutschten von Bank zu Bank den Müttern entge-gen. Die jedoch, da sie den Schaden begriffen, such-ten den Schuldigen und wollten über meine Mama herfallen, wären wohl auch über meine Mama herge-fallen, hätte ich mich nicht, meine Trommel grei-
120 fend, aus der Bank geschoben.
An der halbblinden Spollenhauer vorbei fand ich zu meiner von Furien bedrohten Mama, fasste sie bei der Hand, zog sie aus dem zugigen Klassenzimmer der Klasse I a. Hallende Korridore. Steintreppen für
125 Riesenkinder. Brotreste in sprudelnden Granitbe-cken. [...]
Dem Fotografen jedoch, der zwischen den Säulen des Portals auf die Erstklässler mit den Schultüten und Müttern wartete, erlaubte Oskar, eine Aufnahme von
130 ihm und seiner bei all dem Durcheinander nicht ver-lorengegangenen Schultüte zu machen. Die Sonne kam hervor, über uns summten Klassenzimmer. Der Fotograf stellte Oskar vor die Kulisse einer Schultafel, auf der geschrieben stand: Mein erster Schultag.

Den Inhalt erschließen und zusammenfassen

1 Mache dir Zeit, Ort und Figuren in diesem Romanauszug bewusst. Notiere sie.

Zeit (vgl. Vorspann): _____ Ort: _____

Hauptfiguren: _____

2 Untersuche die Erzählperspektive. Ergänze die folgenden Ausführungen dazu.

Der Romanauszug ist meistens in der _____ -Erzählform aus der Sicht von _____ erzählt.

Textbelege: _____. Mehrfach wechselt jedoch die Perspektive, und zwar

in den Zeilen _____. Hier findet sich die _____.

3 Formuliere im Heft eine Einleitung für die Texterschließung. Nutze den Vorspann und folgende Informationen:

Wortspeicher

Günter Grass • 1927 in Danzig geboren • Maler, Bildhauer und berühmter Autor •
1959 erster Roman „Die Blechtrommel" • 1999 Nobelpreis für Literatur • gest. 13. April 2015

4 **a** Schreibe die angegebenen Zwischenüberschriften zu den Zeilenangaben ins Heft. Ergänze die fehlenden.

Z. 1–10: Aussehen der Lehrerin und deren Aufforderung, ein Lied zu singen; Z. 11–36: Chaotisches Brüllen, bei dem Oskar mit der Trommel den Takt vorgeben will, scheinheiliges Lob der Lehrerin; Z. 37–55: Erster Versuch der Lehrerin, Oskar die Trommel wegzunehmen; Z. 56–57: Die Lehrerin verliest den Stundenplan, Oskar trommelt dazu; Z. 58–61: Erneuter Versuch der Lehrerin, Oskar die Trommel fortzunehmen; Z. 62–76: …; Z. 77–105: …; Z. 105–114: …; Z. 114–120: …; Z. 121–126: …; Z. 127–134: …

b Erstelle mit Hilfe der Überschriften eine Textzusammenfassung des Romanauszugs. Schreibe in dein Heft.

5 Oskars Verhalten ist ein Ausdruck des Protests gegen die Missstände der damaligen Zeit. Überlege, was das Ziel seines Protests ist und was der Autor vermutlich anprangern will. Unterstreiche passende Antworten.

Wortspeicher

das Aussehen der Lehrerin • das autoritäre Verhalten der Lehrkraft und damit das Schulsystem • das große Schulgebäude • die Klassenkameraden • die erst begeisterten, dann entsetzten Mütter • die Erziehung durch Schläge

---

Die Sprache und ihre Wirkung untersuchen

1 **a** Ein besonderes Merkmal der Sprache von Günter Grass ist der Satzbau.
Lies die Zeilen 1–27, 44–55 und 77–105 im Hinblick auf diese Aussage. Kreuze an, was typisch für diesen Satzbau ist.

A ☐ kurze Sätze   D ☐ Ellipsen

B ☐ lange Satzgefüge   E ☐ eine Reihe nebengeordneter Nebensätze

C ☐ in erster Linie Hauptsätze   F ☐ Fragesätze

b Notiere stichpunktartig, wie der Satzbau auf die Leser/-innen wirken könnte.

_____

2 Der Text wirkt durch die vielen (oft aneinandergereihten) Adjektive sowie auffallend gehäufte Partizipien sehr anschaulich, zum Teil auch ironisch. Notiere dafür je ein Beispiel aus den Absätzen Z. 1–27 und Z. 77–105.

_____

_____

3 Der Text enthält auch viele Stilmittel (vgl. ▶ hintere Umschlaginnenseite). Ergänze zu jedem Zitat die Zeilenangabe, benenne das Stilmittel und streiche unpassende Aussagen zur Funktion bzw. Wirkung durch.

A „den Putz an den Wänden lockernd" _____

schlechte Bauqualität anschaulich machen • Gebrüll drastisch verdeutlichen • wirkt ironisch/informativ

B „dass die Tinte im Fässchen einen violetten Sprung machte" _____

Farbe in den Text bringen • Härte des Schlags unterstreichen • wirkt anschaulich/informativ/witzig

C „Doppelschrei" _____

Aufmerksamkeit auf das Wort und die damit verbundene Handlung lenken • an „Doppelkopf" erinnern • wirkt humorvoll/auffällig/langweilig

D „Hallende Korridore. Steintreppen für Riesenkinder. Brotreste in sprudelnden Granitbecken." _____

Sicht des kleinwüchsigen Kindes darstellen • den kalten, einschüchternden und abstoßenden Eindruck des Schulgebäudes verdeutlichen • wirkt anschaulich/ironisch/witzig

4 Fasse deine Ergebnisse in einer zusammenhängend formulierten Sprachuntersuchung zusammen. Schreibe in dein Heft.

Kreative Schreibaufträge bearbeiten: Einen Brief oder eine begründete Stellungnahme schreiben

1 Verfasse als weiterführende Aufgabe einen Brief einer Lehrerin von heute an ihre Freundin. Versetze dich in die Figur hinein, schildere und kommentiere eine mögliche Unruhesituation aus ihrer Sicht. Bedenke, dass das Schlagen von Schülerinnen und Schülern damals nicht strafbar war. Du kannst so beginnen:

Liebe Anette,
heute schreibe ich dir, weil ich dir unbedingt erzählen muss, was in meiner Klasse geschehen ist. ...

2 Auch in unserer Zeit protestieren Kinder und Jugendliche immer öfter – insbesondere zur Erhaltung der Umwelt und einer lebenswerten Zukunft. Überlege, welche Wirkung diese Proteste auf die Jugendlichen selbst haben. Schreibe dazu eine begründete Stellungnahme von ca. 250 Wörtern in dein Heft.

Den Schluss verfassen

1 Prüfe die Schlüsse, die Schüler/-innen zur Texterschließung geschrieben haben. Markiere, was du verbessern würdest. Begründe auf den Linien, welcher Schluss besser gelungen ist und was du ggf. ergänzen würdest.

A *Der Romanausschnitt stellt einen ersten Schultag dar, der ziemlich seltsam ist. Vielleicht war Schule früher wirklich so brutal und die Kinder wurden von Anfang an getriezt. Kein Wunder, dass sich der Oskar dagegen wehrt, nur klingen seine Handlungen sehr unrealistisch. Auch die altertümliche Sprache ist schwer zu verstehen. Vielleicht konnte Günter Grass aber gerade deshalb mit seinem Roman so große Aufmerksamkeit erringen und den Nobelpreis einheimsen.*

B *In dem Romanausschnitt sind Eindrücke aus dem Schulalltag vor vielen Jahrzehnten dargestellt. Meinen Urgroßeltern wären sie vielleicht noch bekannt gewesen. Oskar wehrt sich auf seine Weise mit der Trommel und seiner Glas zersingenden Stimme. Die Art der Darstellung ist zwar durch die fantastischen Vorgänge und die Sprache sehr ungewöhnlich, bietet aber dem Schriftsteller eine Möglichkeit, auf Missstände hinzuweisen. Ich finde den Ausschnitt deshalb recht interessant.*

_____

_____

_____

2 Verfasse einen eigenen Schluss zu deiner Texterschließung über den Romanauszug. Schreibe in dein Heft.

Satirische Texte

Was ist Satire?

Eine **Satire** kann in unterschiedlichen Formen auftreten, z. B. als:

- belustigende, übersteigerte Zeichnung (Karikatur),
- ironisches Gedicht, absurde Kurzgeschichte bzw. Erzählung oder absurder Roman,
- spöttische Umformung eines bekannten Textes (Parodie),
- humorvolle schauspielerische Szene auf einer Kleinkunstbühne (Kabarett),
- witziger Beitrag im Fernsehen und Radio oder als Internet-Meme.

Die Satire übt in spöttisch-frecher Weise **Kritik an gesellschaftlichen oder politischen** Zuständen und an **menschlichen Schwächen.** Diese Absicht kann z. B. mit folgenden **sprachlichen Mitteln** verdeutlicht werden:

- Über- oder Untertreibungen,
- belustigende Metaphern, Vergleiche oder Wortspiele,
- ironisch-spöttischer Unterton,
- lässig-saloppe Sprache,
- unpassende Wörter, Widersprüchlichkeiten und Neologismen.

---

1 Was will die Satire?
Lies den Text und markiere weitere Stellen, die Auskunft über die Absicht der Satire geben.

Kurt Tucholsky (1890–1935)

Was darf Satire?

[...] Satire scheint eine durchaus negative Sache. ==Sie sagt: „Nein!"== [...] Die Satire beißt, lacht, pfeift und trommelt die große, bunte Landsknechtstrommel[1] gegen alles, was stockt und träge ist. [...]

5 Der Satiriker ist ein gekränkter Idealist[2]: Er will die Welt gut haben, sie ist schlecht, und nun rennt er gegen das Schlechte an. [...]
Wenn ich die Folgen der Trunksucht aufzeigen will, also dieses Laster bekämpfe, so kann ich das nicht
10 mit frommen Bibelsprüchen, sondern ich werde es am wirksamsten durch die packende Darstellung eines Mannes tun, der hoffnungslos betrunken ist. Ich hebe den Vorhang auf, der schonend über die Fäulnis gebreitet war, und sage: „Seht!" [...]
15 Übertreibt die Satire? Die Satire muss übertreiben und ist ihrem tiefsten Wesen nach ungerecht. Sie bläst die Wahrheit auf, damit sie deutlicher wird, und sie kann gar nicht anders arbeiten als nach dem Bibelwort: Es leiden die Gerechten mit den Ungerech-
20 ten. [...] Wir sollten nicht so kleinlich sein. Wir alle – Volksschullehrer und Kaufleute und Professoren und Redakteure und Musiker und Ärzte und Beamte

und Frauen und Volksbeauftragte – wir alle haben Fehler und komische Seiten und kleine und große Schwächen. Und wir müssen nun nicht immer 25 gleich aufbegehren [...], wenn einer wirklich einmal einen guten Witz über uns reißt. Boshaft kann er sein, aber ehrlich soll er sein. [...] Es wehte bei uns im öffentlichen Leben ein reinerer Wind, wenn nicht alle übel nähmen. [...] Die echte Satire ist blutreini- 30 gend: und wer gesundes Blut hat, der hat auch einen reinen Teint[3]. Was darf die Satire? – Alles.

---

1 die Landsknechtstrommel: Trommel, die im 15. und 16. Jahrhundert den Soldaten den Marschrhythmus vorgab und im Kriegsgetümmel Signale weiterleitete
2 der Idealist: Mensch, der einen Idealzustand der Welt anstrebt
3 der Teint: Gesichtshaut

2 Kreuze an: Was trifft auf satirische Texte und Satiriker zu?

A ☐ Fromme Bibelsprüche oder religiöse Themen dürfen in Satiren nicht vorkommen.

B ☐ Satiren regen zum Nachdenken an.

C ☐ Satiren üben Kritik an gesellschaftlichen oder politischen Missständen.

D ☐ Der Autor muss sachlich und objektiv bleiben. Er darf seine eigene Meinung nicht äußern.

E ☐ Satiren weisen auf Lächerliches hin.

F ☐ Satiren wollen ausschließlich unterhalten.

G ☐ Satiriker sind Spötter.

3 Satiren erscheinen nicht nur in verschiedenen Textformen, sie verwenden auch viele unterschiedliche sprachliche Mittel. Notiere das sprachliche Mittel, das Tucholsky in seinem Aufsatz (▶ S. 50) nennt.

_____ (Z._____)

Ephraim Kishon[1]

Hebräisch

Hebräisch lässt sich verhältnismäßig leicht erlernen, fast so leicht wie Chinesisch. Schon nach drei oder vier Jahren ist der Neueinwanderer in der Lage, einen Straßenpassanten in fließendem Hebräisch anzusprechen: „Bitte sagen sie mir, wie spät es ist, aber womöglich auf Englisch."

> Die **Satire** nutzt **vielfältige sprachliche Mittel.** Häufig finden sich in satirischen Texten Über- oder Untertreibung bis zum Absurden, Ironie, Sarkasmus, Vergleiche oder Metaphern, Wortspiele, Gegenüberstellung von Gegensätzen, anschauliche Beispiele, Rollen- und Perspektivenwechsel, unpassende Wörter aus anderen Lebensbereichen, Neologismen usw. Viele Satiren enden mit einer überraschenden Wende (= Pointe).

1 Ephraim Kishon: israelischer Schriftsteller (1924–2005)

4
a Lies den Text von Kishon und markiere unten, welche typischen Stilmittel und Merkmale der Satire (▶ Tipp) in den wenigen Zeilen verwendet sind; streiche unpassende.
Belege deine Entscheidung jeweils mit dem entsprechenden Zitat aus dem Text (ggf. mit Auslassungspunkten).
b Notiere in deinem Heft wie Kishons Text auf dich wirkt.

A Rollenwechsel/Ironie: _____

B Metapher/Vergleich/Personifikation: _____

C Übertreibung (Hyperbel)/Untertreibung: _____

D Gegenüberstellung von Gegensätzen/Pointe: _____

5 Überlege, welche Wirkungen im Allgemeinen mit den im ▶ Tipp genannten sprachlichen Mitteln verbunden sind. Die folgenden Zitate aus dem Text von Tucholsky (▶ S. 50) helfen dir herauszufinden, was Satiriker bewirken wollen.
Schreibe in dein Heft.

┌─ Wortspeicher
│
│   „packende Darstellung" (▶ Z. 11) • „bläst die Wahrheit auf, damit sie deutlicher wird" (▶ Z. 17) •
│   „Ich hebe den Vorhang auf, der schonend über die Fäulnis gebreitet war, und sage: ‚Seht!'" (▶ Z. 12–14) •
│   „einen guten Witz […] reißt" (▶ Z. 27)

6 Formuliere in deinem Heft eine eigenständige Definition von Satire, in der alle wichtigen inhaltlichen und sprachlichen Besonderheiten sowie die Autorenabsicht genannt werden.

Eine Satire untersuchen

Gerhard Polt (*1942)

Die Idylle

*Gerhard Polt ist einer der bekanntesten bayerischen Ka-
barettisten. Berühmt wurde er durch seine Sketche mit
Gisela Schneeberger („Fast wia im richtigen Leben"),
Kinofilme („Man spricht deutsh") und Bühnenauftritte.
Er gilt vielen als bayerischer Philosoph, der große Wahr-
heiten in kurze Sätze packen kann, z. B.: „Wer ist wir?
Ich nicht." oder „Ich sinnlose vor mich hin ... und das
mit Begeisterung!"*

Ja, herrlich ist es hier heraußen. Eine Idylle, diese
Natur. Äh, die Natur, ja. Ich muss schon sagen, also,
wir sind so gerne da heraußen, gell. Ma hat a Bewegung, ma tut was für seinen Körper, und mir ham

5 auch eigene Anpflanzungen, also Agrarprodukte
quasi. Und ich mein, auch die Kinder, die ham auch
an Auslauf, gell. Ja, des is ja, gehst da weg von den
Rosen, malefiz¹ noch mal! Heinz-Rüdiger gehst net
gleich weg da, is doch gefährlich! Sonst geht's dir

10 noch wie dem Herrn Wondrazil. Ah, der Herr Wondrazil, des war unser Heimgartenpräsident. Der hat
an Radi selbst gezüchtet, und, ich weiß auch net, er
ist daran gestorben. Die Leute da vom Gesundheits-
amt, die warn da und haben gesagt, dass der Radi

15 durchaus einen Mittelwert hat, also, was die Vergif-
tung anbelangt, net. Also, dass dieser statistische
Wert für zugelassenes Gift nicht überschritten wär.
Also, ich weiß auch net, aber jedenfalls, also, er hat's
nicht überlebt. Ich mein, des is klar. Äh, jetzt wo die-

20 ses Dingsda, dieses neue Chemiewerk, das ist also,
ma riecht ja an und für sich überhaupt nichts, gell,
fast. Also überhaupt nichts, nur bei Nordwind, also,
allerhöchstens einmal bei Nordwind, net. Ich mein,
äh, ja, natürlich, des sind Pflanzengifte, net, aber da-

25 für ham wir auch keine Schädlinge mehr. An Enger-
ling², den gibt's ja bei uns überhaupt nicht mehr, net.
Einen Engerling sehen Sie bei uns nicht, net, die
ham ja schließlich Milliarden investiert, net. Mei,
freilich, also des Wachstum, des geht a bisserl zu-

30 rück. Aber Vor- und Nachteile, des hebt sich natürlich alleweil a bisserl auf, net. O ja, o mein Gott, mit
den Zwetschgen, des is natürlich so eine Sache jetzt,
ich weiß auch net, also, was des jetzt werden soll.
Jetzt hams doch drüben dieses neue Betonwerk ge-

35 plant, äh. Des is also, für die Zwetschgen is des nicht
ideal. Aber mir planen dann halt was anderes, net.
Mir pflanzen halt a neue Pflanze ein. Also, sagen mir
halt mal was Widerstandsfähigeres, gell, aber, also

ich mein, also sonst, es is scho herrlich hier heraußen. Aber ansonsten, also mir samma begeisterte 40
Gartler. Ja was is denn, ja was seh ich denn da, ja um
Gottes willen. Amalie, Amalie, des is ja die Höhe, die
ganzen Gurken sind angefressen. Also nein, diese
Nager, des is ja ausgeschamt³, ja wo hamma denn die
Gasbomben. Amalie, ich hab doch die Gasbomben 45
extra mitgenommen in der Stadt. Ja, ich glaub, ich
muss in die Stadt zurückfahren, also, die ganzen
Gurken. Ja, also nein, nein, nein, also wirklich, alles
zerfressen diese Mäuse, was die in dieser Form da
für an Schaden anrichten, wenn man des ...Ja, wer 50
macht denn da so einen Radau? Sie, hören S'auf!
Musik, das geht fei net. Singen und Lärmen ist doch
nicht gestattet. Ja, für was ham denn mir a Heimgar-
tenordnung? Des geht doch nicht. Ja, wo komm mir
denn da hin? Des ist doch Rüpelei. Dass do einer 55
anfängt zum Singen und zum Krakeelen. Weil, also
wissen Sie, was mir hier wollen, des is Ruhe. Ruhe,
net. Ruhe, des is's – a Ruh!

---

1 malefiz: in etwa: verdammt (von lat. *maleficium*: Frevel, Verbrechen)

2 der Engerling: augenlose, weißliche Insektenlarve, ein Schädling im
Nutzgarten

3 ausgeschamt: (bair.) unverschämt, ohne Schamgefühl

1 Bestimme, worum es in dieser Satire geht, indem du unterstreichst, wie man die allgemeine Definition genauer eingrenzen kann.

In dieser Satire geht es um …

eine bestimmte Menschengruppe: Politiker/-innen • Fabrikbesitzer/-innen • Landwirte/Landwirtinnen •

Kleingärtner/-innen • Urlauber/-innen

einen bestimmten Menschentypen: Reiche • Spießbürger/-innen • Familienmenschen • Umweltschützer/-innen

menschliche Schwäche: Scheinheiligkeit • Selbstbetrug • Lügen • Neid • Geldgier

gesellschaftliche Probleme: Ausbeutung • Umweltverschmutzung • Bestechung • Egoismus

2 Eine Satire zielt oft auf anderes, als die Figur sagt. Der Ich-Erzähler in diesem Text entlarvt sich selbst, weil das, was er sagt, nicht zur Wirklichkeit passt. Notiere Stichworte oder kurze Zitate aus dem Text, die dies belegen.

A „Eine Idylle, diese Natur." _____

B „die Kinder, die ham auch an Auslauf, gell"

_____

C „Diese Ruhe, gell."_____

> **Sarkasmus, der:**
> beißender Spott, der Aufmerksamkeit erregen möchte, um auf ein grundsätzliches Problem oder einen politischen bzw. gesellschaftlichen Missstand hinzuweisen

3 **a** Polts Text ist die schriftliche Wiedergabe eines Sketches, der auf einer Kabarettbühne oder im Fernsehen vorgetragen wird und auch im Internet – begleitet von Geräuschen – zu sehen ist. Kreuze an, durch welche sprachlichen Mittel der Eindruck des mündlichen Vortrags entsteht. Markiere jeweils ein Beispiel im Text (▶S. 52) und schreibe den passenden Buchstaben an den Rand.

A	☐ Ausrufe	E	☐ Leseranrede	I	☐ Metaphern
B	☐ Jugendsprache	F	☐ Floskeln	J	☐ Wortspiele
C	☐ Redewendungen	G	☐ Füllwörter	K	☐ Interjektionen (Ausrufewörter, z. B. „O!")
D	☐ Wiederholungen	H	☐ Dialekt	L	☐ grammatisch unkorrekter Satzbau

b Der Text erzielt dadurch eine ganz bestimmte Wirkung. Streiche Unpassendes durch.

> Wirkung
>
> Hintergründe der Ökogärtnerei werden deutlich • Betonung der idyllischen Schrebergartenstimmung • Unmittelbarkeit der Szene (so, als würde man sie live vor Ort miterleben) • Lebensnähe (Authentizität) der Figur • Ausdruck von Naturliebe • Alltäglichkeit der Situation • Leser/-in wird einbezogen • Figur entlarvt sich selbst

4 Was beabsichtigt der Autor? Kreuze zutreffende Aussagen an.

Gerhard Polt …

A ☐ bringt seine Ablehnung von Gartenarbeit und Gartenbesitzerinnen und Gartenbesitzern zum Ausdruck.

B ☐ möchte auf Umweltverschmutzung und Verseuchung von Lebensmitteln hinweisen.

C ☐ prangert an, dass Menschen wegschauen und sich Problemen nicht stellen.

D ☐ fordert, dass man seine Lebensmittel nicht selbst anbauen soll.

Gedichte als Ausdruck ihrer Zeit – politische Lyrik

Wissen und Können	Lyrik – politische Lyrik

Unter „**Lyrik**" versteht man die Dichtung in Versform. Ursprünglich war Lyrik die zum musikalischen Spiel der Lyra (Leier, antikes Saiteninstrument) gehörende Dichtung. Die Lyrik zählt neben der Epik (erzählende Dichtung) und der Dramatik (Texte in Dialogform) zu den drei literarischen Gattungen. In lyrischen Werken vermittelt ein **lyrisches Ich** (Sprecher/-in des Gedichts) Gedanken, Gefühle und Erlebnisse mit sprachlichen Stilmitteln (z. B. Vergleiche, Metaphern usw.) und in kunstvoller Form (z. B. Verse, Reime, Strophen). Werden ein oder mehrere Verse regelmäßig wiederholt, so spricht man von Refrain oder Kehrreim. Auch Songtexte (vertonte Gedichte) gehören zum Bereich der Lyrik.

Politische Lyrik bringt gesellschaftliche und politische Themen oder Ereignisse zum Ausdruck. Das Ziel dabei ist, Stellung zu beziehen und dadurch auf die Meinungsbildung und Vorgänge in Staat und Gesellschaft einzuwirken. Beispielsweise kritisieren die Dichter/-innen Zustände, wenden sich gegen die Obrigkeit, beklagen Ungerechtigkeiten, sprechen über die Schrecknisse des Kriegs und über viele weitere Themen, die durch die Politik geregelt werden. Politische Lyrik setzt sich oft auch damit auseinander, wie die große Politik in das Leben des einzelnen Menschen eingreift, wie sie sich auswirkt.

Marius Müller-Westernhagen (*1948)

Freiheit (1987)

Die Verträge sind gemacht
Und es wurde viel gelacht
Und was Süßes zum Dessert
Freiheit, Freiheit

5 Die Kapelle, rumm ta ta
Und der Papst war auch schon da
Und mein Nachbar vorneweg

Freiheit, Freiheit
Ist die einzige, die fehlt
10 Freiheit, Freiheit
Ist die einzige, die fehlt

Der Mensch ist leider nicht naiv
Der Mensch ist leider primitiv
Freiheit, Freiheit
Wurde wieder abbestellt   15

Alle die von Freiheit träumen
Sollen's Feiern nicht versäumen
Sollen tanzen auch auf Gräbern

Freiheit, Freiheit
Ist das einzige, was zählt   20
Freiheit, Freiheit
Ist das einzige, was zählt

© Marius Müller-Westernhagen, Album: Westernhagen, 1987, WEA Records [R]

---

1 Lies den Songtext „Freiheit" deutlich betont vor oder suche im Internet nach einer Hörversion des Titels oder sieh dir ein Video an, z. B. von einem Livekonzert Ende der 1980er Jahre.

2 Notiere stichpunktartig Gedanken in deinem Heft, die du nach dem Lesen/Hören des Liedtextes hattest.

3 Westernhagen meinte in einem Interview, er habe ursprünglich nicht den Fall der Mauer oder die Wiedervereinigung im Kopf gehabt, sondern die Französische Revolution. Vergleiche das Veröffentlichungsdatum des Songs mit dem Zeitpunkt des Mauerfalls der DDR.
Begründe, warum diesem Song vom Publikum dennoch eine besondere Bedeutung zugesprochen wurde. Schreibe in dein Heft.

4 a Überlege, was Freiheit für dich bedeutet. Notiere dazu in deinem Heft zu jedem Buchstaben des Wortes einen kurzen Gedanken.

b Schreibe einen Songtext zu einem politischen Thema, das dich persönlich berührt. Wähle dazu einen Musikstil, der zu dir passt, z. B. Pop oder Rap. Du kannst auch ein kurzes Video mit deinem Smartphone dazu drehen.

Alfred Lichtenstein

Doch kommt ein Krieg (1914)

Doch kommt ein Krieg. Zu lange war schon Frieden.　　　　*Antithese*

Dann ist der Spaß vorbei. Trompeten kreischen.

Dir tief ins Herz. Und alle Nächte brennen.

Du frierst in Zeiten. Dir ist heiß. Du hungerst.

5　Ertrinkst. Zerknallst. Verblutest. Äcker röcheln.　　　*Ellipsen, Personifikation*

Kirchtürme stürzen. Fernen sind in Flammen.

Die Winde zucken. Große Städte krachen.

Am Horizont steht der Kanonendonner.

Rings aus den Hügeln steigt ein weißer Dampf.

10　Und dir zu Häupten platzen die Granaten.

1 Lies das Gedicht von Alfred Lichtenstein.

2 Markiere Auffälliges (z. B. Stilmittel, Satzbau, Wortwahl) und notiere deine ersten Beobachtungen und Eindrücke neben dem Gedicht.

> **Alfred Lichtenstein** (1889–1914) war der älteste Sohn eines Textilfabrikanten. Nach dem Abitur studierte er Rechtswissenschaften. 1914 zog er freiwillig nach Frankreich und kämpfte dort von Beginn des Ersten Weltkriegs an. Er starb am 25.09.1914 an der Westfront in Frankreich.

3 Erschließe den Inhalt des Gedichts in deinem Heft.

4 Erschließe sprachliche Besonderheiten des Gedichts und beschreibe deren Wirkung. Übertrage dazu die folgende Tabelle in dein Heft und ergänze sie.

Sprachliche Besonderheit	Textbeleg (mit Vers)	Wirkung/Deutung
Wortwahl: ausdrucksstarke Verben	„kreischen" (V. 2), „krachen" (V. 7)	…
Satzbau: Ellipsen	…	betont den Reihungsstil, reduziert das Geschehen auf das, …
Stilmittel: Personifikation und zugleich Metapher	„Trompeten kreischen" (V. 2),	…
Neologismus Klimax	„Kanonendonner" (V. 8) „Du frierst […] Äcker röcheln" (V. 4–5)	

5 Lies die Angaben zum Autor und weise nach, dass es sich bei dem vorliegenden Gedicht um ein Werk des Expressionismus handelt. Schreibe in dein Heft. Beginne so: *Das Gedicht von Alfred Lichtenstein lässt sich eindeutig der Stilepoche des Expressionismus zuordnen. Dies erkennt man …*

Gedichte als Ausdruck ihrer Zeit – der Expressionismus

1 Notiere in deinem Heft die Erwartungen, die durch den Gedichttitel „Schöne Jugend" entstehen.

Gottfried Benn (1886–1956)

Schöne Jugend (1912)

Der Mund eines Mädchens, das lange im Schilf gelegen hatte,
sah so angeknabbert aus.
5 Als man die Brust aufbrach, war die Speiseröhre so löcherig.
Schließlich in einer Laube unter dem Zwerchfell
fand man ein Nest von jungen Ratten.
Ein kleines Schwesterchen lag tot.
Die andern lebten von Leber und Niere,
10 tranken das kalte Blut und hatten
hier eine schöne Jugend verlebt.
Und schön und schnell kam auch ihr Tod:
Man warf sie allesamt ins Wasser.
Ach, wie die kleinen Schnauzen quietschten!

> **Gottfried Benn** (1886–1956) zählt zu den bedeutendsten Lyrikern des Expressionismus. Als Sohn eines evangelischen Pfarrers geboren, studiert er auf Wunsch seines Vaters Theologie und Philosophie, wechselt aber zur Medizin. Im Ersten Weltkrieg arbeitet er als Militärarzt, später als Pathologe und Arzt für Haut- und Geschlechtskrankheiten. Daneben ist er auch als Schriftsteller tätig. Im Zweiten Weltkrieg erhält er Veröffentlichungs- bzw. Schreibverbot. 1951 erhält er den Büchner-Preis. 1956 stirbt Gottfried Benn an Krebs.

2 Lies das Gedicht von Gottfried Benn laut und deutlich betont vor oder hör dir im Internet eine gesprochene Version an.

3 Beschreibe deine Gefühle, die das Gedicht in dir auslöst. Notiere sie in deinem Heft.

4 Erfüllt der Gedichttext die Erwartungen des Titels? Kreuze die zutreffenden Begründungen an.

- [ ] Nein. Der Titel bezieht sich nicht wie erwartet auf die schöne Jugend eines Mädchens, das noch im ersten Vers genannt wird, sondern auf Ratten, die das tote Mädchen als Behausung und Nahrung nutzen.

- [ ] Ja. Im Text geht es um die schöne Jugend eines Mädchens, das jedoch nun tot ist und dessen Mund und Organe von Ratten gefressen werden.

- [ ] Nein. Der Titel steht im deutlichen Kontrast zum Inhalt, die ursprüngliche Erwartung der Leser/-innen wird auf eine makabre Art und Weise desillusioniert.

5 Lies die Angaben zu Gottfried Benn. Überlege, an welchem Ort sich die Szene aus dem Gedicht abspielen könnte. Kreuze an.

- [ ] im Schilf, wo das tote Mädchen gefunden wird

- [ ] auf einem Seziertisch, auf dem das Mädchen obduziert wird

6 Das Gedicht lässt sich in drei inhaltliche Abschnitte einteilen. Ordne den folgenden Stichpunkten die passenden Verse zu.

Vers ____ bis ____: Blick auf das Gesicht der bereits verwesenden Leiche eines Mädchens, deren Brustkorb im Anschluss geöffnet wird

Vers ____ bis ____: Beschreibung der Autopsie, Fund einer Gruppe von Ratten, die sich von der Leiche ernähren

Vers ____ bis ____: Töten der Ratten durch Wurf ins Wasser und Ausruf des lyrischen Ichs zu deren Schreien

7 Ratten und Mädchen werden vom lyrischen Ich (= Sprecher/-in des Gedichts) sehr unterschiedlich behandelt. Verbinde die passenden Aussagen miteinander.

Das tote Mädchen wird …	… durch die Beschreibung ihrer Lebensverhältnisse personifiziert und vom lyrischen Ich mitfühlend und beschönigend dargestellt.
Die Ratten werden …	…. ohne Mitgefühl emotionslos aufgeschnitten und herabwertend wie ein Gegenstand behandelt, dessen Inneres man bis ins Detail betrachtet.

8 Mit „Schöne Jugend" sorgte Gottfried Benn für großes Aufsehen. Auch heute wirkt das Gedicht provozierend. Dies wird durch den sogenannten Reihungsstil erreicht. Untersuche diesen Stil. Übertrage dazu die folgende Tabelle in dein Heft und ergänze sie. Nutze dabei den Wortspeicher.

> Beim **Reihungsstil** reiht der Autor in kurzen Versen zusammenhanglose Bilder und Metaphern aneinander. So bringt er scheinbar Unvereinbares in einen absurden Zusammenhang.

Positiver Ausdruck in Form einer Metapher	Positiv erwarteter Bedeutungszusammenhang	Negativer Zusammenhang im Gedicht
schöne Jugend	Schönheit eines jungen Mädchens	…
Mund eines Mädchens	…	angeknabbert
Laube	…	Ort in einer Leiche
Nest	Nest für Vögel	…
kleines Schwesterchen	…	tote Ratte

9 Der Autor verwendet zudem besondere sprachliche Mittel. Ordne die Fachbegriffe den Zitaten zu. Übertrage dein Ergebnis ins Heft und überlege dir zu jedem Stilmittel eine mögliche beabsichtigte Wirkung.

Zitat	Stilmittel
„kleines Schwesterchen" (Z. 6) „Ach, wie die kleinen Schnauzen quietschten!" (Z. 12) „Ratten" (Z. 5) „schön und schnell kam auch ihr Tod" (Z. 10)	Personifikation Exklamation (Ausruf) Symbol für den Tod Antithese (Gegenüberstellung gegensätzlicher Begriffe)

10 Begründe in deinem Heft, warum „Schöne Jugend" eindeutig dem Expressionismus zuzuordnen ist.

Wissen und Können   **Expressionismus (1905–1925)**

Der **lyrische Expressionismus** beschäftigte sich – wie auch die Malerei, Musik oder andere Kunstrichtungen – mit den Themen Großstadt, Tod, Verfall, Vergänglichkeit, Weltuntergang, Krieg und Vereinsamung. Politische Spannungen und der Erste Weltkrieg versetzten Menschen in Todesangst und lösten eine **Weltuntergangsstimmung** aus. Mit **sprachlichen Mitteln** wie Metaphern, Symbolen, Personifikationen und Neologismen wollten die Dichterinnen und Dichter **Gefühlen** Ausdruck verleihen, welche die Grenzerfahrungen bei ihnen auslösten.

11 Auch heute haben Menschen Angst oder empfinden aktuelle Entwicklungen als bedrohlich. Verfasse selbst ein expressionistisches Gedicht, in dem du eigene Befürchtungen oder die deiner Mitmenschen ausdrückst.

Pragmatische Texte erschließen –
Eine Reportage untersuchen

Wissen und Können   Eine Reportage untersuchen

Eine Textbeschreibung besteht aus fünf unterschiedlichen Aufgaben in bestimmter Reihenfolge:
In der **Einleitung** werden der Autor/die Autorin, der Titel des Textes, die Textsorte, die Quelle des Textes sowie die Kernaussage genannt.
Aufgabe 1 ist immer eine **strukturierte Inhaltszusammenfassung,** in der man den Inhalt des Textes sachlich, knapp und mit eigenen Worten wiedergibt und dabei den Aufbau des Textes beschreibt.
Danach beschäftigt man sich mit der **Beschreibung der sprachlichen Mittel.** Unter Umständen ist nur ein Abschnitt zu analysieren oder es muss eine bestimmte Feststellung bewiesen werden. Wichtig ist die Nennung des Fachbegriffs, der Beleg durch die Textstelle und die Wirkung des sprachlichen Mittels.
Bei Aufgabe 3 geht es um eine **weitere Besonderheit des Textes,** wie die Textsorte. Weitere Möglichkeiten sind die Absichten des Autors/der Autorin oder die angesprochene(n) Zielgruppe(n).
In Aufgabe 4 muss man zur gestellten Frage **begründet Stellung nehmen.** Hier orientiert man sich am Aufbau von Argumentationen. Zwei Punkte müssen argumentativ in etwa 250 Wörtern erörtert werden.
Die letzte Aufgabe des Hauptteils ist ein kreativer **Schreibauftrag,** der z. B. einen inneren Monolog, einen persönlichen Brief oder einen Leserbrief, einen Tagebucheintrag etc. umfasst.
Abschließend nimmt man im **Schluss** noch einmal Stellung zu dem Text bzw. dem Thema oder verweist auf damit zusammenhängende Aspekte.

---

1 **Lies den folgenden Text konzentriert durch.**

Katharina Reckers

Klappe zu

Mehr als 678 000 Menschen in Deutschland haben keinen festen Wohnsitz, viele von ihnen landen auf der Straße. In Ulm hat man Schlafkästen gebaut, um Obdachlose vor Kälte zu schützen.

5 Niemand kann ihn sehen. Nachts, wenn Benni in seiner Kiste liegt, atmet er die kühle, nach Holz riechende Luft tief ein. Durch die Fenster blickt er hinaus auf den Rasen des Friedhofs. Er ist allein, endlich.
Im Herbst 2019 musste Benni – seinen Nachnamen
10 will er nicht nennen – ins Gefängnis, weil er eine Geldstrafe nicht bezahlt hatte. Nach zweieinhalb Monaten war er wieder frei und so pleite, dass er seine Miete nicht zahlen konnte. Seitdem ist er obdachlos. Und unsichtbar – denn er will nicht, dass seine El-
15 tern, sein Bruder und seine Oma ihn so sehen.
Er ist katholisch erzogen worden, daher verbringt er die Tage in der Stadtbibliothek und liest Bucher über das Christentum. Abends sitzt er am Busbahnhof und trinkt Bier.
20 Dort, in einer klirrend kalten Dezembernacht, sah ihn im vergangenen Jahr ein Busfahrer. Aus Sorge, Benni könnte erfrieren, rief er die Polizei. Doch Benni weigerte sich, in eine Notunterkunft zu gehen.

Die Beamten schickten ihn zu den neuen Schlafkojen, den sogenannten Ulmer Nestern. Prototypen, mit 25 denen die Stadt und eine Gruppe Ulmer Jungunternehmer zeigen möchten, wie man das Leben von Obdachlosen erleichtern kann.
Geschätzt 41 000 Menschen leben in Deutschland auf der Straße, die Dunkelziffer ist wohl noch um 30 einiges höher. Mindestens zwölf von ihnen sind im vergangenen Winter erfroren. Denn nicht jeder, der auf der Straße lebt, nutzt auch die zur Verfügung stehenden Notunterkünfte. Obdachlose Menschen müssen sich dort an strenge Vorschriften halten, sie 35 leben in den Unterkünften auf engem Raum ohne Privatsphäre, dürfen ihre Hunde nicht mitbringen oder werden abgewiesen, weil sie zu viel getrunken haben. Auch sind viele von ihnen nicht beim Arbeits- oder Sozialamt registriert, sodass die Notunter- 40 künfte sie ablehnen müssen, da ohne Sozialnummer die Kosten nicht abgerechnet werden können.

Minutenlang stand Benni in jener Dezembernacht vor dem fünfeckigen Kasten aus Holz und beäugte ihn. Bis die Kälte über das Misstrauen siegte, er sich auf die grüne Gummimatte legte und den Deckel über sich schloss. Aber nicht ganz, einen kleinen Spalt ließ er offen. Nur zur Sicherheit.

Die Angst verflog mit dem Schlaf. Seit dieser Nacht versucht er jeden Abend, eine der Kojen zu ergattern. Meistens gelingt es ihm. Die Stadt Ulm nennt die Nester „Notfallinstrument in letzter Instanz". Benni nennt sie mittlerweile „mein kleines Zuhause".

Ein Januarmorgen auf dem Alten Friedhof, der zentral liegt. Die Luft ist so eisig, dass der Urin der Hunde in der Wintersonne dampft. Die Hundebesitzer sind in Daunenjacken eingepackt und hüpfen auf der Stelle, um ihre Füße zu wärmen. Zwischen mehreren Tannen steht die fünfeckige Holzkiste, in der Benni die Nacht verbracht hat. Niemand beachtet sie.

Hannah Böck und Norman Kurock sind unterwegs zu Benni. Sie arbeiten für die Caritas und betreuen das Pilotprojekt. Jeden Morgen gehen sie zu den Nestern und schauen, wer darin liegt. Dass jemand drinliegt, wissen sie bereits, denn per App bekommen sie fortlaufend Informationen zugesendet. Sie sehen, wann die Koje geöffnet und geschlossen wird, wie warm es in der Kiste ist und ob die Sensoren für Rauch anspringen. Außerdem können die Sozialarbeiter mit der App die Kiste auch dann öffnen, wenn der Bewohner sie von innen verriegelt hat. Jeden Morgen um neun verschließen sie die Kojen, abends um sechs werden sie mit der App wieder geöffnet – sie sollen ja nur für die Nacht sein.

„Wir kommen nicht, um die Schlafenden zu kontrollieren, sondern um im Notfall helfen zu können." Norman Kurock hat an diesem Morgen einen Schlafsack für Benni dabei, der hat die Nacht wieder einmal nur in dünner Regenjacke und ohne Decke im Nest verbracht.

Sechs engagierte Designer, Hardware- und Softwareentwickler fanden sich 2018 in Ulm zusammen, um zu helfen. Die Stadt Ulm stellte ihnen eine lebensentscheidende Aufgabe: Wie kann man obdachlose Menschen vor dem Kältetod bewahren?

Nach 48 Stunden präsentierten die sechs Unternehmer ihre Idee – eine Hightechkiste aus massivem Holz, mit Sensoren, einer App und einem Wärmetauscher, der für Frischluft sorgt und die Innentemperatur stabil hält. Nach anfänglicher Begeisterung gab es von manchen Ulmern auch Kritik: Die Schlafkapseln würden an Sarge erinnern und hätten weder Toilette noch Waschbecken.

Dabei ist die Kastenform kein Zufall, erzählt Produktdesigner Patrick Kaczmarek. Sie sorge dafür, dass die Kapseln für Menschen jeder Statur und Größe gut zugänglich und benutzbar seien. Zudem biete sie genügend Stauraum für persönliche Gegenstände oder sogar einen Hund.

Nur rund fünf Grad wärmer als draußen wird es in den Holzkisten. Ein Ersatz für eine Wohnung sollen die Schlafkapseln aber ohnehin nicht sein. „Niemand soll einziehen wollen", sagt Kaczmarek. „Die Nester sind nur da, um vor dem nächtlichen Erfrieren zu schützen." Einige Fehler und Schwächen haben sich jetzt schon gezeigt, so schließt der Deckel bei Feuchtigkeit schwerer. Das Ziel ist es, die optimierten Nester jeden Winter und bald auch in anderen Städten aufzustellen.

Benni hatte dieses Mal keine gute Nacht. Albträume und das stündliche Schlagen der Turmuhr haben ihn wach gehalten. Seine Lippen sind rissig, seine Augen tränen. Mit zittrigen Händen trägt er zwei große Taschen, die dunkle Wollmütze hat er sich tief ins Gesicht gezogen. „Immerhin hatte ich es warm." Er weiß, dass die Nächte in seinem Nest gezählt sind. Im Frühling endet die Testphase. Benni will eh eine richtige Wohnung, ein Bett, einen Job. Hier, unter dem niedrigen Deckel, hat er das Gefühl, dass er sich ein Stück weit davor versteckt, sein Leben in die Hand zu nehmen. *

Den Inhalt erschließen und zusammenfassen

1 **a** Folgende Begriffe wurden im ersten Teil des Abschnitts von Zeile 1 bis 45 markiert. Überprüfe, ob sie wirklich Schlüsselbegriffe sind. Streiche Begriffe, die du nicht für eine Inhaltszusammenfassung brauchst.

> Um das Wesentliche eines Textes zu erfassen, musst du **Schlüsselwörter** markieren. Diese (oder Synonyme) brauchst du für die Zusammenfassung. Markiere nicht zu viele Begriffe.

Wortspeicher

Benni • Holz • Friedhof • Gefängnis • obdachlos • klirrend kalte Dezembernacht • erfrieren • Schlafkojen • 41 000 Menschen • zur Verfügung stehende Notunterkünfte • strenge Vorschriften • Hunde nicht mitbringen • nicht registriert • ohne Sozialnummer keine Kostenabrechnung

b Gehe anschließend den ganzen Text mit einem Textmarker durch und markiere Begriffe, die du für deine Textzusammenfassung brauchst.

2 Die folgenden Aussagen enthalten inhaltliche Fehler.
Unterstreiche sie und verbessere die Sätze in deinem Heft.

> A Die Ulmer Nester werden von der Stadt und engagierten jungen Unternehmern jungen Familien zu Verfügung gestellt.
>
> B Manche Obdachlose gehen nicht gern in Notunterkünfte, weil sie sich dort an strenge Regeln halten müssen und sie außerdem nur einen Schlafplatz erhalten, wenn sie die Kosten übernehmen.
>
> C Ob die Notunterkunft belegt ist, wissen die Betreuer/-innen der Caritas, weil die Hundebesitzer ihnen das am Morgen mitteilen.
>
> D Die Nester wurden bewusst wie Kisten gestaltet und haben daher auch einige offensichtliche Nachteile, die noch ausgebessert werden müssen. Schließlich sollen sich die Obdachlosen hier richtig wohlfühlen.

3 Folgende Überschriften wurden für die Sinnabschnitte gefunden.
Bringe sie in die richtige Reihenfolge und ergänze die entsprechenden Zeilenangaben.

◻ Hintergrund der Entstehung der Ulmer Nester (Z. _____)

◻ Vorstellung der Person Benni (Z. _____)

◻ Allgemeine Lebensumstände Obdachloser (Z. _____)

◻ Betreuung des Pilotprojekts durch die Ulmer Caritas (Z. _____)

◻ Kritikpunkte an den Notunterkünften (Z. _____ , _____)

◻ Überlegungen der Ideengeber für das Projekt (Z. _____)

◻ Beschreibung der nächtlichen Umgebung Bennis (Z. _____)

◻ Persönliche Perspektive des Obdachlosen Benni (Z. _____)

◻ Konkrete Lebenssituation Bennis (Z. _____)

> Mit Hilfe von **Überschriften** kann man Sinnabschnitte benennen. Diese erkennt man daran, dass z. B. ein neuer Aspekt angesprochen oder eine Expertin / ein Experte befragt wird. Später helfen die Überschriften, einen zusammenhängenden Text zu formulieren. Die Sätze müssen den Inhalt möglichst mit eigenen Worten und im Präsens wiedergeben.

> Der **Vorspann** ist kein Sinnabschnitt und hat zumeist keine Zeilenangaben. Bei der Inhaltszusammenfassung muss er aber erwähnt werden.

Die Textsorte beschreiben und belegen

1 Eine Reportage erkennt man an bestimmten Merkmalen.
Schreibe in dein Heft, welche der Merkmale aus der Box auf der folgenden Seite du in dem Text „Klappe zu" erkennen kannst.
Notiere die Nummer oder Nummern der Überschrift/-en von Aufgabe 3 auf Seite 60 dazu, bei der dieses Merkmal besonders deutlich wird.

szenischer Einstieg durch Zoomtechnik • Pointe • subjektiv gefärbter Erlebnisbericht • schildernde Elemente • Hintergrundinformationen zum Thema • Zahlen zur objektiven Darstellung des Themas • Ironie • Vorspann als Hinführung zum Thema • Wiederaufgreifen der Eingangsszene (Zooming-out) • Ausblick in die Zukunft • anschauliche Darstellung des Inhalts • objektiver Berichtstil • Meinung des Verfassers / der Verfasserin • Recherche vor Ort • Betroffene(r) kommt zu Wort • Unterschiedliche Perspektiven • Interviews mit Augenzeugen • Aussagen von Expertinnen und Experten • viele wörtliche Reden • erlebnisbetonter Stil • Foto zur Veranschaulichung des Inhalts

> Wenn du die **Textsortenmerkmale** belegen musst, dann achte darauf, dass du einen flüssigen Text schreibst, der durch Redewendungen oder Adverbien bzw. Konjunktionen zusammenhängt und im Satzbau abwechslungsreich ist.

Die Absichten der Autorin ergründen und die Wirkung des Textes erkennen

> Um die **Absicht** einer Autorin / eines Autors zu erkennen, ist es hilfreich, auf die **Wortwahl** und die **Stilmittel** zu achten. Auch die **gewählte Textsorte** gibt oft einen Hinweis, was die Verfasserin / der Verfasser erreichen will.

1 Gehe den Text (▶ S. 58 f.) durch und prüfe, wer persönlich zu Wort kommt.
Schreibe in dein Heft.

2 Umrahme in dem folgenden Schülertext zur wörtlichen Rede die Aussagen, die am besten passen.

Die Autorin möchte in ihrer Reportage möglichst lebendig / genau / abwechslungsreich berichten /

veranschaulichen / erzählen, wie sich das Leben von Obdachlosen durch dieses Projekt verändern kann. Deshalb

verwendet sie auch immer wieder wörtliche Rede und lässt verschiedene Personen zu Wort kommen, zum

Beispiel in Z. 113 den Obdachlosen Benni / den Erfinder der Schlafkapsel Patrick Kaczmarek / den Betreuer Norman

5 Kurock. So kann sie verschiedene Sichtweisen vermitteln und man merkt, dass sie vor Ort war / selbst betroffen

ist / in Ulm lebt. Die Lesenden fühlen sich so umfassend / sachlich / auf witzige Art und Weise informiert. Was der

Obdachlose Benni sagt oder denkt, wird durch die Journalistin oft nüchtern / neutral / indirekt wiedergegeben.

Dass er die Schlafkapsel „mein kleines Zuhause" nennt, erfährt man nicht durch wörtliche Rede, sondern die

Autorin zitiert die Aussage des Mannes. So vermeidet sie, dass der Text zu unsachlich / emotional / oberflächlich

10 wird.

3 Obwohl die Autorin Katharina Reckers sich mit ihrer persönlichen Meinung zurückhält, kann man erkennen, was sie von dem Projekt hält.
Ergänze den folgenden Text. Schreibe in dein Heft.

Dass die Autorin das in der Reportage vorgestellte Projekt **?** , kann man an verschiedenen Stellen erkennen.
So stellt sie in erster Linie die **?** der Schlafkästen heraus und erwähnt nur ganz knapp die von Ulmern geäu-
ßerte **?** . Für sie **?** die **?** Seiten des Angebots. Trotzdem stellt sie auch klar dar, dass die Kisten nur eine
? lösung für die **?** Jahreszeit sein können, denn zu einem richtigen Leben gehören eine eigene **?** und
ein **?** . **?** äußert sie dafür, dass Obdachlose nicht in Notunterkünften übernachten wollen, denn dort gibt es
strenge **?** , die auch sie durchaus einschränkend sieht.

Die Sprache analysieren

1 Benenne jeweils das sprachliche Mittel. Markiere die Wirkungen, die am besten passen, indem du sie verbindest.

A „– denn er will nicht, dass seine Eltern, sein Bruder

und seine Oma ihn so sehen." (Z. _____)

B „in einer klirrend kalten Dezembernacht" (Z. _____)

C „Nur zur Sicherheit." (Z. _____)

D „sein Leben in die Hand zu nehmen" (Z. _____)

anschauliche Adjektive	Veranschaulichung des erforderlichen Schritts
Satzgefüge	Vermittlung der vorherrschenden, äußeren Umstände
Redewendung	Erklärung für das Verhalten
Ellipse	Verdeutlichung der Gedanken der Obdachlosen

2 Überprüfe die folgenden Ausschnitte aus einem Schüleraufsatz und lies die dazugehörigen Randbemerkungen.
a Markiere die in dem Auszug genannten sprachlichen Mittel in der Reportage auf S. 58 f.
b Verbessere den Schülertext in deinem Heft.

VORSICHT FEHLER!

Für die schildernden Elemente wählte die Autorin Verben aus, die auflockern und die Szene veranschaulichen. So „beäugt" Benni den Kasten aus Holz erst, bevor er sich hineinlegt. Mit dem Wort „ergattern" verdeutlicht sie, dass es recht einfach ist, solch eine Schlafkoje zu bekommen.
Als besondere sprachliche Mittel sind einige Aufzählungen auffallend: („eine Hightechkiste aus massivem Holz, mit Sensoren, einer App und einem Wärmetauscher" oder „eine richtige Wohnung, ein Bett, einen Job" (Z. 116). Damit verdeutlicht Katharina Reckers, was Benni sich für seine Zukunft wünscht.
Auch die Formulierung „sein Leben in die Hand zu nehmen" in Zeile 118 f. ist wichtig.

fehlende Zeilenangaben

Wirkung so nicht richtig

Zitate einzeln und geschickter einbauen / Zeilenangabe nicht vergessen / Erläuterung zu jedem Beispiel extra formulieren

konkrete Benennung des Stilmittels fehlt / genauer erklären

Begründet Stellung nehmen

Eine Frage, zu der man begründet Stellung nehmen soll, könnte lauten: Wie kann man sich vor Obdachlosigkeit schützen? Die folgenden Aufgaben helfen dir dabei, die Argumentation logisch aufzubauen.

1 Nummeriere die folgenden Bestandteile einer Argumentation, sodass die Logik erkennbar ist.

Miete bezahlen [ ] • Rücklagen für Notfälle bilden [ ] • Rechnungen rechtzeitig bezahlen [ ] •

zur Verfügung stehendes Geld einteilen [ ] • zum Beispiel eine Autoreparatur [ ]

2 Ein weiterer Punkt könnte lauten, sich vor Arbeitslosigkeit schützen. Notiere zu diesem Aspekt wie in Aufgabe 1 Gedanken, die dir beim Aufbau einer Argumentation helfen. Denke daran, den Aufbau der Argumentation durch logische Satzverknüpfungen zu verdeutlichen.

Den kreativen Schreibauftrag bearbeiten

Der kreative Schreibauftrag bezieht sich immer auf das Thema des Textes. Du musst darin einfließen lassen, dass du den Text gelesen bzw. verstanden hast.

Eine mögliche Aufgabenstellung zu „Klappe zu" wäre:
Stell dir vor, du triffst Benni im Rahmen einer Recherche zu Obdachlosen in eurer Stadt. Du sollst einen Text für die Schülerzeitung schreiben und interviewst ihn. Stelle ihm Fragen und lass in die Antworten einfließen, was du in der Reportage über ihn erfahren hast.

1 Notiere in deinem Heft, welche Informationen du über Benni erhältst. Du kannst so beginnen:
war im Gefängnis; ...

2 Kreuze an, welcher Übergang zur kreativen Schreibaufgabe am besten passt:

☐ Ich interviewe Benni für unsere Schülerzeitung zum Thema Obdachlosigkeit und stelle ihm ein paar Fragen.

☐ Für unsere Schülerzeitung wollen wir Obdachlose befragen. Ich interviewe Benni, der seit Herbst 2019 obdachlos ist.

☐ Obdachlose gibt es auch in unserer Stadt. Im Rahmen eines Schülerzeitungsprojekts wurde folgendes Interview mit Benni, einem Obdachlosen geführt.

> Für einen **Dialog** musst du eindeutige Fragen stellen. Am besten stellst du sogenannte offene Fragen, die eine ausführliche Antwort erwarten lassen. Gib jeweils an, wer spricht, damit keine Unklarheiten entstehen.

Den Schluss schreiben

1 Entscheide, welche Fragen dir Impulse für den Schluss geben.
Streiche Unpassendes durch.

A Was kann man dagegen tun, dass Menschen auf der Straße leben müssen?
B Wer trägt die Schuld an Obdachlosigkeit?
C Was kann Benni machen, damit er doch noch an eine Wohnung und einen Job kommt?
D Was könntest du tun, damit Menschen nicht auf der Straße leben müssen?
E Welche Vorteile hat Obdachlosigkeit?
F Findest du es richtig, dass in Notunterkünften strenge Regeln herrschen?
G Welche Verbesserungsvorschläge hast du für die Schlafkapsel?
H Hast du eigene Erfahrungen mit Obdachlosen? Wenn ja, welche?

> Mit dem **Schluss** rundest du deinen Aufsatz ab. Gehe dabei noch einmal auf den Text bzw. das Thema ein und äußere deine Gedanken dazu. Stelle dir vorab Fragen, die du dann in einem zusammenhängenden Text beantwortest.

2 Verfasse einen abrundenden Schluss. Du musst nicht alle geeigneten Fragen ansprechen.

Einen Kommentar analysieren

Ein **Kommentar** ist ein **wertender Text**, in dem eine Autorin / ein Autor zu einem aktuellen Thema oder einer bestimmten Nachricht **Stellung** bezieht.
Im Mittelpunkt dieser **subjektiven Textsorte** steht die **Meinung** der namentlich genannten Autorin / des namentlich genannten Autors. **Ziel** des Kommentars ist es, die Lesenden durch schlüssige **Argumente und Belege** zur **Bildung einer eigenen Meinung zum Thema** anzuregen.

1   Lies die Nachricht aufmerksam und benenne das Thema in einem Satz in deinem Heft.

Aus dem Auto, aus dem Sinn

Jeder kennt den Anblick: Eine vielbefahrene Straße, ein Grünstreifen mit bunten Farbtupfern. Dabei handelt es sich aber leider nicht mehr um bunte Blumen, sondern um Müll. Auf einem solchen Grünstreifen haben in gerade mal einer Stunde zwei Gröbenzellerinnen, Chiara und

5   Lina, drei große Müllsäcke füllen können. Coronabedingt konnten sie nur zu zweit sammeln. Als sie in den Jahren zuvor an großangelegten Sammelaktionen teilgenommen haben, waren es zum Schluss ganze 18 Säcke voll Müll – hauptsächlich von Grünstreifen. „Wir gehen davon aus, dass der Müll einfach aus dem Autofenster geworfen wird",

10   erklärt Chiara. „Niemand möchte bis zum nächsten Rastplatz warten."

KOMMENTAR

Ein Problem, das jeden angeht   *Von Ingrid Hügenell*, 04.01.2021

Müll am Straßenrand ist sehr schnell Müll in der Landschaft, auf den Feldern und Wiesen der Bauern. Die Abfälle sehen nicht nur hässlich aus. Sie sind auch ein ernstes Umweltproblem. Zum einen können sie die Ernte beeinträchtigen. Plastikreste im Heu können Kühe und Pferde krank machen. Je öfter ein Feld oder eine Wiese mit einer landwirtschaftlichen Maschine beackert wird, umso kleiner werden die

5   Kunststoffteilchen und desto tiefer dringen sie in den Boden ein. Es gibt Schätzungen, dass im Boden bereits mehr Mikroplastik steckt als in den Gewässern. Es ist ein unterschätztes Problem. Noch weiß niemand, was der Kunststoff dort anrichtet.
Zwei engagierte Mädchen alleine können schon viel leisten, das hat die Aktion der Gröbenzellerinnen gezeigt. Alleine werden die beiden aber nicht all den Müll einsammeln können, den unachtsame Menschen

10   im Landkreis aus Autofenstern werfen, nach dem Picknick oder beim Feiern „verlieren". Aufgerufen zum Müllsammeln wären alle. Jeder kann beim Spaziergang eine Tüte und Einmalhandschuhe mitnehmen und einpacken, was so rumliegt. Oder alle miteinander können bei einer gemeinsamen Aktion miteinander die Landschaft vom Müll befreien. Nicht nur in Gröbenzell, sondern in jeder Kommune im Landkreis. Und nicht nur Naturschützer, sondern auch kirchliche Gruppen, Sport- oder Burschenvereine könnten mittun. In

15   Gemeinden und in anderen Landkreisen gibt es das längst, dann sind an einem Frühlingstag Hunderte Menschen mit Müllgreifern und Tüten unterwegs.
Ein schöner Effekt solcher Aktionen kann sein, dass alle, die mitmachen, es sich künftig dreimal überlegen, ob sie ihren Müll wirklich in die Landschaft werfen oder ob sie ihn doch lieber wieder mitnehmen. Und sprechen sie auch ihre Freunde an, so dass es irgendwann ganz selbstverständlich wird, dass man nichts

20   achtlos wegwirft. Denn natürlich ist es am allerbesten, wenn jeder seinen Abfall daheim in die Mülltonne steckt, damit er ordentlich entsorgt oder recycelt werden kann. Denn, wie Chiara und Lina richtig festgestellt haben: Das ist gar nicht viel Aufwand, hat aber einen großen Effekt. *

Den Text erschließen

1 **a** Lies den Kommentar (▶ S. 64) aufmerksam durch. Unterstreiche die Textstellen, in denen konkret auf die darüberstehende Nachricht Bezug genommen wird.

b Welches Stichwort umschreibt die gesamte Problematik des Themas? Kreuze an.

☐ Mikroplastik	☐ Abfall	☐ Müllentsorgung	☐ Naturschützer

c Die Autorin macht im ersten Absatz in einem Vergleich deutlich, dass das Problem dringend angegangen werden muss. Vervollständige den Satz:

Es gibt Schätzungen, dass im Boden bereits mehr _____ *als in*

_____ .

2 Überprüfe für die folgenden Aussagen zum Inhalt des Kommentars, ob sie richtig, falsch oder mit Hilfe des Kommentars nicht zu überprüfen sind. Kreuze das Zutreffende an. Setze jeweils nur ein Kreuz.

	richtig	falsch	nicht enthalten
1. Pferde und Kühe können durch Plastikreste im Heu krank werden.	☐	☐	☐
2. Durch Beackerung eines Feldes oder einer Wiese lösen sich die Kunststoffteilchen auf.	☐	☐	☐
3. Ohne Einmalhandschuhe und Müllgreifer sollte man sich am Müllsammeln nicht beteiligen.	☐	☐	☐
4. Naturschützer/-innen und Vereine stünden mit vielen Helferinnen und Helfern bereit, um die Landschaft vom Müll zu befreien.	☐	☐	☐
5. Viele Teilnehmer/-innen an den Aktionen machen nur wegen der Brotzeit mit.	☐	☐	☐
6. Die Kommunen sollten viel mehr Mülleimer aufstellen.	☐	☐	☐

3 Markiere Textstellen im Kommentar, bei denen die Meinung der Autorin zu erkennen ist.

Die Einleitung schreiben

1 Vervollständige den folgenden Einleitungssatz zum Kommentar „Ein Problem, das jeden angeht".

> In der **Einleitung** einer Texterschließung werden – genau wie bei den anderen journalistischen Textsorten – die wichtigsten Basisdaten des Kommentars genannt und die **Kernaussage** formuliert.

Der Kommentar „_____ " von _____

_____ erschien am _____ . In ihm geht es um _____

_____

_____ .

Den Inhalt strukturiert zusammenfassen

Wissen und Können   **Der Aufbau eines Kommentars**

- In der **Einleitung** stellt die Autorin / der Autor in der Regel den **Bezug zur aktuellen Nachricht** her, die kommentiert wird. Bereits hier formuliert sie/er ihre/seine Meinung.
- Im **Hauptteil** werden aus der Sicht der Autorin / des Autors Zusammenhänge mit der aktuellen Nachricht dargestellt, Hintergründe erläutert und zusätzliche Informationen gegeben.
- Der **Schluss** fasst die Gedanken zusammen, zieht Schlussfolgerungen, bewertet, stellt eine Prognose oder beinhaltet eine Mahnung oder einen Appell.

1 **a** In der folgenden Tabelle findest du Bausteine für die strukturierte Inhaltszusammenfassung sowie konkrete Angaben zum Inhalt des Kommentars (▶ S. 64) und Zeilenangaben.
Übertrage die Tabelle in dein Heft und ergänze sie. Der Wortspeicher hilft dir dabei.

> **Wortspeicher**
>
> Jede/-r soll auf ordentliche Entsorgung oder Recycling achten. • Müll am Straßenrand und auf Wiesen und Feldern • Bezug auf aktuelle Nachricht • Abfälle sind ein ernstes Umweltproblem. • Begründung mit Beispielen • Fazit • persönliche Stellungnahme • Alle könnten die Landschaft vom Müll befreien: Spaziergänger, Vereine, Kommunen • Prognose • Ursachen der Problematik

Bausteine des Kommentars	Konkrete Angaben zum Inhalt	Zeilen
Anlass des Kommentars	...	1
Behauptung/Feststellung	...	...
...	Beeinträchtigung der Ernte – Krankmachen von Kühen und Pferden – Eindringen von Kunststoffteilchen in den Boden durch Beackerung	2–5
...	[Mikroplastik im Boden] [...] ist ein unterschätztes Problem	...
...	Müllsammelaktion von zwei engagierten Gröbenzellerinnen	8 f.
...	Müll aus Autofenstern, nach Picknick oder Feiern	...
Behauptung	...	11 f.
Beispiel	...	...
...	Aktive Umweltschützer/-innen nehmen Müll wieder mit	18 f.
Mahnung bzw. Appell	...	21 f.
...	Abfall in Mülltonne → nicht viel Aufwand, aber großer Effekt	...

b Schreibe eine strukturierte Inhaltszusammenfassung in dein Heft. Nutze dazu die Ergebnisse aus Aufgabe 1, formuliere im Präsens und verknüpfe deine Sätze durch Konjunktionen und Adverbien, sodass ein flüssig zu lesender Text entsteht. Der Tippkasten hilft dir. So kannst du beginnen:

Einleitend stimmt Ingrid Hügenell auf ... ein. Daran anschließend (Z. 2) stellt sie die Behauptung auf, dass ... In den Zeilen 2–5 gibt die Autorin eine Begründung mit Beispielen ...

> **Strukturbegriffe für eine Inhaltszusammenfassung:**
> (für den Beginn) *anfangs – einleitend – zu Beginn*
> (für den Mittelteil) *ab Zeile ... – anschließend – im folgenden Abschnitt – im zweiten/dritten/nächsten Absatz* (für den Schluss)
> *abschließend ... – am Schluss – das Fazit ... – als Resümee der Überlegungen ...*
> Benutze diese Begriffe nicht immer am Satzanfang.

Die Sprache analysieren

Wissen und Können	Die Sprache in einem Kommentar beschreiben

In einem Kommentar setzt die Autorin / der Autor die **Sprache gezielt** für ihre/seine **Absicht(en)** ein, weshalb die Ausdrucksweise oft stilistisch gehoben ist.

Um Thesen zur Sprache eines Textes nachzuweisen, empfiehlt es sich, die sprachlichen Mittel nach ihrer inhaltlichen **Verwendung** und **Intention** zu lernen:

- Darstellung von **Hintergründen** zum Thema, um **von der eigenen Kompetenz zu überzeugen:** sehr sachliche Sprache, Zahlen/Daten, Fachbegriffe und Fremdwörter, häufig komplexer und anspruchsvoller Satzbau
- **anschauliche Darstellung von Sachverhalten und Zusammenhängen:** Aufzählungen, Vergleiche, Metaphern, Personifikationen, Redewendungen, Häufung von Adjektiven, Partizipien, aussagekräftige Verben
- **Beeinflussung der Leser/-innen** und **Überzeugung von der eigenen Meinung:** Fragesätze, Ausrufesätze, rhetorische Fragen, Wir-Formen, Konjunktive
- **Infragestellung von Fakten, Abwägung verschiedener Meinungen:** Antithesen, Anaphern, Parallelismen, Aufzählungen, Vergleiche
- **Ausdrücken von Emotionen** und **prägnantes Formulieren der eigenen Meinung:** kurze Sätze, Satzreihen, Ellipsen, Anaphern, Wiederholungen oder kommentierende Einschübe in Form von Parenthesen, manchmal umgangssprachliche Wortwahl oder Ironie als Mittel der indirekten Kritik

1 Der zweite Analyseschritt beim kriteriengeleiteten Erschließen ist die Betrachtung der sprachlichen Besonderheiten. Überarbeite den fehlerhaften Text über Auffälligkeiten bei der Wortwahl des Kommentars. Markiere zunächst sachliche Fehler. Schreibe danach den Text berichtigt ins Heft.

VORSICHT FEHLER!

> Bei der Wortwahl des Kommentars fallen zahlreiche Fremdwörter auf, z. B.: „Mikroplastik" (Z. 6). Mit der Verwendung dieser Begriffe unterstreicht die Autorin ihre fachlichen Kenntnisse in der Müllentsorgung. Anschauliche Adjektive wie „beeinträchtigen" (Z. 3) oder „krank machen" (Z. 3) vermitteln einen Eindruck von der Hässlichkeit der Plastikreste im Boden. Mit wertenden Ausdrücken wie „unterschätztes Problem" (Z. 6) oder „engagierte Mädchen" (Z. 8) unterstellt Ingrid Hügenell den Lesenden etwas überheblich mangelnde Kenntnisse oder Einsatzbereitschaft.

2 Untersuche den Satzbau des Kommentars. Schreibe den folgenden Text in dein Heft und ersetze die ? durch passende Begriffe, Zitate und Zeilenangaben.

Im Bereich des Satzbaus fällt auf, dass die Autorin im gesamten Text ausschließlich Aussagesätze verwendet, also weder **?** noch **?** -sätze zu finden sind. Im ersten und zweiten Absatz sind diese häufig sehr **?** , wie z. B. in den Zeilen 1 f. oder 10 f.: „ **?** ". Sie belegen die Meinung der Autorin ganz knapp und präzise. Sie stellt nichts in Frage und verzichtet auf vielleicht zu emotionale **?** . Im dritten Absatz dagegen verwendet Ingrid Hügenell keine kurzen Aussagesätze mehr, sondern nur noch **?** , so z. B. in den Zeilen 18 f.: „ **?** " . Damit möchte die Autorin wohl zum Ausdruck bringen, wie groß der Handlungsbedarf zur Bewältigung des Müllproblems ist.

3 a Im Kommentar (► S. 64) sind einige rhetorische Mittel (► hintere Umschlagseite) zu finden. Ordne jedem der folgenden Zitate die passende Bezeichnung zu und notiere in deinem Heft Überlegungen zur Funktion im Text.

- „Müll [...] Müll [...]" (Z. 1):
- „[...] Müll [...], den unachtsame Menschen [...] ,verlieren'" (Z. 9 f.):
- „Nicht nur in Gröbenzell, [...] Und nicht nur Naturschützer [...]" (Z. 13 f.):

b Formuliere die Ergebnisse der Sprachuntersuchung in vollständigen Sätzen aus. Schreibe in dein Heft.

Textsortenmerkmale erkennen und ihre Wirkung beschreiben

Wissen und Können	Den Kommentar am Layout erkennen

Ein Kommentar setzt sich auch durch das **Layout** deutlich von anderen Artikeln ab, z. B. durch Linien, farbige Hinterlegung oder ein anderes Schriftbild. Häufig verweisen Überschriften auf die Textsorte, z. B.: *Meine Meinung*. Es soll zu erkennen sein, dass es sich beim Kommentar um eine **subjektive Meinung** handelt. So ist auch immer **der Name der Verfasserin / des Verfassers** angegeben, teils mit einem Foto.

1 Besonders am Layout ist der Text „Ein Problem, das jeden angeht" als Kommentar erkennbar.
a Begründe dies, indem du den Lückentext mit Hilfe des Wortspeichers vervollständigst.

> **Wortspeicher**
>
> farbig • persönliche Meinungsäußerung • der Titel „Ein Problem, das jeden angeht" • Nennung der Verfasserin • einen Rahmen •„Kommentar" • grafische Elemente

Der Text ist bereits durch die Angabe **?** über dem Beitrag als eine solche Textsorte gekennzeichnet. Ein weiterer Beleg ist **?** , denn aus der Überschrift geht hervor, dass der Text eine **?** der Autorin Ingrid Hügenell ist. Die konkrete **?** folgt in der Unterzeile. Außerdem ist der Kommentar durch **?** deutlich von anderen Beiträgen abgesetzt: Der Text weist **?** auf und ist **?** hinterlegt.

b Ergänze deine Textsortenbestimmung durch inhaltliche und strukturelle Besonderheiten dieser Textsorte („Wissen und Können" ▶ S. 66). Belege deine Aussagen mit Textzitaten. Schreibe in dein Heft.

Mögliche Absichten der Autorin erkennen

1 **a** Welche Absichten könnte Ingrid Hügenell mit ihrem Kommentar verfolgen? Markiere im Wortspeicher die Aussagen, die deiner Meinung nach zutreffen.

> **Wortspeicher**
>
> bewusst machen, welch großes Problem Mikroplastik im Boden darstellt • die Bauern ermahnen, Wiesen und Äcker nicht zu tief zu beackern • davor warnen, das Problem zu unterschätzen • alle auffordern, ihren Müll während der Autofahrt, bei Feiern oder Picknick richtig zu entsorgen • dazu aufrufen, sich an Müllsammelaktionen zu beteiligen • beweisen, dass ordentliche Entsorgung viel Aufwand bedeutet

b Verfasse in deinem Heft einen zusammenhängenden Text, in dem du auf die vermutlichen Absichten der Autorin eingehst. Belege deine Aussagen mit Zeilenangaben.

Eine begründete Stellungnahme verfassen

1 Die Verfasserin spricht in Z. 10 ironisch davon, dass unachtsame Menschen ihren Müll nach dem Picknick oder beim Feiern „verlieren".
a Überlege, ob es sinnvoll wäre, auf öffentlichen Flächen, bspw. in der Stadt oder auf Rastplätzen ganz auf Mülleimer zu verzichten. Übertrage folgende Tabelle in dein Heft und ergänze sie mit Thesen aus dem Text.

Bei der **begründeten Stellungnahme** wird von dir eine Argumentation zu einer Aussage oder Fragestellung des Textes verlangt. Du musst dazu Position beziehen und deine Meinung mit Argumenten belegen. Ziel ist es, von deinem Standpunkt zu überzeugen und zu verdeutlichen, weshalb deine Meinung die bessere ist. Es sollen ca. 250 Wörter geschrieben werden.

Aufstellen von Mülleimern	Verzicht auf Mülleimer
– Abfall wird gezielt gesammelt → Recyling – Verzicht auf das „Entsorgen" durchs Autofenster – …	– Abfall muss daheim selbst entsorgt werden – Umdenkprozess: Jede/-r ist selbst für Müll verantwortlich – …

b Entscheide dich für einen Standpunkt und formuliere aus den Thesen eine begründete Stellungnahme von ca. 250 Wörtern in dein Heft. So kannst du beginnen:

Meiner persönlichen Meinung nach sollte … das Aufstellen von Mülleimern an Ausflugszielen …

Kreativer Schreibauftrag: Einen Appell verfassen

Wissen und Können **Einen Appell (Aufruf) verfassen**

Mit einem **Appell** (Aufruf) möchte man andere von einem Vorhaben **überzeugen** und sie zum **Handeln auffordern**. Um **Aufmerksamkeit** zu erregen, werden gezielt **sprachliche und gestalterische Mittel** eingesetzt, z. B. einprägsame Slogans, Imperative, (rhetorische) Fragen, Anrede der Lesenden, Reime, Stilmittel (▶ hintere Umschlagseite) sowie eine markante **typografische Gestaltung**, z. B. durch Fotos, Illustrationen, verschiedene Schriftarten und -größen, Symbole und Hervorhebungen. Handschriftlich (z. B. in einer Texterschließung) stehen dir allerdings nur einfache grafische Mittel zur Verfügung, z. B. Farben, eine auffällige Überschrift, Großbuchstaben, Doppelpunkte, Pfeile, Spiegelstrichlisten, Smileys und Symbole.
Um zu **überzeugen**, musst du auch **begründen**, warum du eine Verhaltensänderung für nötig hältst.

1 Schreibe einen Appell für die Schülerzeitung, in dem du Mitschülerinnen und Mitschüler aufforderst, selbst etwas gegen die Müllproblematik zu tun.
a Unterstreiche im Kommentar (▶ S. 64) zwei Äußerungen, die sich für einen solchen Appell eignen.
b Fertige einen Entwurf an. Du kannst die Tipps nutzen.
c Gestalte den Appell auf dem Computer oder in deinem Heft.

Tipps für das Verfassen eines Appells
– Finde eine Überschrift, die Aufmerksamkeit weckt und/oder an die Leserin / den Leser appelliert.
– Stelle z. B. zu Beginn eine provokative Frage. Dadurch wirkt der Appell besonders eindringlich.
– Nenne Fakten zum Thema. Überlege Ursachen.
– Liste knappe Aufforderungen auf. Begründe sie.
– Formuliere einen Schluss.

Den Schluss der Texterschließung schreiben

1 Im Schlussteil sollte immer die eigene Meinung zum Inhalt des Artikels genannt werden. Nachdem du diese schon im Appell zum Ausdruck gebracht hast, genügt nach diesem kreativen Schreibauftrag eine knappe Abrundung oder ein Ausblick in die Zukunft.
Nutze die folgenden Satzanfänge für deinen eigenen Schlussteil zum Kommentar „Ein Problem, das jeden angeht". Schreibe in dein Heft.

In meinem Appell habe ich bereits eindringlich auf … hingewiesen.
Für die Zukunft würde ich mir wünschen, dass … Jede/-r Einzelne kann …

Eine Glosse kriteriengeleitet erschließen

Als Glosse wird ein kurzer journalistischer Text bezeichnet, in dem sich eine Autorin oder ein Autor mit **aktuellen Nachrichten** oder **gesellschaftlich interessanten Themen** auf **satirische Art und Weise** auseinandersetzt.

- Der Witz von Glossen wird meist durch **Ironie und Sarkasmus** erzeugt. Die Themen werden in der Regel übertrieben dargestellt. Die Autorin / Der Autor drückt die **eigene Meinung** oft auf **spöttische** oder **witzige** Art und Weise aus. Häufig **macht sich die Autorin oder der Autor** über aktuelle Ereignisse bzw. typische Verhaltensweisen **lustig** und übt dadurch **Kritik.**
- Glossen enden meist mit einer **überraschenden Wendung (= Pointe).**
- Manchmal sind bei einer Glosse Abbildungen zu finden, dabei handelt es sich meist um **Karikaturen.** Das sind **komisch überzeichnete Darstellungen,** die Menschen oder gesellschaftliche Zustände humorvoll illustrieren und kritisieren.

Kinderpanzer

Eine Glosse von Gabriele Frydrych

Türenschlagen, Hupen, lautes Geschrei, stampfende Musik direkt unterm Fenster. Ich falle erschrocken aus dem Bett. Dabei hat nur die Schule wieder angefangen. Gegenüber befinden sich eine Grundschule,
5 ein Kindergarten und ein Hort. So gut wie keins der armen Kinder kann laufen. Sie werden deshalb im „Elterntaxi" transportiert. Mittlerweile ein fester Begriff bei Wikipedia. Genauso wie der Begriff „Generation Rücksitz". Die Elterntaxis verstopfen morgens
10 und nachmittags unsere kleine Straße. Sie versperren ungeniert die Ausfahrten und pflügen die Gehwege auf. Keiner kann vor oder zurück. Statt den Verstand oder den Rückwärtsgang zu benutzen, wird gehupt, bis auch der letzte Anwohner wach ist. Und
15 bis endlich jemand nachgibt und aus dem Weg fährt. „Total loser" ...
Ist das eigene Kind samt Gepäck sicher im Schulhafen gelandet, heulen die Motoren auf und die Gefährte donnern die Straße entlang. Falls ihnen niemand im Weg steht. Ob sie dabei anderer Leute
20 Kinder gefährden oder ein paar Eichhörnchen platt fahren, spielt keine Rolle.
Dreihundert Meter weiter ist eine breite, freie Straße. Viele Sportplätze reihen sich aneinander. Gegenüber ruht ein großer Friedhof. Hier stehen seit Mo-
25 naten nur zwei Wohnwagen und ein Bootsanhänger rum. Hier könnte man sein Kind samt Gepäck ungestört aus dem Auto laden. Allerdings müssten Torben und Emma dann dreihundert Meter zu Fuß gehen. Wer weiß, welche Gefahren auf diesem endlosen
30 Marathon lauern? Frustrierte Rentnerinnen mit Heckenscheren, die sich gegen Motorenlärm und

Gehupe zur Wehr setzen. Riesige Hunde mit Reißzähnen. Wildschweinhorden, Wölfe und Bären. Dann lieber doch mit dem SUV direkt vors Schultor 35 fahren.
Die Anschaffung eines Kindes scheint heute unweigerlich mit der Anschaffung eines SUV verbunden zu sein. Ich habe den Verdacht, dass manche Leute sich nur deshalb vermehren, weil sie einen Vorwand 40 brauchen, sich so ein Riesenauto zuzulegen. Einen Geländepanzer, mit dem man spielend Savannen, Gletscherwüsten und Trockenwadis durchqueren kann, die es in jeder Großstadt reichlich gibt.
In diesen Panzern werden die eigenen Kinder wie 45 Trophäen herumgefahren. Samt Kindersitz, Kinderwagen, Windelpaketen, Trockenmilchdosen, Trampolins, Laufrädern, Rucksäcken und was Kinder noch so alles dringend brauchen. Das geht schließlich nicht mit einen Smart oder einem Bollerwagen. 50
Unsere Nachbarn haben zwei kleine Kinder und

logischerweise zwei SUVs. Einen für Vati und einen für Mutti. So ein Riesenauto passt weder in die 50er-Jahre-Garage noch auf die Auffahrt, es sei denn, man lässt das Gartentor offenstehen und das Heck des Geländewagens auf den Bürgersteig rausragen. Die Fußgänger schlagen gern einen ehrfürchtigen Bogen um das teure Gefährt. Der zweite SUV der Nachbarn steht auf der Straße, immer halb auf dem Radweg und immer entgegen der Fahrtrichtung. So ein großes Auto zu wenden, muss Vati erst noch auf einem Truppenübungsplatz lernen. Auch andere Elterntaxis haben große Probleme beim Rangieren und Einparken. Und manchmal einen Aufkleber an der Rückscheibe: „Bruce-Sören an Bord". Der Transport eines Kindes rechtfertigt jedes Fehlverhalten im Straßenverkehr ...

Im Internet finden sich zahlreiche Studien und Kontroversen zum Thema SUV. Jede Menge freier Bürger, die freie Fahrt fordern. Ein „Kenner" behauptet: Wenn der Staat seine Bürger so gängelt, müssen sie sich halt beim Autofahren austoben. Und wer anderen den SUV nicht gönnt, ist einfach nur vom Neid zerfressen. Die SUV-Kritiker wehren sich: Sie stellen boshafte Korrelationen zwischen steigendem Übergewicht und SUV-Dichte in Deutschland her. Sie bezeichnen die Panzerfahrzeuge als „kulturell geförderte Selbstgerechtigkeit", als reine Klimasünde, als Preisschild auf Rädern. Sie mokieren sich besonders über die SUV-Muttis, die gar nicht Auto fahren könnten. Überhaupt bräuchten nur Förster, Feuerwehrleute und Berghüttenbesitzer so einen Geländewagen mit dem Kraftstoffverbrauch eines Kleinlasters. Alle anderen SUV-Besitzer würden nur von Imponiergehabe und Selbstbezogenheit getrieben. Oder von einem Bedürfnis nach kokonartiger Geborgenheit. [...]

Mich korrumpiert es übrigens auch, dass man beim Besteigen eines SUV nur das Gesäß ein wenig eindrehen muss. Außerdem haben wir neuerdings eine Enkelin, die wir mit ihrem Spielzeug sicher durch die Stadt kutschieren wollen. Wir lassen gerade unsere Garage tiefer legen und vergrößern ... *

Den Text erschließen

1
a **Lies die Glosse „Kinderpanzer" aufmerksam durch.**
b **Markiere Schlüsselwörter.**
c **Kreuze an, um was es in der Glosse geht.**

> Wenn man nur die **Schlüsselwörter** liest, erhält man die **Hauptaussagen** des Textes.

☐ Der Text thematisiert die negativen und positiven Seiten von SUVs.

☐ Der Text zeigt eine alltägliche Situation auf, denn die Autorin ist vom Lärm der Elterntaxis genervt.

☐ Der Text nennt Gründe, warum es sinnvoll ist, dass Kinder von den Eltern zur Schule gefahren werden.

☐ Der Text kritisiert humorvoll übertrieben, dass sich viele Eltern einen SUV kaufen und damit täglich ihre Kinder zur Schule fahren, wobei sie sich rücksichtslos im Straßenverkehr verhalten.

2 **Die Bedeutung unbekannter Fremdwörter und Fachbegriffe kann man oft mit Hilfe des Textzusammenhangs erklären.**
Streiche jeweils die unpassenden Umschreibungen durch.

A SUV (Z. 35) → Stand up and vote • Sport Utility Vehicle • Standardized Uptake Value

B Trockenwadi (Z. 43) → verschlossene Höhle • Trockental im Wüstengebiet • abgeholzter Nadelwald

C Kontroverse (Z. 68 f.) → Übereinstimmung • wissenschaftliche Untersuchung • Meinungsverschiedenheit

D Korrelation (Z. 75) → Unterschied • Behauptung • wechselseitige Beziehung

E mokieren (Z. 79) → sich informieren • sich lustig machen • sich beschweren

F Kokon (Z. 86) → Gespinst, in das sich Insekten selbst bzw. ihre Eier einspinnen • Käfig/Gefängnis • Bettdecke

G korrumpieren (Z. 88) → überraschen • beleidigen • bestechen

Die Einleitung schreiben

1 Vervollständige den folgenden Einleitungssatz zur Glosse „Kinderpanzer". Nutze für den Kernsatz deine Antwort von Aufgabe 1c auf Seite 71.

Die Glosse _____ von _____ erschien am _____.

Der Text _____

_____.

Den Inhalt strukturiert zusammenfassen

1 Das folgende Notizblatt enthält Vorarbeiten für die strukturierte Inhaltsangabe.
  a Füge bei den ersten vier Sinnabschnitten die Zeilennummern ein und vervollständige die Stichpunkte.
  b Ergänze die restlichen drei Sinnabschnitte.

Z.1 – _____ Schilderung des morgendlichen _____

und Verkehrschaos im Umfeld der Schule, da viele _____

mit dem _____ gebracht werden

Z. _____ – _____ Gefährdung anderer _____ bei der Abfahrt

Z. _____ – _____ Vorstellung eines ruhigen _____ in der Nähe der Schule, an dem Kinder

ungestört _____ könnten; aber: keine Beachtung, da Angst vor

möglichen _____ auf dem kurzen _____

Z. _____ – _____ Feststellung: _____ werden als Grund für den Kauf eines für die Stadt unnötigen SUVs

vorgeschoben, da man wegen ihnen großen _____ benötigt

Z. _____ – _____ _____

_____

Z. _____ – _____ _____

_____

Z. _____ – _____ Pointe: _____

2 Formuliere aufgrund dieser Notizen eine strukturierte Inhaltszusammenfassung. Du kannst dabei auch auf deine Schlüsselwörter zurückgreifen. Gib Hinweise auf den Aufbau des Artikels. Dazu kannst du die Absatznummerierungen, die Zeilenangaben oder andere Strukturbegriffe (z. B.: *zu Beginn, anschließend, im Folgenden, danach, schließlich*) verwenden. Schreibe in dein Heft.

Sprachliche Besonderheiten und ihre Wirkung beschreiben

Wissen und Können	Sprachliche Besonderheiten

Die Beschreibung **sprachlicher Besonderheiten** geht auf **Wortwahl** (z. B. umgangssprachliche Begriffe, Fremdwörter, Fachbegriffe), **Satzbau** (z. B. lange Satzreihen, kurze Aussagesätze, komplizierte Satzgefüge, Ellipse) und **Stilmittel** (z. B. Metapher, Vergleich, Hyperbel, Ironie ▶ hintere Umschlagseite) ein, erläutert deren Wirkung und belegt alle Aussagen mit Zitaten und Zeilenangaben.

Im Folgenden sollen die sprachlichen Besonderheiten von Zeile 1 bis Zeile 50 analysiert werden.

1 **a** Betrachte zunächst die Wortwahl. Notiere jeweils ein Beispiel aus dem Text mit Zeilenangabe.
   b Ergänze darunter jeweils eine passende Wirkung aus dem Wortspeicher.

A Die Autorin verwendet umgangssprachliche Ausdrücke, etwa: _____

   Wirkung: _____ .

B Des Weiteren nutzt die Autorin Fremdwörter, z. B.: _____

   Wirkung: _____ .

C Außerdem finden sich Begriffe für die Überbehütung der Kinder: _____

   Wirkung: _____ .

> **Wortspeicher**
>
> verdeutlichen die Meinung der Autorin • zeigen das gehobene Niveau der Autorin •
> wirken unprofessionell • wirkt durch die Alltagssprache wirklichkeitsnah • zeigen die Absicht, mit diesem
> Text zu informieren • zeigen, dass die Autorin recherchiert hat und sich mit dem Thema auskennt

2 Untersuche nun den Satzbau.
Schreibe dazu den folgenden Text in dein Heft und ersetze die **?** durch passende Begriffe, Zitate und Zeilenangaben.

Im Bereich des Satzbaus fallen den Lesenden gleich zu Beginn zahlreiche einfache **?** auf, z. B.: „Ich falle erschrocken aus dem Bett. Dabei hat nur die Schule wieder angefangen" (Z. **?**) oder **?** (Z. 23–30). Dadurch wird die allmorgendliche Situation vor der Schule bzw. der Ort, an dem die Schüler/-innen ungestört aussteigen könnten, eindringlich geschildert. Auffällig ist auch der ironisch, übertriebene Fragesatz **?** in den Zeilen 30 f. Hier
5 macht sich Frydrych genauso über die fürsorglichen Eltern lustig, die ihre Kinder selbst den kürzesten Schulweg nicht allein laufen lassen, wie mit den daran anschließenden **?** , die völlig übertriebene Gefahren aufzählen („Frustrierte Rentnerinnen mit Heckenscheren [...] Wölfe und Bären", Z. **?**). Andere Ellipsen wie **?** (Z. 19 f.) und **?** (Z. 35 f.) wirken umgangssprachlich und geben prägnant die sarkastische Meinung der Autorin wieder. Im Gegensatz hierzu stehen Satzgefüge (**?** , Z. 12–15, **?** , Z. 39–41), die das gehobene Sprachniveau der Kolum-
10 nistin zeigen und ihre komplexen Gedankengänge darlegen.

3 In der Glosse werden verschiedene Stilmittel verwendet, die eine bestimmte Wirkung haben.
   a Die Textstellen in den Zeilen 5 f., 16 und 42 ff. sind ironisch zu verstehen.
      Erkläre, worüber die Autorin sich hier lustig macht bzw. was sie indirekt kritisiert.
      Schreibe in dein Heft.

b Vervollständige die Tabelle mit den entsprechenden Zeilenangaben.

c Ordne Stilmittel, Textzitate und Aussagen zur Wirkung richtig zu, indem du Zusammengehörendes in der gleichen Farbe markierst.

d Markiere im Text je ein Beispiel für Metapher, Hyperbel, Aufzählung und Personifikation, die die immense Lautstärke im Umkreis der Schule verdeutlichen.

e Formuliere die Ergebnisse aus den Aufgaben 3a bis 3d in vollständigen Sätzen in dein Heft.

„ruht ein großer Friedhof" (Z. _____)	Metapher	stellt auf übertriebene Art und Weise die enorme Größe der SUVs dar
„Samt Kindersitz, Kinderwagen [...] alles dringend brauchen" (Z. _____)	Hyperbel	legt dar, dass mit den SUVs sogar auf den Gehsteigen gefahren und angehalten wird, wodurch diese zerstört werden
„wie Trophäen" (Z. _____)	Aufzählung	verdeutlicht, dass es an diesem unbelebten, verlassenen Ort äußerst still ist
„Hier stehen [...]. Hier könnte [...]." (Z. _____)	Anapher	macht bewusst, wie viele Gegenstände Eltern mitnehmen, wenn sie mit ihren Kindern unterwegs sind, weswegen sie ein Auto mit viel Stauraum benötigen
„pflügen die Gehwege auf" (Z. _____)	Vergleich	macht auf den Platz aufmerksam, an dem die Kinder ungestört aussteigen könnten
„Riesenauto" (Z. _____)	Personifikation	veranschaulicht, dass Eltern ihre Kinder stolz und behutsam umherfahren

Die Textsorte bestimmen und das Layout beschreiben

1 Kreuze an, welche Merkmale typisch für die Glosse sind (▶ S. 70). Notiere dahinter jeweils einen Beleg in Stichpunkten, ein Zitat bzw. eine Zeilenangabe aus dem Text „Kinderpanzer".

☐ übertriebene Darstellung eines Themas _____

☐ Ironie _____

☐ Bezug auf ein alltägliches Geschehen _____

☐ Bezug auf eine aktuelle Nachricht _____

☐ lässt die Meinung der Autorin erkennen _____

☐ gibt einen Sachverhalt der Lächerlichkeit preis _____

☐ übt Kritik an gesellschaftlichen Problemen _____

☐ will mit Argumenten überzeugen _____

☐ will unterhalten _____

☐ Pointe zum Schluss _____

2 Häufig gehört zu einer Glosse eine Karikatur. Interpretiere die Karikatur mit Hilfe der Fragen:

> Was genau wird dargestellt?
>
> _____
>
> _____

> Inwiefern verdeutlicht die Karikatur den Titel der Glosse?
>
> _____
>
> _____

> Wie wirkt die Karikatur auf die Lesenden? / Was bezweckt die Karikatur?
>
> _____
>
> _____

3 Auch die Headline „Kinderpanzer" ist auffällig. Nenne das Stilmittel, das die Autorin hier gekonnt einsetzt, und lege dessen Wirkung dar. Schreibe in dein Heft.

4 **a** Untersuche weitere Besonderheiten des Layouts. Streiche alle Begriffe, die nicht zum vorliegenden Text passen.
b Bei der Beschreibung des Layouts darfst du nicht beliebig durch den Text springen, sondern musst am Anfang des Textes oder beim auffälligsten Gestaltungsmerkmal beginnen.
Bringe die zutreffenden Begriffe in eine sinnvolle Reihenfolge, indem du sie in der richtigen Reihenfolge in deinem Heft notierst.

> Wortspeicher
>
> Zwischenüberschriften • Diagramm • Spalten und Absätze • Karikatur • Bildunterschrift • Headline • Led/Vorspann • Unterüberschrift • Hinweis auf Textsorte • Rahmen • Bild/Fotografie • Fließtext • farbiger Hintergrund • Name der Autorin / des Autors • Foto der Autorin / des Autors • Rubrikname • Initial

> Wenn das **Layout** in Verbindung mit dem Nachweis der Textsorte zu untersuchen ist, solltest du auf allgemeine Merkmale, die auch auf andere journalistische Textsorten zutreffen, verzichten.

5 Fasse deine Ergebnisse zur Textsortenbestimmung und Layoutbeschreibung in sinnvoll verknüpften Sätzen im Heft zusammen. Gehe dabei lediglich auf die typischen Layoutmerkmale der Glosse ein.
So kannst du beginnen:

Bei dem Text „Kinderpanzer" handelt es sich um eine Glosse, denn ... Typisch für die Textsorte ist auch ... Außerdem ... Des Weiteren ...

Die Absichten der Autorin darstellen

| Wissen und Können | Journalistische Textsorten |

Bei **subjektiv wertenden journalistischen Textsorten** wie **Kommentar** oder **Glosse** ist die Absicht der Autorin / des Autors in der Regel gut zu erkennen. Meist wollen die Verfasser/-innen durch ihre Meinungsäußerung die Lesenden **zum Nachdenken, zur Meinungsbildung** oder **zum Handeln** anregen.

1 a Kreuze an, welche Absichten die Autorin deiner Meinung nach mit der Glosse verfolgt.
   b Ergänze bei den zutreffenden Aussagen Zeilenangaben, die die Behauptung belegen.

	treffend	unpassend
Gabriele Frydrych möchte sich mit ihrem Text über die äußerst fürsorglichen Eltern lustig machen (vgl. z. B. Z. _____).	☐	☐
Die Autorin will Kritik daran üben, dass viele SUV-fahrende Eltern sich rücksichtslos gegenüber ihren Mitmenschen verhalten (vgl. z. B. Z. _____).	☐	☐
Des Weiteren möchte die Journalistin Mitleid erregen, weil sie so früh vom Lärm der Elterntaxis geweckt wird (vgl. z. B. Z. _____).	☐	☐
Die Autorin will die Lesenden dazu bringen, darüber nachzudenken, ob sie wirklich einen SUV benötigen (vgl. z. B. Z. _____).	☐	☐
Frydrych möchte mit ihrer Glosse erreichen, dass die Eltern ihre Kinder zukünftig allein zur Schule laufen lassen (vgl. z. B. Z. _____).	☐	☐
Außerdem möchte die Kolumnistin mit ihrem humorvoll-ironischen Text unterhalten, etwa wenn sie das Verkehrschaos vor der Schule beschreibt (vgl. z. B. Z. _____).	☐	☐

Eine begründete Stellungnahme verfassen

| Wissen und Können | Eine begründete Stellungnahme |

Bei der **begründeten Stellungnahme** musst du zu einer Thematik des Textes **Argumentationen** formulieren. Eine Argumentation ist wie üblich in Behauptung, Begründung, Beispiel und eventuell Rückführung zu gliedern. Normalerweise genügen zwei bis drei Argumentationen. Schreibe mindestens eine DIN-A4-Seite bei normal großer Schrift bzw. mindestens 250 Wörter.

1 Ein Schüler hat Ideen notiert, welche Gründe dafür sprechen, den Schulweg selbstständig zu meistern.
   a Markiere alle Ideen, die sich inhaltlich ähnlich sind, in der gleichen Farbe.

sich mit Freunden austauschen • Laufgemeinschaften bilden • sich an der frischen Luft bewegen • selbstständig werden • Verkehrsregeln einüben • lernen, sich im Straßenverkehr zurechtzufinden • auf Schulweg Spaß haben • sich von Eltern abnabeln • klimafreundlich • Verantwortung übernehmen • sich orientieren können

   b Fasse die zusammengehörigen Stichworte in deinem Heft zu einem knappen Gliederungspunkt im Nominalstil zusammen. Formuliere die anderen Gliederungspunkte in den Nominalstil um.
   c Verfasse anhand der Thesen aus Aufg. 1b eine begründete Stellungnahme von ca. 250 Wörtern in deinem Heft.

Kreativer Schreibauftrag: Eine Schilderung verfassen

Eine Schilderung schreiben

In **Schilderungen** werden **Sinneseindrücke, Gedanken** und **Gefühle,** die eine Situation auslöst, so anschaulich und lebendig wie möglich dargestellt. Dazu verwendet man **ausdrucksstarke Verben, anschauliche Adjektive, Metaphern** und **Vergleiche.** Schilderungen werden im Präsens verfasst.

1 Stell dir vor, du würdest zu Fuß zur Schule laufen und müsstest dich auf den letzten 300 Metern noch durch all die Elterntaxis schlängeln. Halte deine Gedanken, Sinneseindrücke und Empfindungen stichpunktartig in einer Mind-Map fest. Du kannst dir auch noch einmal die Zeilen 1–22 durchlesen. Schreibe in dein Heft.

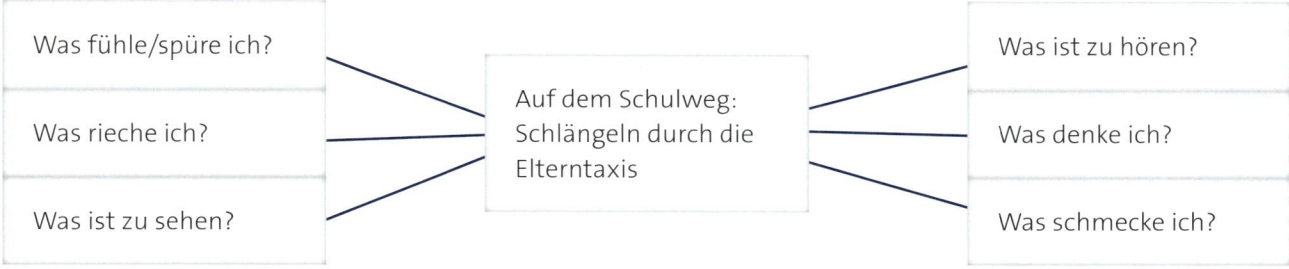

Was fühle/spüre ich?	Auf dem Schulweg: Schlängeln durch die Elterntaxis	Was ist zu hören?
Was rieche ich?		Was denke ich?
Was ist zu sehen?		Was schmecke ich?

2 Schreibe die Schilderung in deinem Heft zu Ende, sodass die Lesenden sich die Situation und die Atmosphäre bildlich vorstellen und sie miterleben können. Verwende die Anregungen aus Aufgabe 1.

„Hi, Peter", schreit mir mein Cousin freudig entgegen, als ich um die Ecke biege. Wie jeden Morgen treffen wir uns an den Sportplätzen, von wo aus wir die letzten 300 Meter zusammen zur Schule laufen. Hier ist es noch ruhig, aber …

Den Schluss schreiben

Den Schluss schreiben

Im **Schluss** sollt ihr eure eigenen Gedanken zum Text und seiner Thematik formulieren. Die Aussagen im Schluss sollten sich nicht mit denen der Stellungnahme überschneiden. Bei einer **Glosse** ist es auch denkbar, zu begründen, inwiefern euch der Text zum Beispiel zum Schmunzeln gebracht hat.

1 a Kreuze an, welche Textvorschläge für einen gelungenen Schluss geeignet sind.
b Wähle einen gelungenen Textvorschlag aus und schreibe nun einen vollständigen Schluss in dein Heft.

☐ Die Ansichten der Autorin kann ich nachvollziehen, weil auch viele meiner Mitschüler/-innen täglich mit dem Auto … Ich hingegen … Dabei erschüttert mich immer wieder … Daher würde ich mir wünschen, …

☐ Ich finde den Text nicht gelungen, da er nicht argumentiert, sondern unsachlich und ironisch …

☐ Mich hat das Thema der Glosse angesprochen, da meine Eltern selbst einen solchen SUV gekauft haben … Allerdings …, sondern …

Grammatik trainieren

Exakt und treffend formulieren

Wissen und Können	Nominalstil – Verbalstil

Für die Gliederung einer Erörterung braucht man den **Nominalstil,** weil damit Inhalte kürzer und prägnanter vermittelt werden können, z. B.: *Vielfältige Kursangebote für die Freizeit.*
In den Argumentationen hingegen wirkt dieser Stil oft wenig anschaulich und teilweise holprig. Hier ist der **Verbalstil** flüssiger und leichter verständlich, z. B.: *Für die Freizeit werden vielfältige Kurse angeboten.*

1 Eine Schülerin hat zu dem Erörterungsthema „Viele Schulen bieten Wahlunterricht an. Was spricht dafür, ein Wahlfach zu belegen? Welche Nachteile sind damit verbunden?" eine Gliederung im Nominalstil angefertigt. Für den Hauptteil des Aufsatzes müssen diese Gliederungspunkte in einen gut verständlichen, abwechslungsreichen Verbalstil umformuliert werden.
Forme die Gliederungspunkte so um, dass sie als Behauptungen der Argumentationen erkennbar sind. Verknüpfe die einzelnen Aspekte mit passenden Überleitungen.

A) [...]

B) Was spricht dafür, ein Wahlfach zu belegen?
   Welche Nachteile sind damit verbunden?
   I. Vorteile eines Wahlfachs
       1. Knüpfen sozialer Kontakte außerhalb der eigenen Klasse
       2. Mitgestaltung des Schullebens
       3. Wissenserweiterung ohne Notendruck
       4. Vertiefung bestimmter Fähigkeiten
       5. Kostenfreies Kursangebot
   II. Nachteile eines Wahlfachs
       1. Reduzierung der frei verfügbaren Zeit
       2. Vernachlässigung der schulischen Pflichten
       3. Überlastung durch Nachmittagsunterricht
       4. Unzureichende Schulbusverbindungen am Nachmittag

C) [...]

So kannst du beginnen:

Mit einem Wahlfach sind etliche Vorteile verbunden. Wenn man eine Arbeitsgruppe am Nachmittag besucht, besteht zunächst einmal die Möglichkeit, soziale Kontakte ... Außerdem ...

2 Eine Erörterung muss sachlich geschrieben werden. Das verleitet oft dazu, im Nominalstil zu formulieren, der aber Nachteile hat (▶ „Wissen und Können"). Die folgenden Ausschnitte aus Argumentationen sind in einem ungünstigen Nominalstil verfasst. Verbessere sie in deinem Heft, indem du den gleichen Inhalt im Verbalstil formulierst. Du kannst die Satzstruktur ändern. Manchmal ist es auch besser, mehrere kürzere Sätze zu bilden.

A Beispielsweise führt *das Belegen* eines Spanischkurses zur *Verbesserung* des Sprachgefühls und als Folge davon auch zur *Beeinflussung* der Noten in Englisch.

B Die Freizeit soll den Schülerinnen und Schülern eigentlich *zur Erholung* oder *zu Unternehmungen* mit Freunden dienen.

Wissen und Können   Abwechslung in der Wortwahl

Wiederholungen lassen sich **durch Synonyme, Umschreibungen oder Pronomen vermeiden.** Pronomen stellen außerdem Verknüpfungen im Text her. Dabei muss man darauf achten, dass Genus und Numerus mit dem Bezugswort übereinstimmen, z. B.: *Der Sprachkurs, der von der Schule angeboten wird, …* (= Relativpronomen). *Dieser bietet die Möglichkeit, …* (= Demonstrativpronomen). *Er findet oft an Tagen statt, …* (= Personalpronomen).

3 Ersetze den Themabegriff „Wahlfach" bei dem in ▶ Aufgabe 1 auf Seite 78 gestellten Thema durch geeignete Synonyme. Füge dafür passende Wortbausteine zusammen und schreibe die Begriffe in richtiger Groß- und Kleinschreibung auf die Linien. Du kannst Bausteine auch mehrfach verwenden.
Beachte: Bei einigen Wörtern musst du ein Fugen-s einfügen.

Wortspeicher

NACHMITTAG • NEIGUNG • ARBEIT • WAHL • ZUSATZ • KURS • UNTERRICHT • GEMEINSCHAFT • ANGEBOT • GRUPPE • FACH

_____

_____

4 Ergänze in der folgenden Einleitung zum Erörterungsthema von Seite 78 passende Synonyme oder Pronomen. Achte darauf, zwischen Synonymen und Pronomen abzuwechseln. Ergänze, wenn nötig, geeignete Artikel und/ oder Präpositionen.

Viele Schulen bieten neben dem Pflichtunterricht am Vormittag eine Reihe von _____

am Nachmittag an, _____ man eine Fremdsprache oder ein Musikinstrument erlernen

kann. Oft umfasst das Angebot an _____ auch sportliche Aktivitäten oder Aktionen für

die Schulgemeinschaft. Wenn zu Beginn des Schuljahres die Auswahl an _____ von der

Schulleitung herausgegeben wird, stellt sich für alle Lernenden die Frage, ob sie in _____,

_____ sie interessieren, mitarbeiten wollen. Bei der Entscheidung muss jede/-r gut abwägen, welche

Vorteile mit _____ verbunden sind und was gegen _____ Besuch spricht.

5 **a** In dem folgenden Auszug aus einem Schüleraufsatz sind etliche Pronomen falsch verwendet. Unterstreiche sie und verbessere sie am Rand. Achte dabei auf das jeweilige Bezugswort.

   b Markiere weitere Pronomen im Text und mache dir bewusst, worauf sie sich beziehen.

VORSICHT
FEHLER!

Während im Pflichtunterricht die Leistung in der Regel benotet wird, spielt <u>er</u> im Nachmittagsun-   *sie*

terricht keine große Rolle. Ohne Leistungsdruck, wo viele Schüler/-innen belastet, können die in

Neigungsgruppen sein Wissen erweitern. Mancher Schüler, was vormittags Schule als Stress

empfindet, entdeckt, dass er gern Texte formuliert, wenn der in der Schülerzeitungs-AG selbst

Themen auswählt, die ihm interessieren und über das er recherchieren will. Plötzlich macht ihm

das Formulieren Spaß, weil er ohne Druck abläuft. Durch Wahlkurse ist Schule oft positiv besetzt,

das für viele Vorteile mit sich bringt.

6 Ergänze in der folgenden Argumentation geeignete Pronomen.

Oft entscheiden sich Schüler/-innen gegen einen Nachmittagskurs, weil _____ dann Probleme mit den Bus-

verbindungen haben. _____ sind nämlich in der Regel so eingerichtet, dass _____ optimal zum Vormit-

tagsunterricht passen. Kommt man jedoch erst um 15 Uhr aus der Schule, heißt _____ für viele, dass

_____ auf den Bus warten müssen, denn etliche Orte werden am Nachmittag von Schulbussen nur noch ein-

mal angefahren. Vor allem im Winter stehen die Kinder und Jugendlichen, _____ Wohnort auf dem Land

liegt, dann in der Kälte herum. _____ beschließen daher, lieber keinen Wahlunterricht zu besuchen, damit

_____ diese lästigen Situationen erspart bleiben.

7 Markiere in den folgenden Sätzen das richtige Pronomen, streiche das unpassende.

Manche Schüler/-innen wählen einen bestimmten Kurs aus dem Angebot, weil sie / er gern mit Schülerinnen

und Schülern anderer Klassen in Kontakt kommen möchten. Oft kennen sie ihnen / sich schon aus früheren Klas-

sengemeinschaften und wurden später getrennt. Wahlkurse geben sie / ihnen die Möglichkeit, wieder etwas ge-

meinsam zu machen. Auch solche Schüler/-innen, die / wo / denen es Probleme bereitet, in der eigenen Klasse

Anschluss zu finden, haben so die Möglichkeit, Freundschaften zu knüpfen. Meist fällt denen / die / das wegen

der lockeren Atmosphäre in Arbeitsgemeinschaften auch leichter, denn hier bleibt eher einmal Zeit für ein Ge-

spräch, in das / dem / wo man sich über private Dinge unterhält. Außerdem schaffen gemeinsame Aktionen, in

die / denen man viel Freizeit und Engagement investiert, wie etwa Theaterspielen, eine starke Verbindung.

8 Auch die Häufung von Relativpronomen sollte vermieden werden. Formuliere die folgenden Relativsätze um. Nutze unterschiedliche Attribute (▶ Tipp). Schreibe in dein Heft. Beispiel: *die Klasse, in die mein Freund geht → die Klasse meines Freundes*

Manche **Relativsätze** klingen umständlich, zu viele nacheinander wirken eintönig. Man kann statt des Relativsatzes **ein anderes Attribut** verwenden: ein Adjektiv-, Genitiv-, Partizipial- oder Präpositionalattribut oder eine Apposition.

A ... ein Gespräch, in dem man sich über private Dinge unterhält, ...

B Die Klasse, in der man früher war, ...

C Der Wahlkurs, der in der Schule angeboten wird, ...

D Zusatzkurse bieten oft Raum, in dem man sich kreativ beschäftigen kann.

Wissen und Können   **Das Pronomen „man"**

Das **Pronomen „man"** wirkt eintönig, wenn es zu oft auftaucht. Es lässt sich **vermeiden,** indem man ein Nomen oder ein anderes Pronomen (z. B.: *einer, wir, jemand*) verwendet oder den Satz anders konstruiert (z. B. im Passiv oder mit einer Infinitivgruppe). Beispiel: *Wenn man Englisch lernt, hat man später Vorteile, da man in vielen Berufen Englischkenntnisse benötigt. → Viele* (Indefinitpronomen), *die Englisch lernen, haben später Vorteile, da in zahlreichen Berufen Englischkenntnisse benötigt werden* (Passiv).

9 **Die folgende Argumentation enthält das Pronomen „man" viel zu oft. Formuliere sie so um, dass die Wiederholungen entfallen. Orientiere dich an den Angaben in Klammern. Schreibe in dein Heft.**

Wenn man ins Ausland fährt *(indirekter Fragesatz)*, erkennt man *(entfällt nach der ersten Änderung)* schnell, welchen Vorteil man *(Personalpronomen)* hat, wenn man eine Fremdsprache beherrscht *(Infinitivgruppe)*. Man *(Nomen)* kann die Einheimischen nach dem Weg fragen oder im Restaurant bestellen, ohne dass man Missverständnisse produziert *(Passivsatz)*, weil man *(Personalpronomen)* nicht weiß, was man sich unter bestimmten Gerichten vorstellen muss *(anderes Verb: sich verbergen + andere Präposition)*.

10 **Entscheide, welche Präposition oder welcher Kasus jeweils richtig ist. Streiche Falsches durch.**

A Fremdsprachen bereiten gut auf / für die berufliche Karriere vor.

B In einen / einem Wahlkurs „Astronomie" wird man beispielsweise zu / über unser Sonnensystem informiert.

C Wegen / Trotz guter Fremdsprachenkenntnisse hat man bei / für der / die Bewerbung einen Vorteil zu / gegenüber anderen Mitbewerberinnen und Mitbewerbern.

D In einem / einen solchem / solchen Fall können Wahlkurse also durchaus als Investition in / für die Zukunft angesehen werden.

E Manchmal werden an Schule / Schulen auch Kurse angeboten, in / mit denen sich die Schülerinnen und Schüler für ihren / ihre Mitmenschen engagieren können.

F Statt / Dank dieses Einsatzes kann viel Gutes auch außerhalb den / der regulären Schulstunden geleistet werden.

G Wenn man Texte in / für die Schülerzeitung schreibt, kann man durch / wegen die Themenwahl Einfluss in / auf die Diskussionen an der Schule nehmen und Material für fundierten / fundierte Auseinandersetzungen bieten.

> **Präpositionen** zeigen Beziehungen zwischen Lebewesen, Dingen oder Vorgängen an. Sie können **lokale** *(neben, hinter)*, **temporale** *(während, nach)*, **modale** *(mit, von)* und **kausale** *(aufgrund, wegen)* **Verhältnisse** ausdrücken. Beachte: Die Präposition bestimmt den Kasus des folgenden Nomens bzw. Pronomens!

11 **Ergänze in der folgenden Argumentation statt der** ? **jeweils eine passende Präposition aus dem Wortspeicher und setze die Ausdrücke in Klammern im richtigen Kasus ein. Verwende jede Präposition nur einmal. Schreibe den vollständigen Text in dein Heft.**
Du kannst so beginnen: *Dank des Wahlfachangebots ...*

? (das Wahlfachangebot) an Schulen können Eltern eine Menge Geld sparen. Während ein privater Anbieter zum Beispiel ? (ein Spanischkurs) ? (die Honorare für Lehrkräfte) einen bestimmten Betrag ? (alle Kursteilnehmer) verlangen muss, führen Lehrer ? (öffentliche Schulen) freiwillige Nachmittagskurse ? (gesonderte Gebühren) durch. So bieten Wahlkurse ? (die Wissenserweiterung) auch ? (die Kosten) einen erheblichen Vorteil.

Wortspeicher

an • aufgrund • ~~dank~~ • für • hinsichtlich • neben • ohne • von

Sätze abwechslungsreich gestalten und sinnvoll verknüpfen

Wissen und Können   Satzverknüpfungen

Mit **Satzverknüpfungen** kann man **Zusammenhänge verdeutlichen** und **Texte abwechslungsreich gestalten**.
Eine **Satzreihe** besteht aus mindestens zwei **Hauptsätzen,** die durch **nebenordnende Konjunktionen** (z. B.: *aber, denn, doch*) miteinander verknüpft werden können. Die Hauptsätze werden durch Komma getrennt, nur vor den Konjunktionen *und* bzw. *oder* kann es entfallen.
Ein **Satzgefüge** besteht aus mindestens einem selbstständigen Hauptsatz und einem oder mehreren untergeordneten Nebensätzen. Nebensätze werden durch **unterordnende Konjunktionen** (z. B.: *weil, als, wenn, obwohl, dass, nachdem*), **Relativpronomen** (z. B.: *der, die, das*) oder **Interrogativpronomen** (z. B.: *wer, was, warum*) eingeleitet. Haupt- und Nebensatz werden immer durch ein **Komma** getrennt. Nebensätze (außer Relativsätzen) können vor oder nach dem Hauptsatz stehen oder in ihn eingeschoben sein.

1   Ein Schüler hat eine Argumentation zum Erörterungsthema „Die Artenvielfalt auf der Erde ist gefährdet. Welche Gründe gibt es dafür?" geschrieben. Verdeutliche die abwechslungsreiche Gestaltung des Satzbaus.
a Markiere dazu die Hauptsätze. Umkreise alle nebenordnenden Konjunktionen in Blau.
b Umkreise die unterordnenden Konjunktionen in Gelb und die Relativpronomen in Grün.

Zahlreiche Forscher/-innen sind sich einig, dass der Mensch verantwortlich ist für das verstärkte Artensterben. Einer der Gründe ist in der intensiven Landwirtschaft zu sehen, die vielfach in Monokultur und unter hohem Einsatz von Pestiziden und Insektiziden betrieben wird. Viele Tier- und Pflanzenarten sind dieser Anbauweise bereits zum Opfer gefallen, denn die angewandten Substanzen töten nie nur die Schäd-
5   linge, sondern sie schaden auch anderen Lebewesen. Vor allem Insekten sind bedroht, aber auch z. B. Vogel- und Fledermausarten sind vom Gift betroffen. Weil in den vergangenen Jahrzehnten die Flächen, auf denen die gleichen Pflanzen angebaut werden, immer umfangreicher wurden, fielen Hecken als Lebensraum für viele Tiere weg. Deshalb finden zum Beispiel Hasen keinen Unterschlupf mehr und Vögel keine Brutplätze. Selbst Ökolandbau findet auf Äckern statt, für die bestehende, natürliche Ökosysteme und somit die Le-
10   bensgrundlage vieler Tiere und Pflanzen zerstört werden. Wenn ihr Lebensraum vernichtet wird, werden sie zurückgedrängt und sterben oft sogar aus. *

2   a Formuliere die Adverbialsätze in Adverbialien um und umgedreht. Schreibe auf die Linien.
b Bewerte die Satzkonstruktionen: Welche hältst du für stilistisch besser gelungen? Unterstreiche sie. Begründe deine Entscheidung im Heft.

A Wegen der Bedrohung des Regenwaldes ist der Lebensraum zahlreicher Landlebewesen in Gefahr.

Adverbialsätze nehmen die Stellung eines Adverbials ein, machen also genauere Angaben und stellen Zusammenhänge her. Mit **Adverbialien** formuliert man knapper, mit **Adverbialsätzen** ausführlicher. Indem man sie variiert, gestaltet man Texte abwechslungsreicher.

B Der Regenwald ist auch durch illegale Rodungen und Umwandlung in Plantagen gefährdet.

C Obwohl die internationale Besorgnis wächst, werden Regenwälder weiterhin in rasantem Tempo zerstört.

D Der über Jahrhunderte angerichtete Schaden kann nur sehr langsam durch Wiederaufforstung behoben werden.

3

a Im Folgenden führt der Schüler weitere Gründe für das Artensterben an. Dabei nutzt er zu viele Attributsätze (Relativsätze). Markiere alle.

b Überlege, welche man in andere Attribute umwandeln sollte (▶ Tipp), und schreibe den überarbeiteten Text in dein Heft.

Um Sätze **zu verkürzen und zu vereinfachen**, kann man anstelle von Relativsätzen andere Attribute benutzen. Andererseits lassen sich **umständliche Formulierungen** oft durch einen Relativsatz **vermeiden**.

VORSICHT FEHLER!

Ein weiterer Grund für das Artensterben ist der Klimawandel, der die Lebensräume vieler Tierarten verändert. Ein Beispiel dafür ist die Versauerung der Weltmeere, die aufgrund des hohen CO_2-Ausstoßes immer weiter voranschreitet. Besonders Korallen leiden unter den Bedingungen, die sich verändert haben, aber auch Plankton, das die Hauptnahrung vieler Meeresbewohner darstellt, wird hierdurch knapp. Darüber hinaus ist die Überfischung zu nennen, die zum Artensterben in den Ozeanen beiträgt. Große Fangflotten, die technisch hochgerüstet und auf schnellen Profit bedacht sind, leeren die Meere. Auch auf die Gefahr des Meeresmülls, der zu drei Vierteln aus Plastik besteht, muss hingewiesen werden. Die Plastikabfälle, die ein ständig wachsendes Problem darstellen, sind eine Bedrohung, die Fische, Vögel und Meeressäuger betrifft, und gefährden letztendlich auch uns Menschen.

4 Verknüpfe die folgenden Satzpaare sinnvoll durch Konjunktionen bzw. Relativpronomen, um den Zusammenhang zu verdeutlichen. Nutze die vorgeschlagenen Satzverknüpfungen. Schreibe in dein Heft.

A Zur Ausrottung von Tierarten tragen auch Urlauber/-innen bei. Sie bringen gefährdete Tierarten von ihren Reisen mit. → HS + NS

B Einigen Exoten werden Heilkräfte zugeschrieben. Für sehr hohe Prämien werden sie gejagt. → HS + HS

C Jäger sind oft nur auf Felle, Hörner oder Geweihe der getöteten Tiere aus. Sie tun ein Übriges zur Ausrottung bedrohter Tierarten. → NS + HS

5 Gestalte den folgenden Schluss zur Erörterung „Gründe für das Artensterben" abwechslungsreicher, indem du die einzelnen kurzen Sätze zu Satzreihen oder Satzgefügen verbindest. Verwende dabei auch Pronomen (▶ S. 79 f.). Stelle das Subjekt nicht immer an den Satzanfang. Schreibe in dein Heft.

VORSICHT FEHLER!

Viele Staaten haben die Notwendigkeit erkannt. Die Artenvielfalt muss erhalten bleiben. Der Erhalt der Arten ist für funktionierende Ökosysteme entscheidend. Die Lebewesen sind über die Nahrungskette aufeinander angewiesen. Programme werden zum Schutz bedrohter Tiere und Pflanzen aufgelegt. Die Verbrauchenden werden gezielt aufgeklärt. Nach Ansicht der Umweltschützenden muss die Bundesregierung noch mehr Naturschutzgebiete ausweisen. Weniger Wiesen dürfen zu Ackerflächen werden. Die Begradigung von Flüssen muss gestoppt werden. Jede/-r Einzelne muss das Konsumverhalten überdenken. Heimische Bioprodukte sind für die Umwelt besser als Früchte aus abgeholzten Regenwäldern.

Wissen und Können   Der Satzbau

Der **Satzbau** richtet sich nach der **Textsorte**. Das gilt auch für deine eigenen Texte. Wenn du einen kreativen Text (z. B. eine Schilderung) schreibst, kannst du anders formulieren als in einer Textanalyse. Achte aber darauf, dass du deine Sätze immer abwechslungsreich gestaltest, sinnvoll verknüpfst und korrekt formulierst.

6 In einer Schulaufgabe wurde folgender kreativer Schreibauftrag gestellt: „Ein Besuch im Hallenbad. Schildern Sie Ihre Eindrücke."

a Untersuche den Satzbau in Teil A des folgenden Schülertextes. Notiere in den Klammern den Aufbau („HS" für Hauptsatz, „RS" für Relativsatz, „AS" für Adverbialsatz).

b Finde im Text die im Bild benannten Stilelemente und unterstreiche sie in verschiedenen Farben.

Ein Besuch im Hallenbad

A Ich gehe auf die Schwimmhalle zu, deren Glastür leicht beschlagen ist. In verzweigten   *HS + RS*

Bahnen rinnen Wassertropfen herunter. Fast wie im tropischen Regenwald. Aber

mich fröstelt, denn nach dem Duschen klebt mein Badeanzug nass am Körper

(_____). Schnell das Handtuch um die Schultern. Sobald ich die

Tür zur Halle öffne, höre ich lautes Geschrei, Plätschern, Klatschen und Plantschen

(_____). Es dröhnt in den Ohren. So ein Lärm! Soll ich es wagen?

Auf den Bodenfliesen stehen Pfützen, über die ich mich vorsichtig mit den Zehen

taste (_____). Nur nicht ausrutschen!

---

c Teil B der Schilderung ist noch nicht so gut gelungen. Überarbeite ihn in deinem Heft: Vermeide zu häufiges „ich". Verknüpfe Sätze, wo es dir sinnvoll erscheint, und verbessere falsche Verknüpfungen.
Dein überarbeiteter Text sollte auch Stilelemente enthalten, wie du sie in Aufgabe 6 b erarbeitet hast. Markiere sie in den entsprechenden Farben.

V O R S I C H T
FEHLER!

B Ich setze mich an den Beckenrand. Chlorgeruch steigt mir in die Nase. Ich baumle mit meinen Füßen im Wasser. Angenehm warm. Tief unter mir der Beckenboden. Auf der Wasseroberfläche spiegelt sich das Licht. Es fällt aus den bodentiefen Fenstern. Ich überlege, dass ich mich ins Becken hineingleiten lassen soll. Ich stütze mich aber noch mit den Armen ab. Ich überwinde mich endlich. Ich spüre das warme Wasser am ganzen Körper. Eine gute Idee, wieder einmal das Hallenbad zu besuchen! Warum bin ich nicht öfter hier?

Um Zusammenhänge zu verdeutlichen, solltest du deine **Sätze verknüpfen**. Allerdings musst du **Schachtelsätze vermeiden**. Komplizierte Satzkonstruktionen mit vielen Teilsätzen und/oder Partizipialkonstruktionen sind **schwer verständlich** und führen leicht zu **Fehlern**. Achte bei Satzverknüpfungen darauf, dass alle Prädikate an der richtigen Stelle stehen und keines fehlt, dass alle Satzklammern geschlossen sind und Anschlüsse und Bezüge stimmen. Überprüfe, ob du den Inhalt angemessener in mehreren Sätzen ausdrücken kannst.

7 Formuliere aus den folgenden Bausteinen eine weitere Argumentation zu der Themafrage (▶ Aufgabe 7). Bilde Satzgefüge, aber vermeide Schachtelsätze. Setze die Satzzeichen korrekt. Der Wortspeicher hilft dir.

> **Wortspeicher**
>
> die Bewegung im nassen Element genießen die meisten Menschen • um sich abzukühlen • außerdem macht Schwimmen großen Spaß • kommt es oft zu gemeinsamen Aktivitäten • egal ob sie sich beim Wettschwimmen messen oder in Ruhe ihre Bahnen ziehen • ist das ein sportliches Vergnügen für jedermann • die mit ihrem Gewicht Probleme haben • weil man im Wasser ein unbeschwertes Körpergefühl bekommt • gerade Menschen • gleichen dies im Wasser aus und schwimmen häufig besser als „Leichtgewichte" • wodurch sie große Freude an dieser Art der Bewegung haben • besonders gern gehen viele Leute an heißen Tagen zum Schwimmen • wenn man sich dann noch mit Freunden trifft

Beginne z. B. so: *Außerdem macht Schwimmen ... Weil man ..., ist das ein sportliches Vergnügen ...*

> **Häufige Fehler** in Schülerarbeiten sind **allein stehende Nebensätze**. Ein Nebensatz ist immer von einem Hauptsatz abhängig, er trifft ohne diesen keine sinnvolle Aussage und kann daher nie allein stehen. **Nebensätze** erkennt man daran, dass sie von einer **unterordnenden Konjunktion** (z. B.: *als, dass, weil, wenn*), einem **Relativpronomen** (z. B.: *der, die, das*) oder einem **Interrogativpronomen** (z. B.: *wer, weshalb, warum*) eingeleitet werden. Die **Personalform des Verbs** steht im Nebensatz immer an letzter Satzgliedstelle.

8 Zu dem Thema „Elektroroller werden bei jungen Leuten immer beliebter. Erörtere Gründe dafür" hat eine Schülerin folgende Einleitung geschrieben, die überarbeitungsbedürftig ist.
a Notiere in deinem Heft, wie der Satzbau dieses Textes auf dich wirkt. Begründe.
b Markiere die allein stehenden Nebensätze. Formuliere den Text so um, dass diese z. B. mit Hauptsätzen verbunden oder selbst Hauptsätze werden. Schreibe in dein Heft.

VORSICHT FEHLER!

> Seit letzter Woche ist meine Freundin Stefanie Besitzerin eines Elektrorollers. Mit Sitzbank, für zwei Personen. Obwohl ihre Eltern eigentlich immer gegen einen Kauf waren. Was mich recht neidisch macht. Weil Elektromobilität heute ein ganz aktuelles Thema ist und diese E-Roller „total in" sind. Für die Anschaffung eines solchen Rollers gibt es verschiedene Gründe. Weshalb diese im Folgenden erörtert werden.

9 Verbinde jeweils einen Nebensatz und einen Hauptsatz für eine mögliche Argumentation zu sinnvollen Satzgefügen. Notiere sie mit der korrekten Zeichensetzung im Heft.

Eine entscheidende Ursache für die Beliebtheit von E-Rollern liegt darin	die noch mindestens zwei Jahre auf den Pkw-Führerschein warten müssen.
Schon 15-Jährige dürfen damit fahren	da das Warten auf den Schulbus entfällt.
Zudem wird mit dem Elektroroller der Weg von daheim zur Schule unkompliziert und bequem	dass Elektroroller im Gegensatz zu vergleichbaren Rollern mit Kraftstoffmotor sehr leise fahren.
Ein Vorteil ist darüber hinaus	weil sie nämlich so gut wie abgasfrei fahren.
Schließlich kann auch die Ökobilanz für E-Scooter günstiger ausfallen	dass für Roller bis 25 km/h nur der Mofa-Führerschein erforderlich ist.

10 Erörtere, was <u>gegen</u> die Anschaffung eines E-Rollers spricht.
●●● Vermeide allein stehende Nebensätze.

Teste dich!

Rund um die Grammatik

1 **a** Eine Schülerin hat beim Erschließen eines pragmatischen Textes die folgende Begründung für die Textsorte Kommentar verfasst. Unterstreiche die zehn sprachlichen Fehler. ☐ Fehler

b Streiche überflüssige Wörter durch und schreibe die Verbesserungen auf die Linien an den Rand.

Bei dem Text „Organe retten Leben – immer" handelt es sich um ein Kommen- _____

tar. Dies zeigt sofort als Erstes die deutliche Absetzung von andere Artikel _____

durch einen Rahmen. Auch das unter die Headline abgedruckte Foto der Auto- _____

rin W. Schwarz stellt einen typischen Bestandteil des Kommentar dar. Gleich zu _____

Beginn (Z. 1–7) gibt es eine kurze Einführung in das Thema „Organspende", mit _____

dem die Verfasserin verschafft den Lesenden einen ersten Überblick. In der dar- _____

auffolgenden Stellungnahme (Z. 46–52) verdeutlicht sie ihre Meinung. Am _____

Ende vom Text (Z. 46–52) folgt ein Appell, wo zum Nachdenken anregen soll: _____

Die Spendenbereitschaft darf nicht abnehmen. […] _____

2 Setze die richtigen Präpositionen ein. Schreibe in dein Heft. ☐ Fehler

A In dem Abschnitt der Kurzgeschichte geht es **?** (über, von, um) …

B Der Autor berichtet **?** (über, um, von) …

C Der Bericht handelt **?** (über, um, von) …

D Der Autor informiert **?** (über, um, von) …

3 Baue in diesem Appell die kurzen Aussagesätze aus. Markiere zuerst im Wortspeicher <u>Attribute</u>, unterstreiche <u>Adverbialien</u>, <u>Nebensätze</u> und <u>Infinitivkonstruktionen</u> mit den entsprechenden Farben. Ergänze dann den Text, indem du die Nummer des passenden Satzteils notierst. ☐ Fehler

Es sind die kleinen Dinge (____), (____): Lass den Fernseher

oder den Computer nicht auf Stand-by stehen, (____).

Nimm dein Akkuladegerät vom Netz, (____). Recycle, (____).

Achte bereits beim Einkauf gezielt darauf, (____).

Autos (____) sollten (____) benutzt werden.

Wortspeicher

sobald dein Handy komplett aufgeladen ist (1) • die den Unterschied machen (2) • wo du nur kannst (3) • mit schädlichen Abgasen (4) • umweltfreundliche Produkte zu kaufen (5) • so wenig wie nur irgend möglich (6) • im täglichen Leben (7) • wenn du sie nicht benutzt (8)

Vergleiche deine Ergebnisse mit dem Lösungsheft. Zähle deine Fehler. Insgesamt ☐ Fehler

0–4 Fehler	5–8 Fehler	ab 9 Fehler
Gut gemacht!	Gar nicht schlecht, aber wieder-hole noch einmal in den Berei-chen, in denen du unsicher bist.	Arbeite die Seiten 78 bis 85 noch einmal konzentriert durch.

Rechtschreibung und Zeichensetzung trainieren

Regeln kennen, Proben anwenden – Richtig schreiben

1 Für ein Referat hat ein Schüler Informationen über den Schriftsteller Franz Kafka zusammengefasst. Ergänze die Wörter aus den Klammern in der korrekten Schreibung. Markiere bei Nomen und Nominalisierungen Signalwörter (▶ Tipp S. 88).

Franz Kafka (1883–1924)

Franz Kafka wurde als _____ (ERSTES) Kind von Hermann und

Julie Kafka am 3. Juli 1883 in Prag geboren. Im _____

(ALLGEMEINEN) hatte Franz im Gegensatz zu seinen Schwestern einige

Privilegien. Er besuchte ein _____ (DEUTSCHSPRACHIGES) Gymnasium, studierte auf

5 _____ (WUNSCH) des Vaters Jura und arbeitete als _____ (JURIST) für eine

Versicherung. Noch als 31-_____ (JÄHRIGER) lebte er in der Wohnung seiner Eltern, mit denen es

häufig Spannungen gab. Die Atmosphäre im Elternhaus nannte Kafka _____

(UNERTRÄGLICH). Den Konflikt mit seinem Vater, den er als _____ (BEDROHLICH)

empfand, versuchte er literarisch zu verarbeiten. Im _____ (GROSSEN

10 UND GANZEN) befasst sich fast das gesamte Werk mit Problemen der Abhängigkeit und der psychischen

Fixierung auf übermächtige Autoritäten. So handelt die Erzählung „Die Verwandlung" von der Vernichtung eines

Sohnes durch seine Eltern. Die Hauptfigur Gregor Samsa verwandelt sich über Nacht in einen riesigen Käfer. Das

_____ (UNGEHEUERLICHE) wird kühl und nüchtern beschrieben, fast wie ein

_____ (SACHLICHER) Bericht. Dieses _____ (FEHLEN) von Emotionen und der Inhalt

15 des Erzählten bilden einen scharfen Gegensatz, der dem _____ (UNMÖGLICHEN) etwas

_____ (SELBSTVERSTÄNDLICHES) und

_____ (ALLTÄGLICHES) verleiht.

Es gibt drei Kapitel und _____ (JEDES) endet mit einer

neuen Verwundung oder seelischen Kränkung durch Gregors Familie – bis

20 hin zu seinem Tod. Dabei geht Gregors _____

(NIEDERGANG) einher mit dem _____ (AUFSTIEG) der Familie.

Die Übungen auf den Seiten 87 bis 96 vermitteln dir **Informationen über die Literaturgeschichte des 20. und 21. Jahrhunderts,** die oft hilfreich sind, um Texte aus dieser Zeit besser zu verstehen.

Ob deine **Rechtschreibung** stimmt, kannst du mit Hilfe verschiedener **Tests** überprüfen:

1 **Silbenprobe** (z. B.: *Mon-ta-ge-ro-man*)
2 **Verlängerungsprobe** (z. B.: *klug – klüger, Kind – Kinder*)
3 **Ableitungsprobe** (z. B.: *Räuber – Raub, anständig – Anstand*)
4 **Signalwörter** (Artikel, Präposition, Adjektiv, Pronomen oder Mengenangabe) vor Nomen und Nominalisierungen prüfen, **Artikelprobe** anwenden
5 **Regeln** lernen und anwenden
6 **Ersatzprobe** für die Unterscheidung von *das* (*dieses, jenes, welches*) und *dass* (kein Ersatz möglich).
7 In Zweifelsfällen ins **Wörterbuch** schauen (und nicht dem Rechtschreibprogramm des PCs vertrauen).

2 **a** Diese Inhaltszusammenfassung wurde für eine Buchvorstellung verfasst – allerdings mit vielen Rechtschreibfehlern. Markiere sie und erkläre, welcher Test bzw. welche Regel (▶ Tipp) dir jeweils geholfen hat, indem du die entsprechende Nummer am Rand einträgst.
b Streiche Falsches, überschreibe Fehler.

VORSICHT
FEHLER!

Alfred Döblin: Berlin Alexanderplatz (1929) – Inhaltszusammenfassung

Hauptfigur des Romans ist der ehemalige Gefengnisinsasse Franz Biberkopf, der

versucht, sich in Berlin ein anständiges leben aufzubauen. Im Zuchthaus ist er

gelandet, weil er seine Braut Ida so schwer verletzt hat, das sie gestorben ist.

Der Roman umfasst neun Kapitel, die als „Bücher" bezeichnet werden. Im

5   Ersten passiert folgendes: Von der Haftanstalt fährt Biberkopf ins Zentrum

Berlins. Mit der neu Gewonnenen Freiheit hat der entlassene allerdings

Schwierigkeiten. Orientierungslos zieht er durch die Straßen der verwirenden

Großstadt und begegnet schließlich zwei Juden. Den Warnungen der Beiden

vor den Fallen des Lebens schenkt er keine Beachtung. Im zweiten Buch verkauft Biberkopf, der eine neue

10   Frau Namens Lina gefunden hat, völkische Zeitungen. Wegen seiner Hakenkreuzbinde gerät er fasst in eine

Schlegerei. Das dritte Buch beschreibt Biberkopfs Begegnung mit Linas Onkel Lüders, der sein Vertrauen

misbraucht. Als Biberkopf erkennt, das er von dem Mann betrogen worden ist, taucht er im hektischen

treiben der Stadt unter. Im vierten Buch hat Biberkopf eine neue bleibe gefunden, in der er sich die Tage mit

nichtstun und Alkohol vertreibt. Daraus reist ihn ein Einbruch, den er beobachtet. Auch im fünften Buch

15   versucht der Protagonist, sich ehrlich durchzuschlagen, doch jetzt trifft er auf Reinhold. Der neue bekannte

endpuppt sich als skrupeloser Krimineller, an dessen Raubzügen Biberkopf sich schließlich beteiligt. In

diesem Milieu verliert Franz einen Arm, als er auf der Flucht aus einem Auto gestoßen wird. Während

Reinhold im sechsten Buch annimmt, dass sein Gehilfe tod sei, wird dieser operiert. Danach gerät Biberkopf

erneut auf die Schiefe Bahn, betätigt sich als Zuhälter und verliebt sich in das Mädchen Mieze. Reinhold,

20   zudem er bald wieder Kontakt hat, erzählt er von dem Liebesglück. Im siebten Buch eskallieren die

Ereignisse und Reinhold ermordet Mieze. Reinhold und Biberkopf werden im achten und neunten Buch als

ihre Mörder gesucht und schlieslich gefasst. Biberkopf wird ins Irrenhaus gebracht, später als Unschuldig

entlassen. Am Ende zieht er erneut durch Berlin und beginnt, als Portier zu arbeiten.

Fremdwörter verstehen und richtig schreiben

Viele Wörter, die wir verwenden, haben ihre Wurzeln in einer anderen Sprache. Man erkennt **Fremdwörter** oft daran, dass sie anders geschrieben und/oder ausgesprochen werden als deutsche Begriffe:

- **Fremdwörter aus dem Griechischen** erkennt man oft an den Buchstabenverbindungen ph, rh, th oder ik.
- **Fremdwörter aus dem Lateinischen** enden oft auf -ieren, -ismus, -iv oder -tion.
- **Fremdwörter aus dem Französischen** haben oft typische Endungen wie z. B. -age, -ment oder -eur.
- **Fremdwörter aus dem Englischen** findet man häufig in der Jugend-, Werbe- oder Fachsprache. Typische Buchstabenverbindungen oder Wortendungen sind z. B. -ea-, -oo-, -ing, -ity oder -y.

1

a Lies die folgenden Informationen zur Exilliteratur. Die fett markierten Wörter sind Fremdwörter.

b Unten findest du einige Übersetzungen. Ergänze die passenden Fremdwörter aus dem Text: Verben im Infinitiv, Nomen im Singular mit dem bestimmten Artikel.

Exilliteratur

Die **Nationalsozialisten** begannen **prompt** nach der Machtübernahme 1933 damit, staatliche **Kultur**betriebe, wie **Museen**, **Opern** und **Theater**, aber auch Bildungseinrichtungen, wie **Universitäten** und Kunst-
5 akademien, **zentral** zu steuern. Künstlerische **Produktionen** wurden **zensiert**, **modernes** und **avantgardistisches** Kunstschaffen wurde als „entartet" verurteilt. Personen, die mit der **politischen** Gesinnung nicht **konform** waren, wurden aus ihren Ämtern und Beru-
10 fen **eliminiert**. Bereits im Frühjahr 1933 **organisierten** die Nationalsozialisten in vielen Städten Bücherverbrennungen. Dabei wurden Werke von Schriftstellern zerstört, die das **Regime** aus **rassistischen**, politischen oder **ästhetischen** Gründen verachtete. Die Gestapo
15 verfolgte Juden und politisch **engagierte** Menschen, die den **Sozialdemokraten** oder **Kommunisten** nahestanden. Als **Konsequenz** daraus gingen zahlreiche Künstler und Mitglieder beider Parteien ins **Exil**. Berühmte **Emigranten** waren beispielsweise Bertolt Brecht, Lion Feuchtwanger (Foto), Thomas Mann und 20 Alfred Döblin – entweder weil sie gegen den **Nationalsozialismus opponierten** oder weil sie jüdischer Herkunft waren. Als Exilliteratur wird die **Literatur** von Schriftstellern bezeichnet, die ein **Refugium** in der Fremde – zum Beispiel in Frankreich, der Schweiz, der 25 **Sowjetunion** oder den USA – suchen mussten, um nicht verfolgt oder sogar getötet zu werden. Von den in Deutschland verbliebenen Schriftstellern zogen sich einige in die „innere **Emigration**" zurück, wie beispielsweise Erich Kästner. Innere Emigranten stellten 30 das Schreiben ein oder **publizierten** politisch unverfängliche Literatur. Zu den **literarischen** Befürwortern der **Diktatur** zählten hauptsächlich weniger **prominente** Dichter.

_____ sich widersetzen

_____ den Stil betreffend

_____ bedeutend, bekannt

_____ sofort, unverzüglich

_____ Verbannung

_____ veröffentlichen

_____ Gewaltherrschaft

_____ Zufluchtsort

_____ totalitäre Regierung

_____ Herstellung

_____ beseitigen

_____ Auswanderung

Fremdwörter können **abhängig von ihrem Kontext** (Textzusammenhang) **unterschiedliche Aussagen** vermitteln, z. B.: _Unser Hotel in Madrid ist zentral (= im Zentrum) gelegen. – Thomas Manns Werk war von zentraler (= entscheidender) Bedeutung._

c Notiere deutsche Erklärungen für die folgenden Wörter. Versuche, sie aus dem Text zu erschließen. Schlage notfalls im Wörterbuch nach.

d Finde passende Begriffe aus derselben Wortfamilie.

	Erklärung	Begriffe aus der Wortfamilie
A Akademie	_____	_____
B Konsequenz	_____	_____
C zensieren	_____	_____
D konform	_____	_____

2 Im Text finden sich sechs falsch geschriebene Fremdwörter.
Markiere diese und schreibe sie korrigiert mit einer dazu passenden Worterklärung in dein Heft.
Schlage im Wörterbuch nach, wenn du unsicher bist.

Brechts episches Theater

Nach Bert Brechts Flucht aus Nazideutschland entstehen trotz der für ihn existensiell schwierigen Bedingungen zahlreiche Theaterstücke, denen er eine gänzlich neue drammaturgische Gestalt verlieh. Gemäß seiner Auffassung sollen die Zuschauenden nicht wie bisher beim tradiitionellen Theater, ausschließlich in der Rolle bloßer Retsipientinnen und Retsipienten verbleiben, sondern zu ämpathischen Beurteilenden werden. Dazu setzt er verschiedene Efekte ein, die den Zuschauenden eine kritische Distanz zum Dargestellten ermöglichen.

3 Löse das Rätsel: Setze die Silben der gesuchten Fremdwörter aus dem Wortspeicher unten richtig zusammen.
Ergänze bei Nomen den bestimmten Artikel und beachte die Großschreibung.

1 füreinander einstehend, die Gesellschaft betreffend → _____

2 wirklich, tatsächlich → _____

3 Gesamtheit von Zuschauenden im Theater → _____

4 Zubehör beim Theater oder Film → _____

5 deuten, auslegen → _____

6 gedanklich zwei oder mehrere Dinge miteinander verknüpfen → _____

7 Ergebnis → _____

8 unehrlich, ungerecht → _____

9 Wiederholung des Anfangsbuchstabens in aufeinanderfolgenden Wörtern (ein Stilmittel) → _____

10 eine Wirkung zeigen, auf einen Reiz ansprechen → _____

---Wortspeicher---

a • al • al • as • da • fair • gie • ie • in • kum •
li • li • li • on • pre • pub • qui • ra • re •
re • re • re • ren • ren • ren • risch • sit •
so • so • sul • tat • te • ter • ti • tie • un • zi

Am PC geschriebene Texte überprüfen

Das **Rechtschreibprogramm des PCs** erkennt **viele Fehler nicht.** Man darf sich also nicht darauf bzw. auf die Korrekturfunktion verlassen, sondern muss auch am PC geschriebene Texte **selbst genau überprüfen.** Vor allem musst du selbst auf einen korrekten **Satzbau** und die **Zeichensetzung** achten.

●●●

Der im Jahr 1937 erschien Roman „Jugend ohne Gott" von Ödön von Horváth erzählt aus der

Ich-Perspecktieve die Geschichte eines Lehrers der verzweifelt gegen das nationalsozialistische

Gedankengut seiner Schüler/-innen ankämpft und dadurch den Sinn seines Berufs in Frage stellt.

Mit dieser Kriminalgeschichte sorgte der Österreichisch-Ungarische Schriftsteller vor allem in der

5 Nachkriegszeit für Aufsehen. Der anti-nationalistisch eingestellte Horváth überträgt, seine eigene

politische Einstellung auf den Brotagonisten, der durch seine Lehrertätigkeit feststellen muss, das die

Jugend in diktatorischen Systemen keine eigene Meinung entwickelt und sich leicht beeinflussen lässt.

Die Schüler/-innen werden von Horváth mit Fischen verglichen, deren gleichförmiges Verhalten er mit

dem empfindungslosen Wesen der Jugendlichen gleichsetzt. Der Roman macht darauf aufmerksam, dass

10 vor allem junge Menschen durch politische Propaganda ungerechtfertigte Vorurteile und ein

menschenverachtende Einstellung übernehmen. Um die Charakterlosigkeit und Austauschbarkeit der

Jugendlichen und deren fehlende Emotion zu demonstrieren benennt Horváth die Schüler/-innen nur

mit Buchstaben. Der Schriftsteller verarbeitete den Stoff nicht zu einem Theaterstück, da er sich dessen

bewusst war, dass dieses durch die Nazis verboten werden würde und damit die Menschen nicht

15 erreichen würde. Der Roman bald nach seiner Veröffentlichung in viele Sprachen übersetzt und mehrfach

verfilmt. Er gilt noch heute als wichtiges literarisches Zeitzeugniss des Dritten Reichs.

1 Zur Vorbereitung für ein Kurzreferat zum Kriminalroman „Jugend ohne Gott" von Ödön von Horváth hast du eine kurze Interpretation mit Verweisen auf den Inhalt des Romans am PC verfasst. Trotz Rechtschreib- und Grammatikprüfung deines Schreibprogramms werden nicht alle Fehler angezeigt.
  a Unterstreiche im Text Fehler, die das Korrekturprogramm <u>nicht</u> erkannt hat. Benenne sie am Rand:
    Gr = Grammatikfehler, R = Rechtschreibfehler, Sz = Kommafehler.
  b Setze fehlende Kommas, streiche überflüssige. Korrigiere Fehler, indem du sie darüber korrigierst.
  c Der Satzbau im rot hervorgehobenen Satz ist unvollständig. Schreibe den Satz richtig auf.

  d Erkläre kurz, warum manches vom Korrekturprogramm als Fehler gekennzeichnet wurde, obwohl es orthografisch richtig geschrieben ist.

Zusammen- und Getrenntschreibung üben

1 Entscheide, ob die markierten Ausdrücke im folgenden Informationstext getrennt oder zusammengeschrieben werden. Kennzeichne Zusammenschreibungen durch ⌢ und Getrenntschreibungen durch |, streiche falsche Schreibweisen. Bedenke, dass man Nominalisierungen und Nomen großschreibt. Wenn du unsicher bist, nimm ein Rechtschreibwörterbuch zu Hilfe.

Getrenntschreibung von Wortgruppen ist im Deutschen die Regel, v. a. in Verbindungen mit Verben:
- Nomen + Verb (z. B.: *Bücher lesen*)
- Verb + Verb (z. B.: *lesen lernen*)
- verschiedene Wortarten + *sein* (z. B.: *hier sein*)
- Adjektiv + Verb (z. B.: *klar denken*)

Zusammenschreibung gilt meistens bei
- Verbindungen aus Adjektiv + Verb mit übertragener Bedeutung (z. B.: *schwarzfahren*)
- Verbindungen aus Präposition oder Adverb + Verb, wenn die Betonung nicht auf dem Verb liegt (z. B.: *weglaufen*)
- nominalisierten Wortgruppen (z. B.: das *Radfahren*)
- verblassten Nomen + Verb (z. B. in Verbindungen mit *heim-, irre-, preis-, stand-, statt-, teil-, wett-*)
- in Verbindungen mit *irgend-* (z. B.: *irgendwo*)

Die Literatur der Nachkriegszeit

Als der Zweite Weltkrieg vorüber war, entwickelten sich im geteilten Deutschland zwei deutsche Literaturen, die Krieg und Nationalsozialismus unterschiedlich verarbeiteten. Die offizielle Literaturdoktrin der DDR berief sich auf die literarische Tradition
5 und verlangte, dass eine realistische Dichtung dazu bei tragen sollte, eine sozialistische Gesellschaft auf zu bauen. In der Bundesrepublik bestimmte das Bemühen um ein radikales neu gestalten der Literatur
10 die Nachkriegsjahre. Viele Autoren, die selbst als Soldaten am Krieg teil genommen hatten, begannen, Romane, Kurzgeschichten und Gedichte über Krieg, Not und Leid nieder zu schreiben. Dabei mussten sie auch darüber nach denken, wie sie die Sprache von
15 den ideologischen Verformungen des Nationalsozialismus befreien konnten. Sie wollten die Alltagswirklichkeit der Menschen auf zeigen, was mit einem starken moralischen Engagement einher ging. Von den nationalsozialistischen Dichtern wollten sie sich
20 deutlich ab setzen. Ihre Texte sind meist in einer einfachen, klaren Sprache ab gefasst. Ein typischer Vertreter der „Trümmerliteratur" ist Wolfgang Borchert (1921–1947). Sein Drama „Draußen vor der Tür" (1947) war das meist gespielte deutsche Theaterstück der Nachkriegszeit. Als die Haupt-
25 figur, der Soldat Beckmann, aus dem Krieg heim

kehrt, findet er eine zerstörte Welt vor, die ihm irgend wie feindlich gegenüber steht. Er wird von starken Schuldgefühlen nieder gedrückt, denn er hat während des Krieges Soldaten in den Tod geführt.
30 Als sich auch noch seine Frau von ihm zurück zieht, stirbt er verzweifelt „draußen vor der Tür". Heinrich Böll (1917–1985), der 1972 den Nobelpreis für Literatur verliehen bekam, gelingt es in seinen frühen Prosawerken, die Erfahrungen des Kriegsen-
35 des eindringlich wieder zu geben. Seine Texte können klar machen, wie Trümmerlandschaften und Schwarzmärkte auf das Leben einflussnahmen / Einfluss nahmen. Die „Short story" Hemingways hat Form und Sprache von Bölls Kurzgeschichten maß-
40 geblich geprägt. Irgend eine seiner Geschichten solltest du einmal gelesen haben. Die Textsorte „Kurzgeschichte" eignet sich nämlich nicht nur zum Aufsatz schreiben, sondern kann für eine bestimmte Epoche
45 Verständnis wecken und Probleme offen legen.

Zeichensetzung beherrschen

1 Eine Schülerin hat für ein Referat über Friedrich Dürrenmatt den folgenden Text geschrieben. Erkläre, nach welcher Regel (▶ Tipp) jeweils das Komma gesetzt wurde. Trage die entsprechende Ziffer in die Klammer ein.

Friedrich Dürrenmatt wurde am 5. Januar 1921 in

Konolfingen, (___) einem Dorf im Kanton Bern,

(___) geboren und gilt als einer der bekanntesten

Schweizer Dramatiker, (___) Maler und

5 Schriftsteller. Er war kein sonderlich guter Schüler,

(___) deshalb bezeichnete er seine Schulzeit als

„übelste Zeit" seines Lebens. Seine Matura (so heißt

das Abitur in der Schweiz) bestand er dennoch,

(___) aber nur „knapp ausreichend". Danach nahm

> **Kommas trennen**
> 1 Aufzählungen, außer wenn sie durch *und, oder, sowie, bzw., sowohl ... als auch ...* verbunden sind,
> 2 Hauptsätze in Satzreihen (wenn sie durch *und* bzw. *oder* verbunden sind, kann das Komma entfallen),
> 3 Haupt- und Nebensätze in Satzgefügen, wobei man den Nebensatz daran erkennt, dass die Personalform des Verbs am Satzende steht,
> 4 Einschübe (Appositionen) vom übrigen Satz,
> 5 nachgestellte Erläuterungen (z. B.: *und zwar, nämlich, zum Beispiel*) vom übrigen Satz,
> 6 Sätze und Satzteile, die mit einschränkenden Konjunktionen (z. B.: *aber, sondern, einerseits ... andererseits ...*) beginnen, vom übrigen Satz,
> 7 Infinitivgruppen, die mit *als, anstatt, außer, ohne, um* eingeleitet werden, vom Hauptsatz,
> 8 Infinitivgruppen, die von einem Nomen oder einem hinweisenden Wort (z. B.: *dafür, damit, daran, dazu*) abhängen, vom Hauptsatz.

10 Dürrenmatt das Studium der Germanistik, (___) Philosophie und Naturwissenschaften auf, (___) das er jedoch

abbrach, (___) um Schriftsteller zu werden. Die ersten Jahre waren wirtschaftlich schwierig, (___) weil er bald

eine fünfköpfige Familie zu ernähren hatte. Weltruhm erlangte er dann allerdings mit seiner „tragischen

Komödie" „Der Besuch der alten Dame" (1956), (___) deren Erfolg finanzielle Unabhängigkeit bedeutete. 1962

folgte der zweite Welterfolg, (___) nämlich die Tragikomödie „Die Physiker".

2 **a** Im zweiten Teil des Referats, einer Inhaltszusammenfassung des Dramas „Die Physiker", fehlen die Kommas. Setze sie. Berücksichtige dabei die Regeln (▶ Tipp).
b Unterstreiche in Satzgefügen die Nebensätze grün, umkreise die unterordnenden Konjunktionen und Relativpronomen grün. Unterstreiche Infinitivgruppen orange.

VORSICHT FEHLER!

Friedrich Dürrenmatt: „Die Physiker" – Inhaltszusammenfassung

Dr. Mathilde von Zahnd letzte Nachfahrin einer mächtigen Industriellendynastie leitet als Psychiaterin das

Sanatorium „Les Cerisiers" („Die Kirschbäume"). Dort behandelt sie drei scheinbar psychisch kranke

Patienten bei denen es sich in Wirklichkeit um bedeutende Physiker handelt. Johann Wilhelm Möbius hat

eine weltbewegende Entdeckung gemacht nämlich die Grundlage für eine Massenvernichtungswaffe.

Er hält seine Erkenntnis jedoch geheim weil er einen Missbrauch seines Wissens zum Schaden der

5 Menschen befürchtet. Deshalb spielt er einen Geisteskranken dem angeblich der biblische König Salomo

erscheint. Seine beiden Mitpatienten die konkurrierenden Geheimdiensten angehören sind nur in der

Anstalt um Möbius' Erkenntnisse auszuspionieren. Sie haben sich Pseudonyme zugelegt: Einer nennt sich

Isaac Newton der andere mimt Albert Einstein. Dem Beginn des Stücks geht ein Mord an einer

10 Krankenschwester voraus. Einstein hat eine Krankenschwester erdrosselt um sicherzustellen dass seine

Tarnung nicht auffliegt. Nachdem drei Monate zuvor in der Anstalt auch schon wegen der Ermordung an

einer Krankenschwester durch Newton ermittelt worden ist erscheint auch jetzt wieder die Polizei. Der

Inspektor verzichtet allerdings erneut auf eine Festnahme denn die Täter sind ja scheinbar schuldunfähig.

Möbius hält mit allen Mitteln seine vorgebliche Geisteskrankheit aufrecht. Auch er ermordet eine

15 Krankenschwester die ihn liebt und die seine Absichten durchschaut. Höhepunkt des Dramas ist der

Moment als die drei Patienten sich gegenseitig ihre wahre Absicht und Identität preisgeben. Newton steht

im Dienst des US-amerikanischen Geheimdienstes Einstein arbeitet für die sowjetische Seite. Beide wagen

den Versuch Möbius zu drohen und ihn für ihre Partei zu gewinnen doch dieser hat seine Aufzeichnungen

längst vernichtet weil er die wissenschaftlichen Erkenntnisse als Gefahr für die Menschheit erkannt hat.

20 Er kann die beiden sogar davon überzeugen dass seine Erfindungen geheim bleiben müssen da sie sonst

der Welt Schaden zufügen könnten. Die Erkenntnis kommt zu spät die Chefärztin offenbart den Patienten

die geheimen Aufzeichnungen längst an sich genommen zu haben. Sie stellt sich als eigentliche

Geisteskranke heraus die die geraubten Erfindungen bereits einem Wirtschaftsunternehmen überlassen

hat dessen Vorstand sie angehört und mit dem sie die Weltherrschaft an sich reißen will. Die drei Physiker

25 erkennen die Unausweichlichkeit der Katastrophe deshalb ziehen sie sich nun endgültig in ihre

angenommenen Rollen zurück.

---

3 **a** Dürrenmatt hat sich in „21 Punkten" zu seinem Drama geäußert. Ergänze in der Auswahl aus seinem Text die Kommas. Die Buchstaben hinter den korrekt gesetzten Kommas ergeben, von unten nach oben gelesen, ein Lösungswort. Notiere es in deinem Heft. Der Begriff spielt in Dürrenmatts Drama eine große Rolle.
  b Recherchiere, was dieser Begriff bedeutet, und begründe mit Hilfe der Inhaltszusammenfassung (► Aufgabe 2) kurz, wieso er sich auf das Stück beziehen lässt. Schreibe in dein Heft.

Friedrich Dürrenmatt

21 Punkte zu den Physikern (Auswahl)

3 Eine Geschichte ist (A) dann zu Ende gedacht (E) wenn sie ihre schlimmst-möglichste Wendung genommen hat.
4 Die Kunst des Dramatikers besteht (R) darin (I) in einer Handlung den Zu-fall möglichst wirksam (W) einzusetzen.
6 Träger einer dramatischen Handlung (N) sind Menschen.
7 Der Zufall in einer dramatischen Handlung besteht darin (X) wann und wo (S) wer zufällig (P) wem begegnet.
8 Je planmäßiger die Menschen vorgehen (O) desto wirksamer vermag sie der Zufall (K) zu treffen.
16 Der Inhalt der Physik (M) geht die Physiker an (D) die Auswirkung alle Menschen.
17 Was alle angeht (A) können nur alle lösen.
18 Jeder Versuch eines Einzelnen (R) für sich zu lösen (A) was alle angeht (P) muss scheitern.

Richtig zitieren, Zeichen korrekt setzen

1 Hier findest du die Sprachuntersuchung einer Schülerin zu Gerhard Polts Satire „Die Idylle" (▶ S. 52). Mache dir die unterschiedlichen Möglichkeiten des Zitierens bewusst: Markiere wörtliche Zitate einschließlich Anführungszeichen gelb. Unterstreiche das Zitat mit dem Zeilennachweis in einem Begleitsatz grün, in Klammern nachgestellte Zitate blau und ein indirektes Zitat schwarz. Umkreise Auslassungen im Zitat.

Gerhard Polts Satire „Die Idylle" weist eine interessante

sprachliche Gestaltung auf. Der Satzbau und die

Wortwahl erwecken bei den Lesenden den Eindruck eines

mündlichen Vortrags. Das wird zum Beispiel durch Aus-

5 rufe deutlich, die sich anscheinend an eine weitere Figur

vor Ort richten, etwa in den Zeilen 7 bis 9: „Ja, des is ja,

gehst da weg von den Rosen, malefiz noch mal! Heinz-

Rüdiger [...], is doch gefährlich!" Auch der oft nicht korrek-

te Satzbau (vgl. z. B. Z. 13–19) verstärkt den Eindruck

10 gesprochener Sprache. Beim Wortschatz unterstützen dies

Füllwörter (z. B.: „Äh", Z. 2, 24; „gell", Z. 3, 7; „net", Z. 16, 23), Ausrufe (z. B.: „O ja, o

mein Gott", Z. 31) und Ausdrücke aus dem Dialekt (z. B:. „alleweil a bisserl", Z. 31;

„ausgeschamt", Z. 44.; „fei net", Z. 52). Sie unterstreichen die Alltäglichkeit und

Unmittelbarkeit der Situation sowie die Lebensnähe der Figur.

Mit **Zitaten** belegt man Aussagen über einen Text.

- Zitate sind **wörtlich wiedergegebene Textstellen.** Sie werden in **Anführungszeichen** gesetzt.
- **Auslassungen** im Zitat werden durch eckige Klammern **[...]** gekennzeichnet.
- Damit die zitierten Stellen wiedergefunden werden können, ergänzt man die **Zeilenangaben** aus dem Originaltext. Sie folgen dem Zitat in Klammern oder stehen in einem Begleitsatz.

Man sollte nur besondere Textstellen zitieren, z. B. typische Formulierungen oder wichtige Stilmittel. **Indirekte Zitate / Hinweise auf bestimmte Textstellen** oder Stilmittel werden durch „vgl." + Zeilenangabe belegt, z. B.: *Viele Floskeln (vgl. Z. 2, 32 f.) und Füllwörter (vgl. Z. 2, 3, 8) erwecken den Eindruck, einem mündlich vorgetragenen Sketch zu folgen.*

---

2 In der Fortsetzung der Sprachuntersuchung wird mehrfach falsch zitiert. Unterstreiche die Fehler und korrigiere sie im Text. Ziehe dazu auch die Satire (▶ S. 52) heran.

Schon durch die genannte sprachliche Gestaltung, aber auch durch bestimmte Stilmittel wird die Figur als

Spießer kenntlich, der Missstände nicht sehen will und sich selbst belügt. So hebt die Ellipse Äh, die Natur,

ja. (Z. 2) gleich zu Beginn das zweifelhafte Verständnis von Natur und Idylle ironisch hervor. Im Lauf der

Geschichte zeigt sich dann immer klarer das fragwürdige Verhältnis des Ich-Erzählers zur Natur im

5 chemieverseuchten Schrebergarten (vgl. z. B. Z. 19–33). Floskeln wie „ich weiß auch nicht" (Z. 33) verdeutli-

chen, dass der Gartenbesitzer die Realität verschleiert. Die mangelnde Toleranz des Kleingärtners wird auch

durch rhetorische Fragen unterstrichen, etwa „Ja, wo komm mir denn da hin?". Begriffe aus anderen

Lebensbereichen, die gar nicht zur sonstigen Redeweise der Figur passen, wie „Agrarprodukte" (Z. 5) sorgen

für Verfremdung und betonen den satirischen Charakter des Textes. Die Figur entlarvt sich durch die

10 Wortwahl selbst. Eine mehrfache Wiederholung betont am Schluss, wonach der Spießer strebt. „was mir

hier wollen, des ist Ruhe. Ruhe. Ruhe, des is's – Ruhe!" (Z. 60–61).

Teste dich!

Rund um Rechtschreibung und Zeichensetzung

1 **a** Markiere alle Rechtschreib- und Kommafehler (fehlende <u>und</u> zu viel gesetzte Kommas) im folgenden Text.
b Setze nötige Kommas, streiche falsch gesetzte und verbessere die
Fehler am Rand.

☐ Fehler

VORSICHT
FEHLER!

Im Laufe der 1990er Jahre starben einige namhafte Vertreter der Deutschen

Nachkriegsliteratur. Mit dem ableben dieser großen der Dichtung, kam almäh-

lich die Zeit für eine neue Generation die den Focus Ihrer Literatur weniger auf

die Vergangenheit legte, sondern sich neuen Themen zuwante. Oft war den Au-

5   toren nicht mehr daran gelegen, die Welt, in der Sie lebten, zu verändern, son-

dern davon zu erzählen, den Zeitgeist erzählerisch fest zu halten. Film und Fern-

sehen, acktuelle Medien, Musik und Popkultur prägten die Werke. So gelangten

auch Drogenkonsum und Reisen in das inhaltliche repertoire. Mit der Widerver-

einigung Deutschlands endete die DDR-literatur doch die Teilung des Landes,

10   und ihre Auswirkungen blieben ein Thema. Das galt nicht nur für gesellschaftli-

che Diskusionen sondern auch für künstlerische Maßnamen. Thomas Brussigs

Roman „Am kürzeren Ende der Sonnenallee" der erst nach dem gleichnahmigen

Film erschien spielt in Ostberlin Ende der 1970er und Anfang der 1980er Jahre.

Schauplatz ist die Sonnenallee eine Straße die sich in unmittelbarer Nähe zur

15   Mauer befindet. Todesstreifen und Schiessbefehl trennen sie in einen kürzeren

Ost- und einen längeren Westteil also die DDR von Westberlin. Hauptfiguren

sind Michael Kuppisch und seine Freunde, die Handlung kreißt um Michas Liebe

zu Miriam dem Beliebtesten Mädchen weit und breit. Mehrere Episoden des

Romans handeln von den Versuchen der Jugendlichen an Musik aus dem

20   Westen heran zu kommen, oder stellen typische Ost-Stereotype kritisch dar.

Zum schmunzeln reizt Onkel Heinz der Bruder von Micha's Mutter. Er wohnt in

Westdeutschland und schmuggelt ständig Dinge, die gar nicht geschmuggelt

werden müssten in den Osten. Heinz glaubt, das er sich dadurch in Gefahr

bringe. Durch Jugend- und Umgangssprache wirkt der Roman autentisch

25   wärend der berliner Dialekt den humoristischen Aspeckt unterstützt.

Vergleiche deine Ergebnisse mit dem Lösungsheft. Zähle deine Fehler.   Insgesamt ☐ Fehler

😊 0–3 Fehler	😐 4–7 Fehler		😞 Mehr als 8 Fehler
Gut gemacht!	Gar nicht schlecht, aber wiederhole noch einmal die Bereiche, in denen du unsicher bist.		Arbeite die Seiten 87 bis 94 noch einmal konzentriert durch.